中国路径
因地制宜发展新质生产力

云南人民出版社

图书在版编目（CIP）数据

中国路径：因地制宜发展新质生产力/蔡之兵著.
昆明：云南人民出版社，2025.2. -- ISBN 978-7-222-23100-9

Ⅰ．F120.2

中国国家版本馆CIP数据核字第2024AT0322号

责任编辑　周　颖　侯　勇　任建红
装帧设计　刘光火
责任校对　周　彦
责任印制　窦雪松

中国路径
——因地制宜发展新质生产力
ZHONGGUO LUJING
——YINDI-ZHIYI FAZHAN XINZHI SHENGCHANLI

蔡之兵　著

出　版	云南人民出版社
发　行	云南人民出版社
社　址	昆明市环城西路609号
邮　编	650034
网　址	www.ynpph.com.cn
E-mail	ynrms@sina.com
开　本	720mm×1010mm　1/16
印　张	17
字　数	266千
版　次	2025年2月第1版第1次印刷
印　刷	云南出版印刷集团有限责任公司华印分公司
书　号	ISBN 978-7-222-23100-9
定　价	60.00元

云南人民出版社微信公众号

目　录

第一篇 总体篇　001

第一章　新质生产力的重大意义／002

第二章　新质生产力与高质量发展的关系／005

第三章　发展新质生产力要高度重视科技创新的关键作用／008

第二篇 地区篇　017

第一章　东部地区发展新质生产力的路径／018

　　第一节　北京市／019

　　第二节　天津市／026

　　第三节　河北省／033

　　第四节　上海市／040

第五节　江苏省／047

第六节　浙江省／055

第七节　福建省／062

第八节　山东省／069

第九节　广东省／076

第十节　海南省／083

第二章　东北地区发展新质生产力的路径／090

第一节　辽宁省／091

第二节　吉林省／098

第三节　黑龙江省／104

第三章　中部地区发展新质生产力的路径／112

第一节　山西省／113

第二节　安徽省／120

第三节　江西省／128

第四节　河南省／135

第五节　湖北省／142

第六节　湖南省／149

第四章　西部地区发展新质生产力的路径／156

第一节　内蒙古自治区／157

第二节　广西壮族自治区／164

第三节 重庆市 / 170

第四节 四川省 / 177

第五节 贵州省 / 183

第六节 云南省 / 190

第七节 西藏自治区 / 197

第八节 陕西省 / 203

第九节 甘肃省 / 210

第十节 青海省 / 216

第十一节 宁夏回族自治区 / 223

第十二节 新疆维吾尔自治区 / 230

第三篇
总结篇　237

第一章　发展新质生产力的认识论／238

第二章　发展新质生产力的方法论／242

第三章　发展新质生产力的实践论／245

参考文献／248

中國路徑

第一篇　总体篇

第一章
新质生产力的重大意义

习近平总书记基于对历史发展大势和我国实际国情的准确把握，创造性地提出发展新质生产力的重要论述。高质量发展需要新的生产力理论来指导，而新质生产力已经在实践中形成并展示出对高质量发展的强劲推动力、支撑力。本篇从新质生产力的重大意义、新质生产力与高质量发展的关系、发展新质生产力要高度重视科技创新的关键作用三个方面阐述新质生产力的重要意义与实践思路。

习近平总书记关于新质生产力的一系列重要论述不断拓展和深化了新质生产力的理论内涵与实践要求，为我国的经济社会高质量发展提供了科学指引、擘画了发展蓝图。

第一，新质生产力是新的发展理论。党的二十大报告指出，高质量发展是全面建设社会主义现代化国家的首要任务。坚持高质量发展也是新时代必须遵循的"硬道理"。党的二十届三中全会进一步提出，要完善推动高质量发展激励约束机制，塑造发展新动能新优势。然而，由于高质量发展是一项复杂和长期的过程，推动高质量发展会面临如优质生产要素的供给、关键核心技术的攻克、可持续发展能力的培育等各种不同类型的难题，这对各地推动高质量发展进程无疑将提出巨大挑战。实际上，对很多地方而言，想要全面、完整、准确地领会高质量发展的要求并探索出适合自身的高质量发展模式，就必然要以新的发展理论作为指导。新质生产力理论源于我国的高质量发展实践，既与马克思主义生产力理论一脉相承，也充分体现了我国的发展现实与特征，高度契合与深度内生于我国的发展道路和发展模式，能够为各地有效推动高质量发展提供科学指导。

第二，新质生产力是新的发展模式。从本质看，新质生产力是符合新发展理念的先进生产力质态，这对发展模式的转型提出了更为清晰的要求。在创新发展上，新质生产力要着力实现科技自立自强，不断增强我国产业体系的生产能力和竞争能力，确保我国在全球产业格局中的领先地位。在协调发展上，新质生产力要求实现全国统一大市场，发挥我国超大规模市场优势，为经济发展提供源源不断的动能。在绿色发展上，新质生产力是支撑"绿水青山"转变为"金山银山"的根本前提，也是实现人与自然和谐共生的必要条件。在开放发展上，新质生产力高度依赖高水平对外开放，将形成具有全球竞争力的开放创新生态，为全球企业和人才带来发展红利。在共享发展上，新质生产力高度重视劳动、知识、技术、管理、数据和资本等各类传统和新型生产要素的作用，确保各类生产要素的收益能够实现共同增长。

第三，新质生产力是新的发展变革（要求）。生产力与生产关系是马克思主义政治经济学中的两个核心概念。两者的相互作用和相互影响，是推动生产力和生产关系不断上升到更高水平的根本动力。党的二十届三中全会也提出，要健全相关规则和政策，加快形成同新质生产力更相适应的生产关系。因此，发展新质生产力，就必然要求形成与之相适应的新型生产关系，也就必然需要进一步全面深化改革。在宏观层面，要坚持和完善社会主义市场经济体制，发挥市场配置资源的决定性作用，更好发挥政府作用，建立统一开放、竞争有序的市场体系，为新质生产力的发展提供制度保障。在中观层面，要加快推动产学研协作体制改革，畅通教育、科技、人才的良性循环，加快建立以企业为创新主体的创新生态，让人才、资金等各类创新要素向企业聚集，为新质生产力的发展提供体制保障。在微观层面，要着力推动要素的市场化配置体制改革，着力破除阻碍要素自主有序流动的体制机制障碍，实现各类生产要素的自由充分流动，全面提高要素协同配置效率，为新质生产力的发展提供要素保障。

第四，新质生产力是新的发展能力。在马克思主义哲学理论中，生产力的本质是人类改造自然的能力。在现代经济体系下，这种改造自然的能力代表的就是一个国家或地区的发展能力，体现了一个国家的综合实力和发展水平。长期以来，伴随着经济发展的巨大进步和发展能力的逐步增强，我国已经成为全球实体经济规模最大、产业门类最多、生产能力最强的国家。然而，面对新一轮工业革命蓄势待发、全球各国竞相角力新产业的新趋势，传统的发展模式和现有的发展能力已经难以有效应对这种挑战。正如党的二十届三中全会所指出的，面对纷繁复杂的国际国内局势，面对新一轮科技革命和产业变革，必须把改革摆在突出位置。因此需要准确识别风险挑战，才能精准发力，提出最佳的改革方案，发挥最大的改革效力。在这种背景下，新质生产力的提出，既要求延续我国在传统优势产业中的领先优势，夯实我国的发展基础，也要求加快推动战略性新兴产业和未来产业的发展，抢占新一轮工业革命的先机，为发展能力的增强指明了更为清晰的方向。

第二章
新质生产力与高质量发展的关系

当前，坚持高质量发展是我国经济发展战略的根本方向。党的二十届三中全会通过的《中共中央关于进一步全面深化改革、推进中国式现代化的决定》（以下简称《决定》）更是将"健全因地制宜发展新质生产力体制机制"放在"健全推动经济高质量发展体制机制"改革的首位。可见，发展新质生产力对推动经济高质量发展具有重要支撑作用，同时也是推动高质量发展的内在要求和重要着力点。因此，从产业、区域和制度三大属性对高质量发展提出更明确、更清晰和更具体的要求，厘清三者对发展新质生产力的积极推动作用，必将对我国经济发展模式的高质量转变产生巨大的促进作用。

在产业属性上，要准确把握新兴产业与传统产业的关系。新质生产力由技术革命性突破、生产要素创新性配置、产业深度转型升级而催生。可见，新兴产业必然是新质生产力和高质量发展的主要载体。然而，这并不意味着高质量发展不需要传统生产力和传统产业。因此，一方面要积极培育新能源、新材料、先进制造、电子信息等战略性新兴产业，特别是以颠覆性技术和前沿技术催生新产业、新模式、新动能，加快形成新质生产力，增强发展新动能。另一方面也要根据本地的资源禀赋、产业基础、科研条件等，针对性地采用新技术改造提升传统产业，积极促进传统产业高端化、智能化、绿色化，形成推动高质量发展的合力。

在区域属性上，要始终坚持因地制宜的发展原则。对于发展新质生产力，习近平总书记明确指出"各地要坚持从实际出发、先立后破、因地制宜、分类指导"，这是契合我国发展实际、区域实际、目标实际的科学要求。我国地域辽阔，不同区域的禀赋结构、发展阶段、创新能力、经济实力各不相同，这就使得各地发展新质生产力的条件、方向、抓手也各不相同。经济基础好、科技实力强的地区，可以追求发展"新而全"的新质生产力，而其他地区在发展新质生产力时，要充分考虑自身的约束条件，集中优势资源，找准突破方向，着力培育"少而精"的新质生产力。

在制度属性上，要充分发挥全面深化改革的释能作用。习近平总书记强调："发展新质生产力，必须进一步全面深化改革，形成与之相适应的新型生产关系。"实践证明，生产力与生产关系的匹配程度是决定发展目标能否顺利实现的关键。作为高水平的生产力类型，新质生产力必然要求与之相适应的新型生产关系。因此,要找到制约发展新质生产力的体制机制障碍,全面推动深化改革,不断优化经济体制、科技体制,着力打通束缚新质生产力发展的堵点卡点,逐步建立和完善与新质生产力要求相适应的新型生产关系,推动新质生产力加快发展,为高质量发展提供源源不断的内生动力。

第三章
发展新质生产力要高度重视科技创新的关键作用

新质生产力是习近平总书记2023年9月在黑龙江考察调研期间提出的重要概念，也是指引我国高质量发展进程的根本战略。在关于新质生产力的多次论述中，习近平总书记高度重视和反复强调科技创新的重要地位。2023年9月，习近平总书记在黑龙江考察时指出要"整合科技创新资源，引领发展战略性新兴产业和未来产业，加快形成新质生产力"。2023年12月，中央经济工作会议提出"要以科技创新推动产业创新，特别是以颠覆性技术和前沿技术催生新产业、新模式、新动能，发展新质生产力"。2024年1月31日，习近平总书记在中共中央政治局第十一次集体学习时进一步指出，"科技创新能够催生新产业、新模式、新动能，是发展新质生产力的核心要素"。2024年7月18日，党的二十届三中全会通过的《决定》指出，健全因地制宜发展新质生产力体制机制。摆在首位的就是要推动技术革命性突破，而这正需要科技创新的不断突破。由此可见，"核心要素"的定位充分证明科技创新对新质生产力的形成与发展具有其他要素难以比拟和替代的巨大作用，深入理解和准确把握这一论断的重大意义需立足于五大方面。

一、新质生产力的概念本质立足于科技创新

想要准确理解新质生产力，首先应该准确理解生产力这一概念。在马克思主义理论的形成过程和整个体系中，生产力概念有多种不同的类型和定义。据不完全统计，马克思仅在《资本论》中就先后使用了"生产力""物质生产力""社会生产力""主体生产力""精神生产力""直接的生产力""潜在生产力"等多个不同的生产力概念。然而，不管这些不同类型的生产力概念出现于何处，生产力是人类改造自然以使其满足人类自身需要的能力，仍是被绝大多数学者所接受的一种定义。可见，从本质上看，生产力就是一种能力，发展新质生产力就是不断提高这种能力的过程。

在马克思主义政治经济学中，生产力由劳动者、劳动资料以及劳动对象构成。导致生产力发生变化的原因，必然来源于劳动者、劳动资料以及劳动对象的变化，这也就意味着相比于传统生产力，新质生产力之所以能够成为新质生产力，是因为劳动者、劳动资料、劳动对象发生了相应的"新"变化。与此同时，

由于新质生产力具有的高科技、高效能、高质量发展特征，这些"新"变化想要真正促进生产力"质"的演变，就需要确保这些"新"变化依托于科技创新。

在劳动者的变化上，科技创新的作用体现为劳动者科技创新素质的提升。国内外的发展实践都证明，当一个国家对劳动力进行了大规模的教育培养和技能培训后，整个国家的劳动力队伍的科技创新素质会大幅提高，甚至会出现一批具有原始创新能力的科技创新人才队伍，这无疑会极大促进新质生产力的形成与发展。

在劳动资料的变化上，科技创新会创造更多的高效劳动工具从而大幅提高生产效率，这是推动新质生产力形成的主要动力。一般认为，劳动工具是衡量生产力水平的关键指标，劳动工具越先进、生产效率越高，生产力水平就越发达。从农业时代到工业时代再到信息时代，无论是蒸汽机之于第一次工业革命还是电动机之于第二次工业革命，都表明不断更新换代的劳动工具能够持续推动生产力的发展和整个社会的进步。进一步分析这些助力生产力出现时代性、革命性、根本性变化的劳动工具，可以发现这些劳动工具都是当时科学技术创新成果的结晶。因此，新质生产力的发展，同样需要以包含最新科技创新成果的新型劳动工具为前提。

在劳动对象的变化上，科技创新可以创造更多的新产业和新领域，为新质生产力的形成提供更多的载体。以我国的发展为例，近几年随着我国数字经济发展水平的提高，已经深刻改变甚至重塑了传统的产业结构体系和居民就业体系，整个社会先后涌现了一大批与数字经济相关的新产业和新职业，这不仅极大地增强了经济发展的动能，也为新质生产力的提高奠定了坚实基础。

二、新质生产力的具体特征来源于科技创新

习近平总书记指出，新质生产力是创新起主导作用，摆脱传统经济增长方式、生产力发展路径，具有高科技、高效能、高质量特征，符合新发展理念的先进生产力质态。从这一定义的具体内容分析，新质生产力的具体特征完全来源于科技创新。

第一，成功摆脱传统经济增长方式，生产力的发展路径需高度依赖科技创新。经济增长方式的转型就是生产力持续发生变化的过程，生产力如果能够不断

地优化更新，就意味着经济增长方式转型的成功；生产力如果长期停滞不前，就表明经济增长方式转型遭遇巨大挑战。在此情形下，发展新质生产力也必然要求经济增长方式能够不断地摆脱传统的路径依赖并向更高水平、更高效率和更高质量的发展方式演变。显然，想要成功实现这一转变，需要源源不断的新发展动能作为支撑，而无论从何种视角进行分析，这些新发展动能的孕育和产生都直接与科技创新密切相关，这也是为何党中央多次提出要以颠覆性技术和前沿技术催生新产业、新模式、新动能的根本原因。可见，科技创新是摆脱传统增长方式和生产力发展路径的根本支撑。

第二，高科技、高效能、高质量的特征高度依赖科技创新。高科技、高效能、高质量是新质生产力的主要特征，而这三大特征的形成都离不开科技创新。高科技要求生产要素和生产资料都具有较高的科技含量，是从投入端对新质生产力的形成与发展提出的更高要求。高效能则立足于中间生产过程，对整个生产过程的投入产出效率提出了更高要求，而科技创新显然是生产效率提升的主要来源。高质量则从产出端出发，对最终产品的质量提出了更高要求。同样的逻辑，科技创新的广泛运用仍然是提高和保障产品质量的关键因素。

第三，符合新发展理念的要求同样高度依赖科技创新。新发展理念是我国新时代发展思路、发展方向、发展着力点的集中体现，是管全局、管根本、管长远的要求，是推动我国高质量发展进程的根本遵循，也必然是发展新质生产力的根本依据。在创新发展、协调发展、绿色发展、开放发展和共享发展五大新发展理念中，创新发展不仅位于五大发展理念之首，而且在整个国家的发展动力格局中也肩负"第一动力"的重任。在这种背景下，发展符合新发展理念要求的新质生产力，就必然意味着新质生产力的发展同样应该立足创新发展这一根本动力，将创新贯穿于发展新质生产力的一切工作。

三、新质生产力的理论属性依托于科技创新

新质生产力理论是习近平总书记基于国际发展形势与国内发展阶段演变而提出的最新理论，它既与马克思主义生产力理论一脉相承，也充分体现了我国发展实际的特有属性。在2024年1月的中共中央政治局第十一次集体学习中，习近平

总书记强调新质生产力具有高科技、高效能、高质量特征，以全要素生产率大幅提升为核心标志。《决定》进一步强调，发展新质生产力要加强关键共性技术、前沿引领技术、现代工程技术、颠覆性技术创新。这些论断也指明了新质生产力的理论内核，揭示了新质生产力与科技创新的内在关联。

古典经济学理论认为，劳动、资本和土地等传统要素的贡献是经济增长的主要来源。然而，越来越多的学者注意到，除了劳动、资本和土地这些传统要素的影响外，经济增长还会受到其他无形要素的影响。学者将这些无形要素对经济增长的总和影响称之为全要素生产率。从相关理论看，全要素生产率的增长来源主要包括技术进步和资源配置效率的提高，前者依赖科技创新，后者则强调制度和体制变革。因此，全要素生产率能够衡量经济发展的动力结构，全要素生产率越高，就表明经济发展动力越依赖科技创新和制度创新。

在过去四十多年的高速发展过程中，我国充分发挥了经济体制的效率优势和生产要素的规模优势，在很短时期内就建立起了全球规模最大的实体经济产业体系，迅速实现了整个国家由富起来到强起来的转变。然而，随着发展水平尤其是产业结构层级的提升，过去的发展模式尤其是依靠低成本要素投入来实现发展的传统路径，开始遭遇巨大挑战和面临巨大压力，具体表现为要素供需数量和质量开始出现结构失衡、产业持续升级的难度加大、发展的综合成本不断上升，这些不利变化对我国发展模式的转型提出了更为紧迫的要求。在此背景下，新质生产力的提出，再一次强调了科技创新在经济发展过程中的核心作用，明确提出要以全要素生产率的提升作为核心标志，为经济发展模式转型释放了更为清晰的信号。

一方面，劳动者、劳动资料与劳动对象的革新，是技术进步的必然结果，也是助推全要素生产率提升的第一种动力来源。这就意味着新质生产力的形成过程，同时也是通过技术进步促进全要素生产率不断提高的过程。另一方面，除了劳动者、劳动资料和劳动对象各自的革新外，三者之间的重新组合和优化，同样能够释放新的发展动能，这是助推全要素生产率提升的第二种动力来源。可见，无论是个体层面还是整体层面，新质生产力与全要素生产率都具有密不可分的关系。新质生产力的发展过程，就是全要素生产率提升的过程，也是经济发展模式不断向高质量转型的过程。

四、新质生产力的演变动力集中于科技创新

生产力的发展过程，不是长期静止不动的过程，而是持续动态演变的过程。要素规模、产业结构、技术进步、资源禀赋、制度条件等一系列因素的变化，都可以带来生产力的变化。然而，我们也要看到，不是任何生产力的变化都会导致新质生产力的形成。实际上，在人类社会几千年的发展史上，生产力虽然始终处于动态演变的过程中，但生产力真正出现革命性变化并形成新质生产力，只出现于数次工业革命时期。因此，新质生产力的形成，固然会包含各个不同领域的"量变"过程，但也需要关键领域的"质变"作为动力支撑。从历次工业革命爆发的实际情形看，这些关键领域主要指的就是科技创新领域。

实际上，每一次引爆工业革命的国家，无一例外都是当时全球的科技创新中心。第一次工业革命时期，英国是全球科技创新最强的国家，无论是蒸汽机给生产效率带来的巨大飞跃，还是铁路对传统交通和运输方式的颠覆，都表明英国在科技创新领域的领先地位。第二次工业革命和第三次工业革命时期，美国取代英国成为新的全球科技创新中心，在基础研究领域的领先程度、各类电器和汽车的普及程度、高等教育体系的强大吸引力，都是美国作为全球科技创新中心的体现。

从内在因果关系分析，之所以工业革命爆发地往往同时也是全球科技创新中心，主要原因在于工业革命的爆发须以新的能源类型、新的产业载体、新的交通运输模式为前提，而这三大条件皆与科技创新密切相关。在能源领域，每一次能源革命的爆发，都是物理、化学等基础学科理论出现突破式创新的结果。而新产业类型的形成则依赖于新的产品材料、新的生产技术、新的商业模式等因素，这同样与科技创新密不可分。相比之下，新交通运输方式的出现，不仅需要新的能源，同时还需要新的动力理论、新的机器机械作为支撑。

当前，新一轮工业革命正在加快孕育，各国为了抢夺工业革命先机，已经展开了激烈竞争，进行了系统部署。近年来，我国科技创新实力实现了巨大提升，科技创新能力不断增强。中国科学技术发展战略研究院发布的《国家创新指数报告2022—2023》显示，中国国家创新指数综合排名已经由2010年的第30位上

升至2023年的第10位，包括研发人员总量、专利申请量、SCI论文数量在内的科技创新成果指标都已经连续多年位于世界首位，大量新能源相关产业的科技创新水平同样处于世界领先水平，这些成就也共同形成了推动新一轮工业革命的"引擎"。在此基础上，中央经济工作会议提出要以颠覆性技术和前沿技术发展新质生产力，既契合我国科技创新的发展趋势，有助于延续和发挥我国科技创新体系的优势，也进一步明确了我国生产力的发展方向，使得我们能够集中力量加快推进工业革命的进程。

五、新质生产力的现实需求聚焦于科技创新

从现实情况看，我国推动新质生产力的发展，在各方面都已经拥有了很好的基础和条件。超大规模的统一大市场为新质生产力的形成提供了巨大的需求牵引力，持续增强的科技创新能力为新质生产力的形成提供了巨大的供给推动力，日益高效的营商环境为新质生产力的形成提供了制度保障。然而，我们也要看到，在这一系列有利条件的背后，还存在一些制约新质生产力顺利形成的因素。比如，传统产业向外过快转移，对新质生产力的形成进程会带来巨大的不确定性冲击；部分领域"卡脖子"技术的存在，不仅严重威胁了我国的发展安全，也形成了阻碍新质生产力发展的堵点；产学研一体化机制的不健全，影响了生产要素的配置效率，干扰了新质生产力的形成进程等。

由此可见，当前制约新质生产力进一步发展的诸多因素都集中于科技创新领域，大量难题的症结也集聚在此处。因此，通过深化科技体制改革从而增强科技创新对发展新质生产力的支撑能力，已是当务之急。

在遏制传统产业过快转移的问题上，要积极发挥科技创新的主导作用，坚持因地制宜、因产制宜，根据不同行业的发展阶段和发展难点，研发更多有助于让传统产业降本增效的技术、设备和工艺。在稳固传统产业已有优势的前提下，稳步探索推动传统产业转型升级，确保新质生产力的发展进程始终处于稳定有序的环境。

在破除"卡脖子"技术的威胁上，要加快完善新型举国体制，瞄准制约新质生产力发展的重要技术短板，聚焦科技自立自强，统筹政府与市场创新资源，建立针对"卡脖子"技术的集体攻关模式和机制。与此同时，要健全支持原始创新的体制机制，加大对基础研究的财政支持力度，结合国家战略发展方向，强化战略实施思路的方向预判和技术预见，明确我国基础研究领域方向和发展目标，找准制约国家战略和未来产业发展的基础科学问题，加强基础研究重大项目可行性论证和遴选评估，强化战略性基础研究部署，以重大技术和工程问题等应用目标引导基础研究。

在提高产学研一体化水平上，在确保始终满足国家战略发展需要的前提下，加快建立以企业为主体的创新生态系统，加快构建由国家实验室、高水平科研院所、高校和创新型领军企业高效协同的科技创新体系，促进产学研用深度融合，提升跨领域、跨学科协同攻关能力。同时，加快推动相关产业、产业链的上下游环节，推动大中小企业加快形成要素融通、技术互嵌、创新导向的深度合作机制，提高新质生产力的发展效率。

中國踏徑

第二篇　地区篇

第一章
东部地区发展新质生产力的路径

在我国区域经济版图中，东部地区是经济最为发达的地区，也是开放水平最高的地区，其经济总量也长期位居四大区域之首，在各项国家战略中也往往承担着先行示范的功能和作用。在发展新质生产力的过程中，东部地区更应充分发挥自身优势，加快弥补自身短板，在发展新质生产力方面为全国其他地区作出表率。

第一节 北京市

一、北京市发展新质生产力的基础情况

北京市，简称"京"，古称燕京、北平，是中华人民共和国首都、直辖市、国家中心城市、超大城市，国务院批复确定的中国政治中心、文化中心、国际交往中心、科技创新中心，国家历史文化名城和古都之一，世界一线城市。截至2023年10月，北京市下辖16个区，总面积16410.54平方千米。2023年末，北京市常住人口2185.8万人。

在综合实力上，北京市2023年地区生产总值43760.7亿元，位居全国第13位，在城市体系中仅次于上海市，是全国经济规模第二大的城市。2023年人均地区生产总值达到200342元，居全国第1位。2023年完成一般公共预算收入6181.1亿元，其中税收收入5357.1亿元。①

在产业结构上，北京市已经进入后工业化阶段，第三产业的比重远远高于第一产业和第二产业之和。2023年，北京市的三次产业构成比为0.2∶14.9∶84.8，其第三产业的比重位居全国各省份第1位。其中，第一产业增加值105.5亿元，第二产业增加值6525.6亿元，第三产业增加值37129.6亿元。进一步看，北京市2023年实现工业增加值5008.5亿元；实现数字经济增加值18766.7亿元，占地区生产总值的比重为42.9%，比上年提高1.3个百分点。其中，数字经济核心产业增加值11061.5亿元，占地区生产总值的比重为25.3%。2023年实现高技术产业增加值11875.4亿元，占地区生产总值的比重为27.1%。全年新设科技型企业12.3万家，占全市新设企业的41.4%。

---

① 数据来源：《北京市2023年国民经济和社会发展统计公报》。

在创新能力上，北京市是全国创新资源和创新能力最强的城市之一。据统计，北京市目前有全国重点实验室77家，占全国的28.1%。国家科技成果转化引导基金累计设立4支子基金，基金总规模64.4亿元。全市共有国家级科技企业孵化器71家、国家备案众创空间145家。全年新认定国家高新技术企业1.08万家，累计有效国家高新技术企业2.83万家。截至2023年，共认定市级专精特新企业7180家，其中国家级专精特新"小巨人"企业795家。共有独角兽企业114家，市场总估值5215亿美元。发明专利授权量10.8万件，年末拥有有效发明专利57.4万件，《专利合作条约》（PCT）国际专利申请量11438件。每万人口高价值发明专利拥有量136.95件。共认定登记技术合同106552项。技术合同成交额8536.9亿元，其中北京流向津冀技术合同6758项，成交额748.7亿元。超大规模智能模型"悟道3.0"在语言、视觉多模态上取得突破，涌现出新一代量子计算云平台"夸父"、新一代256核区块链专用加速芯片、首个精通3D任务的具身通才智能体"狮子座"、"朱雀二号"全球首款成功入轨飞行液氧甲烷火箭等多项重大创新成果。这一系列科技成果都说明北京具有强大创新实力。

在人才支撑上，得益于数量众多的高校和科研院所，北京市的人力资本较为丰富。根据《北京人才发展报告（2023）》，截至2022年底，北京地区人才资源总量达到796.8万人，较2013年增长36.7%，人才密度70.4%，提高19.3个百分点。其中，社会工作人才队伍增长速度最快，年均增长率达到9.3%，总量达9.7万人；专业技术人才年均增长6.0%，高技能人才和农村实用人才增长分别为4.5%和4.3%。在结构上，到2022年底，北京人才资源占比最高的三类分别为专业技术人才（454.7万人）、企业经营管理人才（299.2万人）和高技能人才（115.9万人）。从劳动者文化素质来看，到2022年底，北京地区从业人员达到1132.1万人，其中接受过高等教育的比例达60.2%，比2013年提高19.4个百分点。此外，自实施国家高层次人才特殊支持计划以来，北京聚集了全国近1/2的两院院士、近1/3的"高被引"科学家（339人次）。

在发展模式上，北京市全面贯彻落实绿色发展理念，绿色转型深入推进，可再生能源生产持续向好。在全市发电装机容量中，可再生能源发电装机容量占比在2023年已经上升至20.4%，比上年提高1.3个百分点；生物质能、水能、太阳能、风能等可再生能源发电量占总发电量的比重为10.8%。万元地区生产总值用水量为9.30立方米。

二、北京市发展新质生产力的SWOT分析

发展新质生产力是一个系统工程，对北京市而言，发展新质生产力在具有较大优势和机遇的同时，也面临一定的劣势和挑战。

（一）北京市发展新质生产力的优势

在发展新质生产力的优势上，北京市在一系列领域都拥有较多的显著优势。首先，科技创新能力强，有助于新质生产力的顺利形成。与传统生产力相比，新质生产力是以创新为支撑的生产力，无论是基础研究的进展，还是传统产业的升级，抑或新兴产业的培育，都高度依赖创新。可以认为，创新能力的强弱直接决定了新质生产力能否顺利形成。根据上海科学技术情报研究所发布的智库报告《2023国际大都市科技创新能力评价》，北京市的科技创新能力已经跃居世界首位，充分证明北京市的科技创新能力已经处于较高水平。其次，城市地位高，在整个国家发展新质生产力的过程中具有重要地位，能够获得相应的政策支持。北京既是我国的首都，也是全国四大直辖市之一，更是京津冀协同发展战略的核心城市，对整个国家的高质量发展和各项战略的顺利实施都具有举足轻重的作用。随着新质生产力逐渐被确立为国家发展的根本方向，未来大量的政策资源会向新质生产力战略集中，这也会给北京市的新质生产力发展带来巨大优势。最后，人力资本优势凸显。劳动力是生产力的三大组成要素之一，劳动力素质的提升是生产力发生变化从而顺利转为新质生产力的根本前提。相比于国内其他城市，北京市的人力资本优势极为显著，无论是接受过高等教育的劳动力比重还是科研院校的数量，这里都是全国最多的，这也使得北京市的新质生产力发展具有了坚实支撑。

（二）北京市发展新质生产力的劣势

相比于北京市发展新质生产力的优势，其在新质生产力的发展上也具有一

定的劣势。首先，北京市的制造业规模较小。从产业结构分析，北京市的第三产业比重已经达到84.8%，明显已经进入后工业化时期，服务业已经成为城市产业体系的主导产业。然而，新质生产力的发展虽然与服务业的发展也密不可分，但从整体上看，新质生产力的主阵地仍然是实体经济。与国内其他如上海、深圳等头部城市相比，北京市的实体经济尤其是制造业规模偏小，这也会对其新质生产力的发展产生一定的阻碍作用。其次，北京市民营企业的发展能级不够。在企业结构上，北京市是全国央企最为集中的地方，总体经济发展水平较高。但相比之下，北京市的民营企业尤其是科技型的民营企业数量偏少。2023年中国民营企业500强中，浙江省入围企业108家，江苏省入围企业89家，山东省、广东省入围企业分别为52家、50家，北京市的入围企业数量要远低于这些地区。最后，北京市产学研一体化程度不够。北京市是全国科研资源和能力最强的城市之一，但从研发经费的投入结构看，北京市的研发经费多来源于各级财政资金，其研发主体是高校和科研院所，整个研发体制对企业需求的关注度不高。相比之下，深圳等城市的研发经费多来源于企业，研发体制关注的重点也聚焦于企业的发展需求，这在一定程度上也制约了新质生产力的顺利形成。

（三）北京市发展新质生产力的机遇

在发展新质生产力的机遇上，北京市也拥有得天独厚的时机。首先，国家正在大力发展新质生产力，北京作为首都，将首先享受发展新质生产力的时代机遇。自习近平总书记2023年9月提出新质生产力后，发展新质生产力就成为我国各项工作的主要目标，有部门甚至已经提出未来的五年规划将以新质生产力为主线。在这种背景下，推动新质生产力发展，既是各地发展战略的重点，也是各地发展新质生产力的重大机遇。其次，京津冀协同发展战略的深入实施也将为北京市发展新质生产力带来前所未有的机遇。京津冀协同发展战略是习近平总书记亲自谋划、亲自部署的第一个区域重大战略。2023年，习近平总书记在京津冀考察调研时明确提出京津冀要努力成为中国式现代化的先行区、示范区。这是党中央赋予京津冀地区的全新历史使命，也意味着京津冀协同发展战略即将进入新的历史阶段，这无疑会为北京的发展带来新的历史机遇。最后，北京正在加速建设国际科技创新中心。党的二十大报告提出，统筹推进国际科技创新中心、区域科技创新中心建设。习近平总书记在深入推进京津冀协同发展座谈会上指出："要加快建设北京国际科技创新中心和高水平人才高地，着力打造我国自主创新的重要源头和原始创新的主要策源地。"2023年5月，科技部等12个部门印发《深入贯彻落实习近平总书记重要批示精神 加快推动北京国际科技创新中心建设的工作方案》，确立了"到2025年，北京国际科技创新中心基本形成，成为世界科学前沿和新兴产业技术创新策源地、全球创新要素汇聚地"的发展目标。因此，北京国际科技创新中心建设，将极大促进新质生产力的发展。

（四）北京市发展新质生产力的挑战

发展新质生产力并非易事，在发展新质生产力的过程中，北京市也面临诸多挑战。首先，北京市已经进入了减量发展阶段。自2015年实施疏解北京非首都功能战略以来，北京市就进入了减量发展阶段，其常住人口已经连续多年下降，整个城市对要素的吸引和集聚能力有所下降。与此同时，雄安新区正在加快建设，已经进入大规模建设与承接北京非首都功能疏解并重阶段，工作重心转向高质量建设、高水平管理、高质量疏解发展，这意味着北京市的要素可能会向外加速转移，显然这对发展新质生产力带来巨大挑战。其次，京津冀创新能力存在落差，不利于形成优势互补的区域创新网络。京津冀三地中，北京市的创新资源要比天津市和河北省丰富，创新能力也较两地更高。从研发投入强度看，2022年北京市研发投入经费占比在6.5%以上，是全国平均水平的2.7倍以上，分别是天津和河北研发投入经费占比3.49%和2%的1.86倍及3.25倍以上。这种差距对京津冀三地形成合理的创新网络格局带来巨大影响并最终冲击新质生产力的形成。最后，北京市也面临国内其他地区的激烈竞争。当前，整个国家都在大力发展新质生产力，各个地区也围绕新质生产力展开激烈竞争，与其他一线城市相比，北京市的实体经济和制造能力偏弱，在这种情形下，北京市如何发展新质生产力也面临较大挑战。

三、北京市发展新质生产力的差异化路径

结合在发展新质生产力上的优势、劣势、机遇和挑战,北京市探索差异化的新质生产力路径,应该立足自身强大创新能力,着力推动原始创新能力的增强和未来产业的发展。

(一)具体方向与产业

结合当前的发展状况以及发展新质生产力的优势,北京市应将未来产业作为发展新质生产力的主要方向,具体包括未来信息、未来健康、未来制造、未来能源、未来材料、未来空间等产业。

在未来信息产业上,要面向未来信息通信和先进计算需求,在海淀、朝阳、石景山、通州、经开区等区域,重点发展通用人工智能、第六代移动通信(6G)、元宇宙、量子信息、光电子等细分产业。在未来健康产业上,要面向未来生命健康和医疗需求,在海淀、石景山、通州、昌平、大兴、平谷、密云、经开区等区域,重点发展基因技术、细胞治疗与再生医学、脑科学与脑机接口、合成生物等细分产业。在未来制造产业上,要面向未来制造高端化、智能化、绿色化和融合化需求,在石景山、房山、顺义、昌平、经开区等区域,重点发展类人机器人、智慧出行等细分产业。在未来能源产业上,要围绕新型能源系统建设需求,在房山、通州、昌平、大兴、怀柔、延庆、经开区等区域,重点发展氢能、新型储能、碳捕集利用与封存等细分产业。在未来材料产业上,要面向前沿新材料需求,在海淀、房山、顺义、大兴、经开区等区域,重点发展石墨烯材料、超导材料、超宽禁带半导体材料、新一代生物医用材料等细分产业。在未来空间产业上,要面向未来太空探索需求,在海淀、丰台、石景山、大兴、经开区等区域,重点发展商业航天、卫星网络等细分产业。

(二)产业生态与支撑

基于北京市发展新质生产力的目标,要加快构建未来产业创新发展生态,为发展新质生产力提供要素支撑。

在人才集聚上,要面向未来产业战略急需技术领域,实施创新人才聚集行

动,引进一批具有世界影响力的顶尖科技人才,加强教育、就业、住房、医疗等方面服务保障。遴选支持一批科技领军人才、青年科技人才和卓越工程师,充分赋予科学家自主权和决策权,在一线自由探索中培养造就人才。加大未来产业企业经营管理人才培养力度,激发企业家创新创业热情。加快引进法律、知识产权、产业投资人、技术经理人等专门人才。

在研究主体上,要依托在京国家实验室、国家科研机构、高水平研究型大学、科技领军企业,牵头或参与国家级创新平台建设,加快形成前沿性、交叉性、颠覆性技术原创成果,实现更多"从0到1"的突破。聚焦北京市优势领域,构建人工智能、量子信息、生命科学等领域的科学高地,全力推进材料、零部件、高端芯片、基础软件、科学仪器设备等研发攻坚,实现未来产业软硬件自主可控。

在创新研发上,要鼓励和引导企业加大研发投入,甄选并引进一批有实力、有潜力的大型企业予以重点培育和扶持,完善供应链上下游协作配套,大力支持前沿技术转化和在京落地。加大技术驱动的科技型中小企业扶持力度,培育壮大"瞪羚"企业规模。支持高校科技园区、在京国家实验室的成果转化和项目孵化,加快构建硬科技初创企业体系。加快构建围绕北京市的优势领先、聚焦国际竞争、具备颠覆性的产业梯队,鼓励各区结合产业规划,积极承接未来产业发展。

在金融支持上,要加大未来技术资金支持力度,重点支持"从0到1"基础研究和应用基础研究。加强技术成果转化落地支持,将未来产业纳入高精尖资金支持范围。发挥市区两级政府产业投资引导基金作用,引导社会资本参与未来技术创新与产业化落地。鼓励种子期投资、天使投资、风险投资等投小投早,发挥"耐心资本"作用。完善北交所服务功能,培育支持一批科技创新型中小企业在新三板挂牌、北交所上市。支持各级融资担保机构为企业提供融资担保服务。

在国际合作上,要加强国际科技产业合作,加大力度引入全球未来产业创新资源,鼓励联合全球创新主体开展技术攻关、成果转化和项目落地。鼓励企业和社会资本抢先布局国内外未来产业,保障产业链、供应链安全。推动前沿技术大赛跨越升级,搭建未来产业交流合作平台。加强与"一带一路"共建国家和地区、《区域全面经济伙伴关系协定》(RCEP)成员国在未来产业领域开展务实交流,推动未来产业高水平国际合作。

第二节　天津市

一、天津市发展新质生产力的基础情况

天津市，简称"津"，别称"津沽""津门"，是直辖市、国家中心城市、超大城市、首批沿海开放城市，是全国先进制造研发基地、北方国际航运核心区、金融创新运营示范区、改革开放先行区。截至2023年10月，天津市共辖16个区，总面积11966.45平方千米。截至2023年末，天津市常住人口1364万人，城镇化率为85.49%。

在综合实力上，天津市2023年地区生产总值16737.30亿元，位居全国第24位，在城市体系中排名第11位。天津市2023年人均地区生产总值达到12.28万元。2023年完成一般公共预算收入2027.34亿元，其中税收收入为1578.96亿元。[1]

在产业结构上，天津市已经进入后工业化阶段，第三产业的比重高于第一产业和第二产业之和。2023年，天津市的三次产业构成比为1.6∶35.7∶62.7。其中，第一产业增加值268.53亿元，第二产业增加值5982.62亿元，第三产业增加值10486.15亿元。进一步看，2023年，天津市新兴产业活力不断释放，战略性新兴产业增加值占规模以上工业的比重达到24.5%，高技术服务业、战略性新兴服务业、科技服务业营业收入增速均快于规模以上服务业平均水平。2023年，新产品产量快速增长，新能源汽车、城市轨道车辆、服务机器人产量分别增长1.9倍、81.3%和11.8%。创新投资持续增加，工业技术改造投资增长11.9%，高技术产业投资增长5.9%，其中高技术服务业投资增长19.3%。[2]

---

[1] 数据来源：《2023年天津市国民经济和社会发展统计公报》。
[2] 数据来源：《2023年天津市国民经济和社会发展统计公报》。

在创新能力上，天津市科教兴市成效明显。2023年，脑机交互与人机共融海河实验室揭牌运行，6家海河实验室自主立项140项，孵化引进41家科技型企业，新一代超级计算机、国家合成生物技术创新中心、大型地震工程模拟研究设施等平台处于国际先进水平。有效期内国家级专精特新"小巨人"企业累计253家，市级专精特新中小企业累计1579家。国家科技型中小企业、市级"雏鹰"企业、市级"瞪羚"企业分别达到11710家、6230家和460家。2023年，签订技术合同15107项，合同成交额1957.72亿元，技术交易额811.04亿元。全年市级科技成果登记数2018项，其中属于国际领先水平156项，达到国际先进水平230项。全年专利授权5.92万件，其中发明专利1.43万件。PCT专利申请受理量597件，增长3.5%。截至2023年末，有效发明专利6.38万件。

在人才支撑上，天津市坚决贯彻落实人才强市战略。截至2023年11月底，天津市累计引进人才47.7万人，平均年龄32岁，战略性新兴产业从业人员占比超过26%。全市2023年共获批新设立22个博士后科研流动站，获批数量和入选率均位居全国前列，获历史性突破。博士后科研流动站总数达到110个，科研工作站343个，创新实践基地110个，覆盖了天津市所有重点学科和重点产业链。打造创新创业联盟。目前联盟已链接高校院所120家，聘请院士专家75位，联系领军企业2100多家，汇集工程师4.7万名，达成"揭榜挂帅"合作意向300多项，攻克关键核心技术400多项，新落地项目近400个，总投资额300多亿元。①

在发展模式上，天津市正以产业链为关键抓手，夯实基础、串点成链。2023年前11个月，天津在"链"规上企业增加值占规上工业增加值比重达到79.8%，航空航天、集成电路、车联网产业链增加值增速分别达到19.7%、18.5%、17.2%，形成有力示范带动。在重点产业链的"引力"下，2023年，空客A320第二条生产线、恒河碳五碳九、大船集团天津船舶制造基地项目、诺和诺德扩建等总投资974亿元的75个重点项目在天津签约落地。②

---

① 数据来源：天津市人社局。
② 数据来源：新华网。

二、天津市发展新质生产力的SWOT分析

发展新质生产力是一个系统工程，对天津市而言，发展新质生产力在具有较大优势和机遇的同时，也面临一定的劣势和挑战。

（一）天津市发展新质生产力的优势

在发展新质生产力的优势上，天津市在一系列领域都拥有较多的显著优势。首先，科教资源丰富。新质生产力的发展离不开科技创新，也离不开进行科技创新的主体。截至2023年末，天津市拥有国家级院所和国内高水平研发机构超过170家、研究生培养单位24个、普通高等院校56所。[①]此外，以天开高教科创园为代表的科创载体建设如火如荼。截至2023年末，天津市产业技术研究院达到27家，科技企业孵化器95家，备案众创空间200家，孵化机构场地达到180万平方米，聚集创业团队超过1万个。[②]丰富的科教资源有助于新质生产力的顺利形成。其次，产业现代化程度高。天津市一直致力于加快构建现代化产业体系，通过坚持科技赋能，全面梳理八大产业34个领域134项支撑"国之重器"的核心技术，累计创建国家级企业技术中心77家，位列全国重点城市第3位。天津市打造了国家级"芯火"双创基地、天津药研院等一批产业创新平台，国家产业技术基础公共服务平台达11家[③]，为发展新质生产力提供了坚实的产业支撑。最后，金融服务支持力度大。新质生产力对投融资需求旺盛。天津市开展金融服务重点产业链专项行动，探索推出重点产业链"主办行""主办司"制度；创立金融超市，让企业可以在线选择金融产品和服务。截至2023年末，天津市科技型企业贷款余额超2300亿元，同比增长超30%，专精特新企业贷款余额780亿元，较年初增长近90%，信创、集成电路、车联网、生物医药等12条重点产业链贷款余额1382亿元，较年初增长42.5%[④]，这也为天津市新质生产力的发展提供了金融保障。

---

① 商瑞、周琳：《天津发挥优势培育创新沃土》，《经济日报》2024年3月7日。
② 陈伟光、武少民、靳博：《立足功能定位 勇争先善作为》，《人民日报》2024年3月2日。
③ 商瑞、周琳：《天津发挥优势培育创新沃土》，《经济日报》2024年3月7日。
④ 陈伟光、武少民、靳博：《立足功能定位 勇争先善作为》，《人民日报》2024年3月2日。

（二）天津市发展新质生产力的劣势

相比于发展新质生产力的优势，天津市在新质生产力的发展上也具有一定的劣势。首先，产业结构调整任重道远。作为老牌工业城市，在历经产业结构转型之后，天津市目前的产业结构表现为第三产业占主导，第二产业偏向石油石化等重工业的模式。由于第二产业多年来依赖重工业，挤压了天津市产业转型的空间，这对新质生产力的发展会产生一定的阻碍作用。其次，民营经济活力尚待增强。民营经济不振，已成为制约天津市发展的重要因素。2010年以来，"民营经济实力偏弱""市场主体偏少"等表述便持续出现在天津市政府工作报告当中。2022年天津民营经济增加值6045亿元，占GDP比重37.1%，在重点城市中排名靠后[1]；天津市龙头民企的数量也在减少，2016年全国民企500强榜单中，天津共有13家企业上榜，而2023年仅有7家企业上榜，缩减近半。[2] 民营经济活力不强也会制约新质生产力的发展。最后，新动能"底盘"偏小、支撑作用不强，存在高水平创新主体规模偏小、战略性新兴产业和高技术产业比重偏低、科技型上市企业数量偏少、创新平台功能发挥不够充分等问题。如2023年，天津市战略性新兴产业增加值占规模以上工业的比重为24.5%[3]，而同时期上海市的比重达到43.9%[4]；截至2023年末，天津市国家高新技术企业突破1.1万家[5]，而同时期北京市有国家高新技术企业2.83万家[6]，天津市国家高新技术企业数量不足北京市的二分之一。这些问题在一定程度上也制约了新质生产力的顺利形成。

（三）天津市发展新质生产力的机遇

在发展新质生产力的机遇上，天津市也拥有得天独厚的时机。首先，天津市具备历史性战略机遇，承担着推进京津冀协同发展、服务"一带一路"建设等

---

[1] 数据来源：《2023年天津市国民经济和社会发展统计公报》。
[2] 数据来源：全国工商联发布的相关年份《中国民营企业500强》。
[3] 数据来源：新华网。
[4] 数据来源：《2024年上海市政府工作报告》。
[5] 数据来源：《2024年上海市政府工作报告》。
[6] 数据来源：《2023年北京市国民经济和社会发展统计公报》。

重大国家任务，拥有独特的区位、产业、港口、交通等优势，拥有改革开放先行区、金融创新运营示范区、自由贸易试验区、国家自主创新示范区等先行先试的优越条件，有利于高质量发展的因素不断积累，不利因素逐步消除，特别是构建以国内大循环为主体、国内国际双循环相互促进的新发展格局为天津市带来了难得的历史性机遇。其次，京津冀协同发展战略的深入实施也将为天津市发展新质生产力带来前所未有的机遇。京津冀协同发展战略是习近平总书记亲自谋划、亲自部署的第一个区域重大战略。最后，天津市正大力建设天开高教科创园。2024年2月，习近平总书记在天津考察时强调，"要发挥科教资源丰富等优势，在发展新质生产力上勇争先、善作为。要坚持科技创新和产业创新一起抓，加强科创园区建设"。随后，天津市人民政府批复关于天开高教科创园"一核两翼"规划设计和核心先导区城市设计，此举能够更好地集聚创新创业、成果转化、科技金融等各类创新资源，构建一流创新创业生态，推动更多高校师生校友创新成果加速孵化转化，培育形成科创企业，塑造更多高质量发展的新动能，极大促进新质生产力的发展。

（四）天津市发展新质生产力的挑战

发展新质生产力并非易事，在发展新质生产力的过程中，天津市也面临诸多挑战。首先，企业主体作用发挥还不够充分。对标深圳、上海等一线城市，天津市在企业创新总体格局方面还有一定差距。从数量上来看，深圳市科技型中小企业超过3万家，上海市超过1.9万家，而天津市仅1.17万余家，这对天津市发展新质生产力带来巨大挑战。其次，京津冀创新能力存在落差，不利于形成优势互补的区域创新网络。京津冀三地中，天津的创新资源不如北京丰富，创新能力也相对不足。从研发投入强度看，2022年北京市研发投入经费占比超过6.5%，是天津市研发投入经费占比3.49%的1.86倍以上。这种差距对京津冀三地形成合理的创新网络格局带来巨大影响并最终冲击新质生产力的形成。最后，天津市也面临国内其他地区的激烈竞争。当前，整个国家都在大力发展新质生产力，各个地区也围绕新质生产力展开激烈竞争，与其他一线城市相比，天津市的民营经济和制造能力偏弱。在这种情形下，天津市如何发展新质生产力也面临较大挑战。

三、天津市发展新质生产力的差异化路径

结合在发展新质生产力上的优势、劣势、机遇和挑战，天津市探索差异化的新质生产力路径，应该立足自身创新能力，着力推动原始创新能力的增强和新兴产业的发展。

（一）具体方向与产业

结合当前的发展状况以及发展新质生产力的优势，天津市未来应将新兴产业作为发展新质生产力的主要方向，具体包括新一代信息技术、生物医药、新能源、新材料、装备制造、汽车、航空航天等产业。

在新一代信息技术产业上，以滨海新区、西青区、津南区、北辰区、武清区、宁河区等为重点，布局人工智能产业、集成电路产业、软件产业、大数据产业、下一代通信网络产业、信息技术应用创新产业6个细分领域。在生物医药产业上，以滨海新区、西青区、北辰区、武清区、宝坻区、静海区等为重点，布局化学药产业、生物药产业、现代中药产业、医疗器械产业、智慧医疗与大健康产业5个细分领域。在新能源产业上，以滨海新区、北辰区、宝坻区、静海区等为重点，布局动力电池产业、风电产业、光伏产业、氢能产业4个细分领域。在新材料产业上，以滨海新区、东丽区、武清区、蓟州区为重点，布局化工新材料产业、新一代信息技术材料产业、先进钢铁材料产业、先进有色金属材料产业、高性能纤维及制品和复合材料产业、前沿新材料产业、稀土新材料产业7个细分领域。在装备制造业上，以滨海新区、东丽区、津南区、北辰区、武清区、静海区、宁河区等为重点，布局机器人产业、智能制造装备产业、船舶与海洋工程装备产业、海水淡化装备产业、轨道交通装备产业、航空装备产业6个细分领域。在汽车产业上，以滨海新区、西青区、东丽区、北辰区、武清区、宝坻区、静海区、宁河区等为重点，布局新能源汽车产业、氢燃料电池汽车产业、智能网联汽车产业、汽车关键零部件产业4个细分领域。在航空航天产业上，以滨海新区、东丽区等为重点，打造航空产业、航

天产业2个细分领域。

（二）产业生态与支撑

基于天津市发展新质生产力的目标，要加快构建新兴产业创新发展生态，为发展新质生产力提供要素支撑。

第一，构建现代工业产业体系。一是围绕全国先进研发制造基地的定位，坚持发展壮大战略性新兴产业和改造升级传统产业并重，加快新动能引育，推进增量转型、存量升级。以智能科技产业为引领，以生物医药、新能源、新材料等新兴产业为重点，以装备制造、汽车、石油化工、航空航天等优势产业为支撑，着力构建现代工业产业体系，推动冶金、轻纺等传统产业高端化、绿色化、智能化升级。二是谋划布局量子信息、未来网络、新一代通信、基因技术、类脑智能、无人驾驶、先进材料、深海深空等未来产业，加快前沿科技探索与应用，推动产业加速变革。深入推进前沿技术与实体经济融合发展，实现产业跨界融合，打造未来技术应用场景，加快制造业向智能制造、服务型制造、绿色制造转型。

第二，集聚创新发展要素。一是优化创新空间布局。围绕产业链部署创新链，围绕创新链布局产业链，实施重点产业创新工程，培育一批主导产业突出的创新标志区，加快构建以信息技术应用创新产业为主攻方向、以生物产业和高端装备为重点的"一主两翼"产业创新格局，打造自主创新和原始创新产业高地。二是着力培育战略科技力量。发挥高校院所创新优势，加快培育海河教育园区、天津大学城、团泊高校区等创新研发集聚区，加快建设未来科技城、中关村科技园—生态城等产业创新集群，构建"产—学—研—政—金"融合的协同创新体系。三是强化创新载体支撑作用。依托海河实验室、大学科技园等平台，强化核心技术攻关，形成一批重大创新成果。依托国家级和市级园区，以"园中园"形式，培育若干创新中心或产业技术创新联盟，建设双创示范基地，为园区内各企业提供合作发展平台。支持园区、大学科技园等创新载体建立服务体系、中试基地，承接更多科技成果落地转化。

第三节　河北省

一、河北省发展新质生产力的基础情况

河北省，简称"冀"，省会石家庄市，总面积18.88万平方千米。截至2023年末，河北省下辖11个地级市，共有49个市辖区、21个县级市、91个县、6个自治县，常住人口为7393万人。

在综合实力上，河北省2023年地区生产总值43944.1亿元，增长5.5%，位居全国第12位，增速快于全国。2023年人均地区生产总值达到59332元，低于全国平均水平，处于全国第24位。2023年，完成一般公共预算收入4286.1亿元，其中税收收入2577.7亿元。[①]

在产业结构上，河北省进入后工业化阶段，产业结构不断优化，"三二一"产业格局逐渐巩固拓展。2023年，河北省的三次产业构成比为10.2∶37.4∶52.4，不过与全国的7.1∶38.3∶54.6相比仍然存在一定差距。其中，第一产业增加值4466.2亿元，第二产业增加值16435.3亿元，第三产业增加值23042.6亿元。进一步看，新兴产业快速增长，规模以上高新技术产业增加值比上年增长7.5%，增速比上年提高2.7个百分点，占规模以上工业比重为21.4%，同比提高0.8个百分点；高技术产业投资增长24.7%，高于全部投资增速18.4个百分点，其中高技术制造业投资增长41.1%，高技术服务业投资增长11.6%。

在创新能力上，河北省是全国创新资源和创新能力较好的省份。河北省省级及以上企业技术中心887家、技术创新中心（工程技术研究中心）1113家、重点实验室367家，2023年组织实施的国家和省级高新技术产业化项目574项；2023年，河北省共签订技术合同22613项，技术合同成交金额1789.9亿元，比上年增

---

① 数据来源：《河北省2023年国民经济和社会发展统计公报》。

长22.1%，拥有有效发明专利64618件。雄安新区创新发展成果显著，组建中国空天信息和卫星互联网创新联盟，成立雄安高校协同创新联盟，雄安中关村科技园挂牌运行。

在人才支撑上，河北省的人力资本较为丰富。技能人才较为丰富。截至2023年底，河北省技能人才总量达到1086.95万人，其中高技能人才331.35万人。后备人才稳步提升。2023年，河北省共有普通高等学校128所，在学研究生8.7万人、增长6.3%，毕业生2.4万人、增长24.5%，普通、职业本专科在校生184.0万人、增长3.7%，毕业生50.9万人、增长4.2%。就业形势保持稳定。2023年，河北省城镇新增就业89.90万人，比上年增加0.21万人，城镇失业人员再就业32.13万人，比上年增加2.11万人，就业困难对象实现再就业10.90万人，比上年增加0.61万人。

在发展模式上，河北省协同发展成效显著，新动能加快成长。京津冀协同发展向纵深推进，2023年，河北省引进央企二三级子公司超180家，吸纳京津技术合同成交额810亿元，较2014年增长约10.4倍。京雄高速全线贯通，津兴城际铁路建成通车，石家庄至沧州实现高铁直通。首批疏解央企总部项目建设进展顺利，4所疏解高校全部开工，河北援建的"三校一院"顺利开学开诊，雄安新区2023年完成投资同比增长16.0%。新兴业态发展壮大，2023年网上零售额实现4654.6亿元，比上年增长10.6%，其中实物商品网上零售额4214.6亿元，增长8.1%，占社会消费品零售总额的比重为28.0%。

二、河北省发展新质生产力的SWOT分析

发展新质生产力是一个系统工程，对河北省而言，发展新质生产力在具有较大优势和机遇的同时，也面临一定的劣势和挑战。

（一）河北省发展新质生产力的优势

在发展新质生产力的优势上，河北省在一系列领域都拥有较多的显著优势。首先，河北省已经形成一定的创新能力，为新质生产力形成奠定了基础。全省科技实力不断增强，党的十八大以来，河北省科技实力不断增强，创新型河北

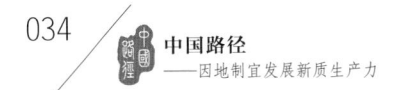

建设取得阶段性成效。综合科技创新水平指数从全国第25位提升至第21位。创新主体加速成长，承德国家可持续发展议程创新示范区、河北·京南国家科技成果转移转化示范区、京津冀国家技术创新中心等一批国家级创新载体获批建设。此外，全省在改善地方科研基础条件、优化科技创新环境、促进科技成果转移转化以及科技改革与发展重大政策落实等方面成效突出。2018年、2019年连续两年受到国务院办公厅督查激励，建立全链条服务体系扶持科技型中小企业成长和分类施策积极推动县域科技创新的典型经验做法，分别在2017年和2021年受到国务院办公厅通报表扬。其次，区位优势明显。河北省地理位置特殊，地缘关系和地域特征明显，是中国发展的战略支点和发展引擎。河北省内环京津、外环渤海，与京津两市共同构成环渤海核心区域，是拱卫首都的京畿之地和北京联系全国各地的必经之所，也是华东、华南和西南等区域连接东北、西北、华北地区的枢纽地带。随着环渤海地区经济的发展，京津冀区域合作步伐不断加快，京津冀都市圈已经纳入国家发展战略。《京津冀协同发展规划纲要》的出台，全面描绘了以首都为核心的世界级城市群宏伟蓝图，明确了三省市功能定位，三省市相互融合、互为支撑、共同发展的格局逐步形成。河北省立足地缘优势和资源禀赋，发挥环京津、环渤海优势，围绕"三区一基地"功能定位，把握重大国家战略机遇，在对接和服务京津中加快发展，统筹环京津地区、冀东经济区、冀中南地区发展。河北省的区位优势正在加速转化为发展优势，进一步促进新质生产力形成。最后，产业特色明显。截至2023年，有国家级专精特新"小巨人"企业402家，河北省认定专精特新中小企业1208家，国家科技型中小企业入库数量达到20894家。国家中小企业特色产业集群数量11个，与江苏、山东、安徽3省份并列全国第一。企业工业设备上云率继续保持全国第一，钢铁环保绩效A级企业数量排在全国第一。

（二）河北省发展新质生产力的劣势

相比于发展新质生产力的优势，河北省在新质生产力的发展上也具有一定的劣势。首先，高端人才培养能力不足，面临人才引进难问题。河北省由于历史原因，省会变动频繁，省会曾在天津、保定、石家庄等地间多次变换，导致高校布局分散。从高校数量看，河北省行政辖区内没有985和211高校，唯一的211大学河北工业大学仍然处在天津市。大学生在就读院校所在地就业的平均比例超过40%，这就导致河北省的人才竞争力缺少先天性的优势。同时，相比京、津而言较为落后，人才的吸引力进一步下降，造成了目前人才资源困境。其次，缺少核心增长极，核心带动力不足。研究其他省份可以看出，它们无一不是有一家独大的城市"领衔"，带动全省发展，比如湖北的武汉、湖南的长沙、河南的郑州。当本省有了地区生产总值过万亿的大城市带头，就可以通过产业互补、资源互通等方式带动周边各个城市快速发展产业。河北省目前最为紧迫的任务是打造一个可以吸引全省人才的新一线城市，否则整个河北只能作为北京、天津的经济腹地，源源不断地输出人才与劳动力。目前，唐山是最有希望突破万亿的城市，2023年地区生产总值为9133.3亿元，尽管与其他城市相比还存在一定差距。最后，资源过度依赖，产业结构需要进一步优化。通过对产业布局的分析，可以看到河北省经济发展模式受到当地产业基础和现有资源制约，重工业化程度明显。尤其是唐山和邯郸这样的典型资源城市，它们对地理资源与自然环境过度依赖程度极为明显。河北省历来以钢铁大省著称，其经济增长自然会存在对第二产业过度依赖的问题，尤其表现为对重工业的依赖，同时服务业发展水平、技术含量和创新能力都不高，因此对高科技产业的吸引力不大。

（三）河北省发展新质生产力的机遇

在发展新质生产力的机遇上，河北省也拥有独特的发展机遇。首先，战略前景广阔。京津冀协同发展、雄安新区建设等重大国家战略和国家大事深入实施，中国（河北）自由贸易试验区、北京大兴国际机场临空经济区（廊坊）等重大平台加快建设，将带来前所未有的战略支撑和强大动能，为河北省发挥区位优势，打造新的区域增长极带来新的历史机遇。我国把扩大内需作为战略基点，加快构建以国内大循环为主体、国内国际双循环相互促进的新发展格局，为河北省立足强大的国内市场需求，特别是京津两大都市和河北省呈现巨大的内需潜力，提高供给体系质量，重塑竞争新优势提供了坚实支撑。其次，处于产业转型升级窗口期。我国把创新摆在现代化建设全局的核心地位，提升自主创新能力，为河北省加快传统产业转型升级和新兴产业发展，推进产业基础高级化、产业链现代化，提升经济质量效益和核心竞争力提供了有利条件。同时，我国坚定不移推进改革、扩大开放，持续深化供给侧结构性改革，建设更高水平开放型经济新体制，为河北省提高资源配置效率、增强发展动力和活力带来了新的契机。最后，抓住高水平对外开放机遇，进一步加大对外合作力度。新质生产力的发展离不开人才、科技、资金等要素的充分流动，尤其是国际之间的技术合作和人才交流。一方面，依靠秦皇岛港、唐山港和黄骅港等重要港口，开拓国际航线，把沿海优势变成发展优势，借助国家高水平对外开放政策机遇，提高对外开放质量，对标国际一流水平，参与国际规则制定，进一步提升本省优势产业的发展；另一方面，推进石家庄等重点城市国际化建设，提高城市全球链接能力，打造河北对外开放前沿阵地和示范窗口，提升对国际要素资源的吸引力、承载力。对此，河北要充分利用融入"一带一路"的建设成果、抓住《区域全面经济伙伴关系协定》（RCEP）生效契机，全面加强与签署自贸协定国家的经贸合作，为新质生产力的发展提供外部动力和发展机遇。

（四）河北省发展新质生产力的挑战

发展新质生产力并非易事，在发展新质生产力的过程中，河北省也面临诸多挑战。首先，新兴产业发展基础薄弱。河北省新兴产业体量偏小，自主创新能力不强，科技资源碎片化问题突出，在存量调优、增量调强方面受到现有能力、发展阶段等多重因素制约。其次，发展环境需要进一步完善。河北省改革开放力度不够，市场化、国际化程度不高，营商环境仍需优化，"放管服"改革还需深化，公共服务能力和水平亟待提高，在优环境、强服务方面仍有不小差距。最后，竞争压力较大。目前，我国区域经济竞争加剧，各地纷纷出台政策发展布局新经济，但发展动力极化现象日益突出，区域发展分化态势明显，河北省在区域竞争中面临不进则退、慢进亦退的局面。在这种情形下，河北省如何发展新质生产力也面临较大挑战。

三、河北省发展新质生产力的差异化路径

结合在发展新质生产力上的优势、劣势、机遇和挑战，河北省探索差异化的新质生产力路径，应该立足自身强大的创新能力，着力推动原始创新能力的增强和未来产业的发展。

（一）具体方向与产业

结合当前的发展状况以及发展新质生产力的优势，河北省未来应将高新技术产业作为发展新质生产力的主要方向，具体包括空天信息产业、先进算力产业、鸿蒙欧拉产业生态、前沿新材料产业、基因与细胞产业、绿色氢能产业。

空天信息产业。支持引导雄安新区、石家庄市、廊坊市、保定市等以空天基础设施建设为依托，聚焦空天信息技术、卫星通信、先进遥感、卫星导航、空天装备制造等领域，重点发展卫星载荷设计及制造、地面设备制造、航空航天材料及部件、卫星运营和6G等上下游产业，组建空天信息和卫星互联网创新联盟，打造全国空天信息产业发展新高地。

先进算力产业。支持引导雄安新区、张家口市、廊坊市等突破异构计算、AI计算、高性能图计算、量子计算等一批基础软硬件和关键核心技术，发展数据中心服务器及GPU、NPU、存储芯片等先进信创计算产品，支持自主创新的先进算力产业落地及应用，合理布局先进计算、人工智能和区块链等新一代信息技术基础设施，支持开展算力一体化调度，优化"算力基础设施+计算系统+应用+服务"产业生态，形成布局合理、服务高效、集约共享的先进计算产业体系。

鸿蒙欧拉产业生态。支持引导雄安新区等以建设鸿蒙欧拉城市为目标，围绕电子政务、金融、能源、交通等领域深化应用示范，引入鸿蒙欧拉生态产业上下游企业和创新研发机构，布局应用标准研究、感知设备、模组/开发板、开源OS研发等，加大算力、数据、场景等方面的支持，支持建设鸿蒙欧拉技术认证适配中心，打造鸿蒙欧拉产业生态。

前沿新材料产业。支持引导唐山、石家庄、保定、廊坊、衡水、邢台等聚焦石墨烯、碳纤维、新型纳米材料、高温合金等新材料在锂离子电池、增材制造、储能器件、复合材料、智能穿戴、航空部件等领域的应用示范，加大材料制备、

工艺装备等研发力度，建立完善前沿材料制备工艺与技术性能标准体系，推动新一代材料与终端产品同步研发、生产、验证和应用。

基因与细胞产业。支持引导石家庄、秦皇岛、保定、廊坊和雄安新区等聚焦基因组学新技术、基因编辑、细胞与基因治疗等重点领域，开展高通量靶点筛选、体外基因修饰系统、新型载体递送、高质量源头细胞制备、细胞产品溯源等关键技术攻关，加快推进细胞与基因治疗药物的开发和商业化进程，在关键工艺、上下游核心材料、产品开发等方面形成产业集聚和协同。

绿色氢能产业。支持引导张家口、保定、衡水、邯郸、唐山等加强氢燃料电池电堆材料、可再生能源制氢、多种形式储运等关键技术攻关，加快高效制氢、纯化、储运和加氢等技术装备及基础设施建设，促进氢能技术链产业链供应链协同发展，推动可再生能源电解水制氢规模化发展，扩大氢能应用场景。

（二）产业生态与支撑

基于河北省发展新质生产力的目标与当前发展状况，要提升创新能力，培育市场主体，精准招商引资，为发展新质生产力提供要素支撑。

第一，提升创新能力。依托产业集群龙头企业规划布局产业创新中心，促进产业链创新链深度融合。布局建设一批省级以上重点实验室、工程研究中心、企业技术中心等创新平台，推动集群内部协同创新。加大与京津深度协同，支持与中关村、中国科学院等合作，建立产业联盟，开展共性技术研究。以揭榜挂帅等方式开展关键技术、基础材料等方面技术协作攻关。

第二，培育市场主体。建立企业主体梯次培育体系，培育认定一批品牌高端、技术先进的领军企业，做强一批创新力强、带动力强的骨干企业，扶持一批市场前景好、创新意识强的中小企业。支持领军企业、骨干企业瞄准产业链关键环节实施兼并重组，加快产业链关键资源整合，培育一批链主企业和生态主导型企业，构建大中小企业协同创新、产能共享、产业链供应链互通的新型产业生态。

第三，强化资金保障。发挥省、市产业投资引导基金作用，撬动更多社会资本参与产业集群建设。开展银企对接，加大对集群内企业中长期贷款、制造业设备更新改造等政策性信贷支持，鼓励银行、保险等机构开发针对战略性新兴产业的创新产品。支持集群中符合条件的重点企业在境内外上市、挂牌，多渠道扩大直接融资。

第四，激发人才创新创造活力。坚持人才是第一资源理念，贯彻尊重劳动、尊重知识、尊重人才、尊重创造方针，大力实施人才强冀战略，深化人才发展体制机制改革，全方位培养、引进、用好人才，造就更多国际一流的科技领军人才和创新团队，培养具有国际竞争力的青年科技人才后备军，打造创新人才高地。

第四节　上海市

一、上海市发展新质生产力的基础情况

上海市，简称"沪"，别称"申"，是直辖市、国家中心城市、超大城市、上海大都市圈核心城市、国家历史文化名城，是中国共产党的诞生地。上海市入围世界Alpha+城市，基本建成国际经济、金融、贸易、航运中心，形成具有全球影响力的科技创新中心基本框架。截至2023年10月，上海市下辖16个区，总面积6340.5平方千米。截至2023年末，上海市常住人口2487.45万人。

在综合实力上，上海市2023年地区生产总值47218.66亿元，位居全国第10位，在城市体系中排名首位，是全国经济规模第一大的城市。2023年人均地区生产总值达到18.98万元，位居全国第2位。2023年完成一般公共预算收入8312.50亿元，其中税收收入约为7107.19亿元。[1]

在产业结构上，上海市已进入后工业化阶段，第三产业的比重远远高于第一产业和第二产业之和。2023年，上海市的三次产业构成比为0.2∶24.6∶75.2，

---

[1] 数据来源：《2023年上海市国民经济和社会发展统计公报》。

其第三产业的比重居于全国第2位。其中，第一产业增加值96.09亿元，第二产业增加值11612.97亿元，第三产业增加值35509.60亿元。进一步看，上海市2023年实现工业增加值10846.16亿元，战略性新兴产业增加值11692.50亿元，后者占地区生产总值的比重为24.8%，比上年增长6.9%。其中，服务业战略性新兴产业增加值7704.32亿元，占地区生产总值的比重为16.3%。

在创新能力上，上海市是全国创新资源和创新能力最强的城市之一。2023年，上海市新增科技"小巨人"企业和"小巨人"培育企业155家，累计超2800家。新认定高新技术企业8052家，有效期内高新技术企业数突破2.4万家，其中新认定技术先进型服务企业42家、有效期内243家。2023年共落实研发费用加计扣除上年度减免税额823.22亿元，享受企业数4.15万家，其中落实高新技术企业减免所得税额248.68亿元，享受企业数3007家；落实技术先进型企业减免所得税额13.17亿元，享受企业数146家。2023年共认定高新技术成果转化项目837项，其中电子信息、生物医药、新材料、先进制造与自动化等重点领域项目占82.2%。[①] 截至2023年末，累计认定高新技术成果转化项目15929项。2023年专利授权15.91万件，其中发明专利授权4.43万件。PCT国际专利申请量6185件，有效专利达91.51万件。每万人口高价值发明专利拥有量达50.2件。2023年经认定登记的各类技术交易合同50824件，合同金额4850.21亿元。科创板2023年新增上海市上市企业11家，募集资金337.1亿元，总市值1071.2亿元。

在人才支撑上，得益于数量众多的高校和科研院所，上海市的人力资本较为丰富。猎聘大数据研究院2023年发布的《上海地区人才供需数据报告》显示，在人才储备方面，近三年上海地区人才保有量在全国占比居第1位。2022年上海人才保有量占比达10.2%，居全国第1位。《2023上海科技进步报告》显示，2023年在沪两院院士187人，上海科学家在《细胞》《自然》《科学》三大期刊发表论文120篇，占全国（不含港澳台）的26.2%。[②] 此外，上海女性科技人才数量和质量也在不断提升。《上海女性科技人才发展报告（2023）》显示，上海市女性研发人员占比在全国位居前列，比全国平均水平高出2.57%。2021年，在沪新增两

---

① 数据来源：《2023上海科技进步报告》。
② 数据来源：《2023上海科技进步报告》。

院院士女性占全国新增两院院士女性总数比例接近五分之一。①

在发展模式上,上海市大力推进信息化建设。截至2023年末,千兆光网接入能力已覆盖961万户家庭,家庭宽带用户平均接入带宽达415.52Mbps,互联网省际出口带宽66671Gbps,互联网国际出口带宽9513.48Gbps。IPTV用户数641.49万户,5G用户数2010.87万户。累计建设超7.8万个5G室外基站、37万个室内小站,实现全市域5G网络基本覆盖。在智能制造、健康医疗、智慧教育等十大领域累计推进920余项5G应用项目。

二、上海市发展新质生产力的SWOT分析

发展新质生产力是一个系统工程,对上海市而言,发展新质生产力在具有较大优势和机遇的同时,也面临一定的劣势和挑战。

(一)上海市发展新质生产力的优势

在发展新质生产力的优势上,上海市在一系列领域都拥有较多的显著优势。首先,科技综合实力强。上海市已经集聚了国家实验室等一大批国家战略科技力量,已建、在建和规划下一步要建的重大科技基础设施达到了20个,还引进了李政道研究所、数学与交叉学科研究院等一批高水平研究机构。根据上海市科学技术委员会发布的《2023上海科技进步报告》,2023年上海市全社会研发经费支出占地区生产总值的比例预计达4.4%左右。②上海市科技综合水平持续攀升,在世界知识产权组织发布的《全球创新指数2023》中,上海—苏州集群排名上升至全球第5位。③《中国区域科技创新评价报告2023》显示,上海市综合科技创新水平持续保持全国第一。④上述报告充分证明上海市的科技创新能力已经处于较高水平。其次,产业转型升级早。上海市已基本形成以现代服务业为主体、战略性新兴产业为引领、先进制造业为支撑的产业发展格局。2023年,新能源、高端装备、生物、新一代信息技术、新材料、新能源汽车、节能环保、数字创意等

---

① 数据来源:《上海女性科技人才发展报告(2023)》。
② 数据来源:《2023上海科技进步报告》。
③ 数据来源:《全球创新指数2023》。
④ 数据来源:《中国区域科技创新评价报告2023》。

工业战略性新兴产业完成工业总产值17304.61亿元，占全市规模以上工业总产值比重达到43.9%。现代服务业与战略性新兴产业的良好发展也给上海市新质生产力发展带来了巨大优势。最后，高层次人才数量多。劳动力是生产力的三大组成要素之一，劳动力素质的提升是生产力发生变化从而顺利转为新质生产力的根本前提。上海市大力推进高水平人才高地建设，集聚"高精尖缺"人才，尤其是在集成电路、生物医药、人工智能这三大先导产业。截至2023年末，三大先导产业人才集聚度已经超过80万人，其中集成电路领域的人才占了全国的40%左右，这也使得上海市的新质生产力发展具有了坚实支撑。

（二）上海市发展新质生产力的劣势

相比于发展新质生产力的优势，上海市在新质生产力的发展上也具有一定的劣势。首先，制造业规模较小。从产业结构分析，国家统计局数据显示，2022年上海市工业增加值占地区生产总值比重为23.96%。从历史趋势来看，2000年至2022年，工业增加值在上海市地区生产总值中的比重呈持续下降趋势，2000年比重为42.03%，2020年已下降至24.70%，首次跌破25%。[①]新质生产力的主阵地是实体经济，与国内其他如广州市、深圳市等头部城市相比，上海市的实体经济尤其是制造业规模偏小，这也对上海市新质生产力的发展产生一定的阻碍作用。其次，企业经营成本较高。企业成本变动对于企业经营成本决策和战略决策意义重大。上海市作为经济中心城市之一，企业经营成本位居全国前列。根据福布斯中国发布的经营成本最高的30个城市榜单，上海仅次于北京，居第2位，上海市劳动成本指数居全国第3位、能源成本指数居全国第1位、税收成本指数居全国第2位。[②]经营成本过高，不利于企业进行科技创新，进而影响新质生产力的发展。最后，空间要素资源紧缺。一方面，上海市土地资源稀缺。在4个直辖市中，上海市总面积最小，甚至不及重庆市十分之一，建设用地十分紧张，用地指标稀缺。另一方面，上海市土地价格昂贵。因为土地资源稀缺，上海市用地成本较高，尤其是交通发达的市区，典型写字楼平均月租金高于国内其他城市。这些问

---

① 数据来源：国家统计局官网。
② 数据来源：福布斯中国官网。

题在一定程度上也制约了新质生产力的顺利发展。

（三）上海市发展新质生产力的机遇

在发展新质生产力的机遇上，上海市也拥有得天独厚的时机。首先，上海市面临历史性战略机遇。上海市一直是全国改革开放排头兵、创新发展先行者，人才富集、科技水平高、制造业发达、产业链供应链基础好，在国家对长三角发展的总体部署中发挥着龙头带动作用，与苏浙皖三省合作密切，是国际经济、金融、贸易、航运和科技创新中心，在国家发展大局中具有独一无二的战略地位。其次，长三角一体化发展战略的深入实施也将为上海市发展新质生产力带来前所未有的机遇。推动长三角一体化发展，是习近平总书记亲自谋划、亲自部署、亲自推动的重大战略。2023年11月，习近平总书记在主持召开深入推进长三角一体化发展座谈会时强调，长三角区域要"在中国式现代化中走在前列，更好发挥先行探路、引领示范、辐射带动作用"。这是党中央赋予长三角区域的全新历史使命，这也意味着长三角一体化发展战略即将进入新的历史阶段，这无疑会为上海的发展带来新的历史机遇。最后，上海市正加快建设"五个中心"。2023年12月，习近平总书记在上海考察时强调，上海要"聚焦建设国际经济中心、金融中心、贸易中心、航运中心、科技创新中心的重要使命"，"以科技创新为引领，加强关键核心技术攻关，促进传统产业转型升级，加快培育世界级高端产业集群，加快构建现代化产业体系，不断提升国际经济中心地位和全球经济治理影响力"。上海市持续推进"五个中心"建设，城市能级和核心竞争力大幅跃升，这将极大促进新质生产力的发展。

（四）上海市发展新质生产力的挑战

发展新质生产力并非易事，在发展新质生产力的过程中，上海市也面临诸多挑战。首先，企业主体作用发挥还不够充分。对标深圳市，上海市在企业创新总体格局方面还有一定差距。从数量上来看，深圳市科技型中小企业超过3万家，上海市1.9万余家；从质量上来看，2022年深圳市企业研发投入占全社会研发投入的比重高达94%，其中华为（195.3亿欧元，归母公司计算）和腾讯（71.9亿欧元）两家企业的研发投入之和就超过上海市全社会研发投入的总量。这对上海市发展新质生产力带来巨大挑战。其次，开放的广度、深度和国际合作存在不足。规则、规制、管理、标准等制度型开放方面尚未全面与国际接轨，对优质创新资源的集聚和配置能力亟待提高。在复杂的国际形势下，美国对我国高科技领域实施"小院高墙"式打击，收窄科技创新外部交流合作渠道，上海市进一步集聚全球科技创新人才、技术、信息资源的难度不断增加，进而也增加了发展新质生产力的难度。最后，城市综合实力还有较大提升空间，国际影响力、竞争力和全球要素资源配置能力还不够强，创新驱动发展动能势能亟待加强，新动能培育和关键核心技术突破还需下更大力气，城市管理、生态环境等方面仍需不断提升，教育、医疗、养老等公共服务供给和保障水平有待进一步提升，人才、土地等要素资源对高质量发展的约束需要加快破解。

三、上海市发展新质生产力的差异化路径

结合在发展新质生产力上的优势、劣势、机遇和挑战，上海市探索差异化的新质生产力路径，应该立足自身强大创新能力，着力推动原始创新能力的增强和未来产业的发展。

（一）具体方向与产业

结合当前的发展状况以及发展新质生产力的优势，上海市未来应将未来产业作为发展新质生产力的主要方向，具体包括未来健康、未来智能、未来能源、未来空间、未来材料等产业。

在未来健康产业上，在浦东、宝山、闵行、金山、奉贤等区域，提升"张江研发+上海制造"承载能力，打造未来健康产业集群。在未来智能产业上，在浦东、徐汇、杨浦、宝山、闵行、嘉定、青浦等区域，以场景示范带动产业发展，打造未来智能产业集群。在未来能源产业上，在浦东、闵行、嘉定等区域，打造未来能源产业集群。在未来空间产业上，在浦东、杨浦、闵行、金山、松江、青浦、崇明等区域，打造未来空间产业集群。在未来材料产业上，在浦东、宝山、金山等区域，提升产业转化承载能力，打造未来材料产业集群。

（二）产业生态与支撑

基于上海市发展新质生产力的目标，要加快构建未来产业创新发展生态，为发展新质生产力提供要素支撑。

第一，实施未来技术"筑基计划"。筹划组建一批未来技术学院，加强高校学科建设和人才培养。发挥中国工程院院士专家成果展示与转化中心作用，集聚各类创新资源，建设未来产业研究院。发展创新联合体，组建一批未来产业创新中心，加强前沿技术多路径探索、交叉融合和颠覆性技术供给。完善未来产业全球创新网络，加强国际创新协作，布局一批海外技术转移转化网络节点、国际技术转移和创新合作中心。

第二，实施未来布局"领跑计划"。谋划未来产业先导区，聚焦临港、张江、紫竹等，集聚创新要素，推动创新链和产业链深度融合。建设未来产业加速园，遴选若干特色产业园区，前瞻布局，发挥未来产业科技园作用，建设一批推动创新成果转化的加速器。打造未来产业试验场，建设未来社区、未来工厂、未来医院、未来商业、未来农业等标杆示范场景。

第三，实施未来伙伴"携手计划"。培育产业生态主导型企业，鼓励国有企业加强未来产业布局，加大企业创新开放力度，纳入企业年度创新考核。引育一批创新型企业，发布硬核科技百强榜单，形成一批在细分领域引领的"未来之星"。依托"浦江之星"计划，构建"科学家+企业家+投资家"的项目挖掘与甄别机制。

第四，实施未来场景"开源计划"。发布早期验证场景，研究未来技术可行性，加速"0—1"的创新突破。发布融合试验场景，支持企业和科研院所联合建设中试基地和验证平台，实施跨界融合示范工程，推动"1—100"产业加速孵化。发布综合推广场景，以大规模示范推动"100—100万"的爆发式增长，加速应用迭代与产业化。

第五，实施未来人才"雁阵计划"。推出一批面向全球的"揭榜挂帅"项目，充分赋予科学家自主权和决策权，营造自由探索的良好氛围。引进全球顶尖人才、科研团队和创新型企业，建立以市场化为导向的利益风险分担机制，推动研发活动产业化。发挥院士（专家）工作站、博士后科研工作站等平台功能，跟踪未来技术创新成果，培育未来产业创新人才，支持申报各类人才计划。

第六，实施未来生态"雨林计划"。探索设立市场化主导的未来产业引导基金，鼓励金融机构开展产品和服务创新。推动国际性行业组织落户，支持企业参与制定未来产业标准规范。建立未来产业知识产权保护体系，注重数据安全、产业安全和伦理制度建设。放大世界顶尖科学家论坛、世界人工智能大会等溢出效应，搭建未来产业合作交流平台。联动"海聚英才"全球创新创业大赛，举办未来产业大赛。

第五节　江苏省

一、江苏省发展新质生产力的基础情况

江苏省，简称"苏"，省会南京市。位于东部沿海、长江三角洲地区。江苏省建省始于清代初年，取江宁府、苏州府两府之首字而得名，拥有13座国家历史文化名城，是中华民族和中华文明的重要发祥地。江苏地理上跨越南北，气候、植被同时具有南方和北方的特征。截至2023年末，江苏省共设有13个区市，总面积10.72万平方千米，常住人口8526万人。

在综合实力上，2023年江苏省地区生产总值达12.82万亿元、增长5.8%，位居全国第二，万亿之城增至5座。人均地区生产总值为15.06万元，位居全国第三。一般公共预算收入9930亿元，增长7.3%。[①] 进出口总额5.25万亿元，实际使用外资规模保持全国首位。江苏省下辖地级市全部进入全国百强，综合实力百强区、百强县、百强镇数量位居全国第一。综合而言，江苏省是我国综合发展水平最高的省份之一。

---

① 数据来源：《江苏省2023年国民经济和社会发展统计公报》。

在产业结构上,江苏省三次产业增加值分别为5075.8亿元、56909.7亿元、66236.7亿元,比例为3.9∶44.4∶51.7。制造业增加值4.66万亿元,占地区生产总值比重达36.3%,制造业高质量发展指数达91.9,居全国第一。工业战略性新兴产业、高新技术产业产值占规上工业比重提高到41.3%和49.9%,13个下设区市全部入选国家先进制造业百强市。全年规模以上战略性新兴服务业营业收入比上年增长9.4%,互联网和相关服务业营业收入增长18%。全年数字经济核心产业增加值占地区生产总值比重达11.4%。

在创新能力上,全社会研发投入强度3.2%左右,研究与试验发展人员折合全时当量达82.5万人年。江苏省拥有中国科学院和中国工程院院士116人,人才总量超1560万。2023年末,全省有效发明专利量52.9万件,万人发明专利拥有量62.2件,均保持20%以上增长;全省高新技术企业数量突破5.1万家,新入库科技型中小企业9.4万家,新获评国家级专精特新"小巨人"企业795家,新获批国家创新型县(市)9个,新增国家级科技企业孵化器37家,数量均居全国第一。全省已建成国家高新技术产业化基地和火炬特色产业基地182个。2023年,紫金山实验室建立业界首个6G综合实验室,太湖实验室建立连云港中心,新获批建设21家全国重点实验室,累计已有31家。其中,太湖实验室牵头研发的"奋斗者"号完成极限深潜,高效率全钙钛矿叠层电池入选"中国科学十大进展"。新增国家企业技术中心8家、国家技术创新示范企业6家,获批组建国家高性能膜材料创新中心。江苏省在科创板、北交所上市公司分别达110家、43家,保持全国第一。以上均表明,江苏省具有强大的科技创新研发能力。

在人才支撑上,江苏省是教育大省,全省拥有167所高校,近年来全省高校毕业生人数在56万人以上。根据《2022年度江苏省人力资源和社会保障事业发展统计公报》,2022年全年新增专业技术人才64.75万人,组织专业技术人员参加继续教育161.76万人次。实施国家级高级研修项目2期、省级高级研修项目30期,培养高层次专业技术人才2000名。评审通过具有高级专业技术资格人员5.2万人。新增数字经济专业技术人才9.57万人,新建首批省级数字经济专业技术人才继续教育基地6家。评审数字经济高级工程师1329人,新增数字技能人才18.62

万人次。江苏省人才大数据库监测显示，截至2023年6月，全省在站博士后达到1.16万人，累计建成各类博士后载体1550家，总量位居全国前列。另外，全省人力资源服务机构达到5369家，从业人员12.7万人，年营业总收入达到2100亿元规模。大量的优秀人才、人才载体和服务机构为江苏省未来发展新质生产力奠定了坚实的人力基础。

在发展模式上，江苏省大力加强生态文明建设，生态环境质量明显改善，生态环境基础设施建设步伐加快。江苏省建成生态清淤智能装备平台，太湖流域湖体总磷、总氮浓度分别下降14.5%和14.3%。推进煤炭清洁高效利用，可再生能源装机占比达36.4%，入选国家首批碳达峰试点地区和园区3个。2023年，江苏省新能源产业集群1051家规上企业，开票销售收入12258亿元，同比增长8.7%。同时，累计入选国家级海绵城市建设示范城市4个、国家生态园林城市9个，均居全国第一；国家生态文明建设示范区增至37个，"绿水青山就是金山银山"实践创新基地增至10个，在国家污染防治攻坚战成效考核中连续4年获评优秀等级。

二、江苏省发展新质生产力的SWOT分析

（一）江苏省发展新质生产力的优势

作为全国综合实力名列前茅的省份，江苏省在发展新质生产力上具有明显的先发优势，比如产业基础坚实、科教资源丰富、营商环境优良、市场规模巨大等。首先，产业基础坚实。江苏省是中国制造业的重要基地，制造业规模在全国占据领先地位，尤其在机械制造、电子信息、化学原料及制品等领域具有较强的竞争优势。近年来产业结构持续优化升级，高新技术产业和战略性新兴产业快速发展，数字经济和互联网相关服务业增速迅猛，为经济增长和新质生产力的发展提供了新动能。同时，产业链条完整，从原材料供应到生产制造，再到销售服务，形成了多个千亿级产业集群，产业链上下游协同效应显著。其次，科教资源丰富。江苏省拥有众多知名高等学府，如南京大学、东南大学等，这些院校在基础研究和应用研究领域均有深厚的积累，为江苏省的科技创

新和人才培养提供了坚实的基础。除了高等院校，江苏省还拥有一大批科研机构，包括国家实验室、省级重点实验室、工程技术研究中心等，这些机构在科技创新和技术突破方面发挥着重要作用。再次，营商环境优良。江苏省不仅出台了一系列扶持企业发展的政策，包括税收优惠、财政补贴、金融服务等，为新质生产力的发展提供了有力的政策支持，而且注重法治建设，保护企业合法权益，严格依法行政，为企业提供了公平、透明、可预期的法治环境。最后，市场规模巨大。作为经济大省，江苏省拥有庞大的消费群体和较高的消费水平，为新产品的推广和新服务的试验提供了良好的市场基础。江苏省拥有多个国家级和省级高新技术产业开发区，形成了多个产业集群，集群内部企业众多，市场需求旺盛。

（二）江苏省发展新质生产力的劣势

江苏省经济发展长期处于国内排头兵位置，拥有发达的实体经济，尤其是制造业，这是其发展新质生产力的物质基础，但也意味着对传统行业的改造升级任务十分艰巨。首先，在产业结构方面，第三产业占比较低，普通制造业占比太高，相比广东和浙江等经济大省，其生产性服务业占比也较低，这种状态极大地影响了江苏省产业高端化升级的要求，主要表现为对未来产业发展的需求和紧迫性不够高。其次，在产业组织方面，江苏省长期缺乏具有全球产业控制力和世界影响力的"链主"型企业，寡头垄断竞争格局没有随着经济发展而出现。如2022年，全省营收超百亿的上市企业59家，其中营收超千亿的14家，多数是钢铁、石化、建筑企业，与专精特新中小企业之间联系微弱。最后，在产业布局方面，江苏省的基本特征一是不平衡、不均衡，二是产业集群和产业链之间独立，省内各地区间的经济联系性较弱。江淮生态经济区、沿海经济带、徐州淮海经济区、扬子江城市群等不同地域的经济结构和重点产业差异很大，发展阶段也不同，各大区域板块之间缺少紧密的产业联系。

（三）江苏省发展新质生产力的机遇

纵观当前国际国内形势，世界之变、时代之变、历史之变正以前所未有的方式展开，总体上战略机遇和风险挑战并存，江苏省的发展迎来良好的机遇。首先，国家政策优势推动发展。江苏省作为长三角经济带以及东部地区关键发展区域，拥有先天的多种国家战略优势，多种政策先后出台为区域发展带来多种机遇。"一带一路"建设为江苏省提供了新的部署政策，江苏省在区域内联合关键城市联动发布高质量建设交汇点，明确交汇点建设的新定位和方向，支持重要枢纽城市、国际产业产能合作基地以及特色合作基地，促进产业向中高端迈进。其次，长三角高质量一体化发展的机遇。长三角地区重点城市在地理上、人文上以及经济上提供互补，是国家战略的重要叠加地。长三角一体化正酝酿高质量发展，在危机中培育先机，在变局中开拓新局。南京、苏州作为长三角特大城市和区域中心城市，在一体化中贯彻落实党中央决策部署，强化机遇意识，不仅在文化上、产业上、功能上发挥中心城市辐射作用，带动江苏城市经济发展，还能够为长三角率先形成新的发展格局提供战略支点，成为科技和产业创新开路者。最后，长江经济带高质量发展的战略机遇。长江经济带覆盖了全国多个经济活跃的省份，江苏省作为其中的重要一员，可以通过区域协调发展，与其他省份共享资源、技术和市场，实现产业链供应链的优化和升级；长江经济带的发展鼓励产业沿江梯度转移，江苏省可以借此机会淘汰落后产能，引入和培育高端制造业和现代服务业，推动产业结构向中高端迈进。

（四）江苏省发展新质生产力的挑战

机遇与挑战并存，江苏省要发展新质生产力也面临一系列的挑战。首先，一些行业和经营主体仍比较困难，企业投资意愿还有待增强。企业是发展新质生产力的市场主力军，江苏省内部分行业可能面临市场需求减弱、产能过剩等问题，导致行业增长乏力，同时原材料成本、劳动力成本、融资成本的上升将会压缩企业的利润空间，这些因素势必会降低企业的再投资能力和意愿。其次，关键核心技术突破还需付出更大努力，产业结构调整压力仍然较大。传统行业的转型升级势必需要攻克更加高端先进的技术壁垒，江苏省需要在集成电路、高端装备制造、生物医药等关键技术领域取得更多原创性成果，这要求加大研发投入，优化科研环境，鼓励企业、高校和研究机构的深度合作，以实现技术突破。江苏省目前的支柱产业大多是传统产业，技术改造和转型升级任务十分艰巨，而对未来产业准备不足。最后，江苏省域内新质生产力的布局呈现较明显的区域不平衡性。南京、苏州、无锡三市已抢先发布相关专项文件，谋划布局发展未来产业。而省内其他城市还未开展部署，总体上呈现苏南强势抢先、苏北尚未启动的区域不平衡局面，且各城市均是依据自身产业基础与优势而规划布局，不可避免存在赛道重叠与潜在竞争，尚需进一步在省级层面进行顶层设计，"全省一盘棋"地统筹谋划未来产业。

三、江苏省发展新质生产力的差异化路径

（一）具体方向与产业

未来产业代表新一轮科技革命和产业变革方向，对未来经济社会发展具有重大引领和变革作用。江苏省应坚持科技自立自强，突出创新在现代化建设全局中的核心地位，构建与新发展格局相适应的区域创新体系和产业创新模式，注重战略科技力量培育，打造关键环节抗冲击能力体系，勇当科技和产业创新的开路先锋。

江苏省可依托强大的市场和科研能力优先发展成长型未来产业，比如第三代半导体、未来网络、新型储能、通用智能、前沿新材料、虚拟现实等产业。具体而言，在第三代半导体方面，高标准建设国家第三代半导体技术创新中心，加快推动碳化硅、氮化镓单晶衬底及外延材料制备技术升级和应用延伸，打造国内领先、国际先进的第三代半导体产业高地；在未来网络方面，全面提高未来网络试验设施运行服务能力，加快实现重大价值科技成果转化应用，支持南京、苏州打造未来网络新概念新技术新应用的发源地和引领者；在新型储能方面，稳妥推进钠镍/钠硫电池、固液混合/全固态锂离子电池及关键材料的低成本、规模化应用，加快高比能、高安全、长循环新一代储能电池技术研发，持续提升储能系统集成能力和智慧可控水平，拓展新型储能商业模式；在通用智能方面，积极创建国家新一代人工智能开放创新平台、国家新一代人工智能公共算力开放创新平台，加快通用人工智能技术研发及产业化，前瞻布局

类脑智能技术，积极开展AI大模型技术研究，加快发展人工智能服务业、智能制造业；在前沿新材料方面，发展粉末冶金、高性能碳纤维及复合材料、纳米材料、石墨烯材料、智能仿生材料、超导材料、超材料等前沿新材料；在虚拟现实方面，重点攻关近眼显示、渲染处理、感知交互等关键技术，全面提升虚拟现实关键器件、终端外设、运营平台、应用软件等供给能力，加快工业生产、融合媒体、残障辅助、智慧城市等领域应用场景建设。此外，还应当紧密跟踪世界科技前沿，把握未来产业变革趋势，超前布局一批前沿性未来产业，瞄准量子科技、深海深地空天、类人机器人、先进核能等前沿领域，多方向、多路径开展不确定性未来技术预研，力争在关键细分领域换道抢滩，培育一批未来产业新增长点。

（二）产业生态与支撑

未来产业和新质生产力的发展离不开各类生产要素的支撑和良好的产业生态环境。

在人才聚集上，研究制定未来产业核心人才库和紧缺人才图谱，加大产业科创领军人才"顶尖人才支持计划""双创计划"和省"333工程"等对未来产业重点领域的支持力度，加快引进一批具有国际视野的战略科技人才、科技领军人才、青年科技人才、卓越工程师、高技能人才和大国工匠。推动在苏高校建设未来技术学院、未来产业（技术）研究院和实验室，科学设置未来技术相关学科，到2030年，系统培养具有交叉复合背景的未来产业创新人才（团队）100个以上。

在金融支持上，创新金融支持服务，省战略性新兴产业母基金与相关设区市共同组建未来产业天使基金，促进风险投资、股权投资等市场化创投基金，投早、投小、投长、投硬科技，支持种子期、初创期科技型企业发展壮大。支持省战略性新兴产业基金集群依法合规投资未来产业，吸引带动商业银行、公募和私募等社会资本投入。鼓励政策性、开发性、商业性金融机构创新金融产品和服务模式，保障未来产业发展资金多元性。加大知识产权质押融资、首贷投放力度，加强重大科技攻关、前沿技术创新等重点项目金融保障。加大未来产业领域公共数据开放共享力度，通过特许开发、分级授权等方式，推动科学数据、实验数据向企业开放。

在创新平台上，开展面向未来产业的科技战略研究，以产业应用需求为牵引，引导苏州实验室、紫金山实验室、太湖实验室等重大创新平台和高校院所自主布局未来产业基础研究，鼓励顶尖科学家领衔重大基础研究项目，探索建设"应用基础研究特区"，每年实施15个以上前瞻技术研发项目，支撑未来产业发展。面向未来产业重点领域，支持企业与高校、科研院所共建创新联合体和新型研发机构，牵头或参与建设省级产业（制造业、技术）创新中心、工程研究中心等创新平台，推动升级为国家级重大创新平台。推动未来产业孵化与加速发展，支持建设一批专业化、市场化的未来产业概念验证中心、中试验证平台，强化技术熟化、工程化放大、原型制造、可靠性验证等转化服务能力。

在研发主体上，围绕"10+X"未来产业领域，加强本土创新型领军企业、专精特新"小巨人"企业培育，瞄准国内外前沿科技集聚城市，推动跨区域创新资源互补和成果转化，着力引进高成长性创新型企业，加快构建未来产业企业矩阵。推动未来产业"育链"，围绕创新链布局产业链，构建"基础研究+技术攻关+成果转化+科技金融"的未来产业培育链路，加快培育氢能、细胞和基因技术等产业链。到2030年，建设20个省级未来产业先导区，支持苏州、南京等城市积极争创国家级未来产业先导区，高水平建设一批具有核心竞争力的未来产业集群。

在开放合作上，充分利用长三角科技创新合作机制，深化长三角科技创新共同体联合攻关，推动国家战略科技力量共建共享，探索构建跨区域未来产业协同发展体系。立足江苏制造大市场，深入对接京津冀、粤港澳等未来产业先发地区，联合开展前沿技术多路径探索，加大融合性和原创性技术供给。办好未来产业相关领域峰会、论坛，深度融入未来产业全球创新网络。发挥连接国内国际双循环枢纽门户作用，积极参与国际大科学计划、大科学工程，主动承接未来产业国际技术转移，畅通未来产业技术、人才、资金等资源要素的全球化供给。

第六节 浙江省

一、浙江省发展新质生产力的基础情况

浙江省,简称"浙",省会杭州市。位于长江三角洲、东南沿海地区,是中国经济发达的省份之一。浙江省也是我国岛屿最多的省份,海岸线总长居全国首位,其中陆域面积10.55万平方千米,海域面积26万平方千米。截至2023年末,浙江省下辖11个地级市,常住人口6627万人。

在综合实力上,浙江省国家级境外经贸合作区数量位居全国第一、专精特新"小巨人"和单项冠军企业数全国第一,宁波舟山港是全球唯一货物吞吐量超10亿吨的大港。其海洋经济、绿色低碳发展和森林覆盖率均位于全国前列。2023年浙江省地区生产总值为82553亿元,位居全国第4位;人均地区生产总值为125043元,位居全国第5位。一般公共预算收入8600亿元,增长7.0%,地方政府一般债务收入1165亿元,转移性收入6236亿元,其中税收收入7124亿元,增长7.6%。一般公共预算支出12353亿元,增长2.8%。[①]

在产业结构上,2023年,浙江省第一、二、三产业增加值分别为2332亿元、33953亿元和46268亿元,分别增长4.2%、5.0%和6.7%,三次产业构成比为2.8∶41.1∶56.1。以新产业、新业态、新模式为主要特征的"三新"经济成为带动浙江经济的生力军,数字经济核心产业增加值9867亿元。其中规模以上数字经济核心产业制造业增加值增长8.3%,增速比规模以上工业高2.3个百分点,拉动规模以上工业增加值增长1.4个百分点。进一步看,在规模以上工业中,新能源产业、装备制造业和战略性新兴产业增加值分别增长13.9%、9.4%和6.3%,增速均高于规模以上工业平均水平。新增上市公司65家、专精

[①] 数据来源:《2023年浙江省国民经济和社会发展统计公报》。

特新"小巨人"企业384家。

在创新能力上，根据《中国区域创新能力评价报告2023》，2023年浙江省创新能力排名全国第4位，与上年保持一致。从科技创新投入来看，2023年浙江省研究与试验发展经费支出2600亿元，占地区生产总值的3.15%，比上年提高0.05个百分点。从科技创新环境来看，有国家认定的企业技术中心143家（含分中心），省实验室和省技术创新中心各10家。新认定高新技术企业8493家，累计有效高新技术企业42011家。新培育科技型中小企业24096家，累计114818家。从科技创新产出来看，2023年全年专利授权量38.2万件，其中发明专利授权量6.5万件，比上年增长5.7%。申请PCT国际专利4364件，同比增长1.1%；高价值发明专利拥有量突破12万件，同比增长20.3%。全年累计实现专利许可转化11.45万件，同比增长21.8%，其中专利许可3万余件，名列全国第一。

在人才支撑上，浙江省一方面依托于众多的科研院校和科研机构人才，另一方面借助其良好的经济基础、产业结构和人才引进政策吸引和留住人才。截至2022年末，全省人才总量达到1481.78万人，每万人口中人才资源数是2898人。全省享受政府特殊津贴专家累计2151人，"百千万人才工程国家级人才"累计179人，省有突出贡献中青年专家累计748人。2023年，集聚"鲸鹏行动"专家35名，新引育领军人才1500多名。新增自主培养两院院士3名，遴选顶尖人才36名，新引育国家级领军人才535名、国家级青年人才523名。

在发展模式上，浙江省多年来在"八八战略"指引下，贯彻绿色发展理念。2019年，浙江省建成全国首个生态省，"千万工程""蚂蚁森林"连续获得联合国环保最高荣誉"地球卫士奖"。同时浙江省以传统产业低碳转型、新兴产业培大育强、生态产业价值转化等方面为主线，以建设绿色低碳工厂、绿色低碳工业园区、绿色供应链为抓手，走出一条绿色低碳引领产业高质量发展道路。

二、浙江省发展新质生产力的SWOT分析

新质生产力的发展需要依据本地区实际情况，综合考虑诸多因素。浙江省在发展新质生产力上具有相当的优势和机遇，同时也面临一定劣势和诸多挑战。

（一）浙江省发展新质生产力的优势

在发展新质生产力上，浙江省具有一系列的优势条件。首先，浙江省的区域创新能力强，人才资源丰富，有助于新质生产力的形成。创新能力直接决定了新质生产力的发展和产业的转型升级。浙江省注重人才培养和引进，拥有丰富的人才资源和创新人才队伍。同时还拥有一批知名的高校和科研机构，如浙江大学、西湖大学、之江实验室、阿里达摩院、中国科学院宁波材料所、浙江清华长三角研究院等重大平台。同时，浙江省还积极引进海内外优秀人才，搭建了一系列人才交流合作平台，吸引了大量高层次、高素质的人才来浙创业和工作。其次，浙江省拥有良好的产业基础和区位优势。作为中国东南沿海地区的重要省份，浙江省地处长江三角洲经济区和珠江三角洲经济区的交汇处，拥有得天独厚的地理位置优势。这使得浙江省可以便利地与全球其他地区进行经济、科技和文化交流，吸收和融合各地的先进技术和管理经验，为新质生产力的发展提供广阔的空间和条件。最后，浙江省在数字经济和新型基础设施建设方面具有先天的优势。如阿里巴巴、海康威视等行业头部企业汇聚，以及5G商用网络建设、数据中心和互联网交换中心等方面的实力，都为新基建和数字经济提供了坚实的基础。

（二）浙江省发展新质生产力的劣势

浙江省在发展新质生产力上虽然有诸多的优势，但也存在一些不足和短板。首先，在原始创新上，需要补国家战略科技力量的功课。以大科学装置为代表的"国之重器"是原始创新的关键，在这一块上，浙江与北京、上海、合肥、深圳等地有明显差距。其次，在产业发展上，创新链产业链深度融合程度还不高。现代产业是新质生产力的载体，目前浙江省产业发展和科技创新"两张皮"问题依然存在。比如从科创板上市企业看，浙江省有47家，明显少于江苏省105家、广东省84家、上海市84家、北京市73家，科技创新型企业无论在数量还是规模上都有很大的提升空间。最后，在人才要素上，浙江省虽然具有丰富的人才资源，但与北京、上海、江苏等省市相比，还需要解决持续不断引进高层次人才的难题。人才是形成新质生产力最活跃、最具决定性意义的能动主体。目前，浙江省两院院士数量少于北京、上海、江苏等省市；研发人员中硕博比例为12%，低于广东省的18%、江苏省的17%；每年来浙创新创业的外国人才中，高端人才数量占比为10%，与北京、上海、广东等省市差距明显。

（三）浙江省发展新质生产力的机遇

浙江省是东部沿海的经济大省，具有得天独厚的地理位置和强大的产业基础，在新质生产力的发展方面蕴藏着丰富的机遇和潜力。首先，全球化和区域经济一体化为浙江省提供了广阔的市场和合作空间。浙江省地处东南沿海，面向太平洋，与上海、江苏等经济发达地区接壤，是国内外资本、技术、人才和信息交流的重要枢纽。随着"一带一路"倡议和《区域全面经济伙伴关系协定》（RCEP）的实施，浙江省的对外开放程度将进一步加深，这不仅能吸引更多国际市场资源，也为本地企业提供了走向全球的平台。其次，数字经济和智能制造的快速发展为浙江省创新驱动提供了新动能。浙江省是中国数字经济的先行者之一，拥有阿里巴巴、网易等数字经济领域的龙头企业，形成了以电子商务、云计算、大数据为代表的数字经济产业集群。这些企业的存在和成长不仅推动了省内相关产业的转型升级，也为新质生产力的培育提供了丰富的技术支持和市场需求。再次，浙江省的创新生态和企业家精神为新质生产力的发展提供了良好的土壤。浙江省以其独特的"浙江模式"和"温州模式"著称，创业氛围浓厚，中小企业数量庞大，这些企业的活跃不仅为经济增长提供了稳定的动力，也为新技术、新业态的快速试错和推广提供了条件。最后，绿色发展和可持续发展的趋势为浙江省开辟了新的增长点。新质生产力本身就是绿色生产力。随着全球对环境保护和绿色经济的重视程度不断提高，浙江省积极响应，在"八八战略"指引下，不断推动绿色发展，促进经济社会发展与自然环境和谐共生。

（四）浙江省发展新质生产力的挑战

浙江省在发展新质生产力上有诸多的机遇，但同时也面临着严峻的挑战。首先，国际环境的变化对浙江省稳定外贸外资基本盘、保障产业链供应链安全等带来一系列重大考验。根据杭州海关发布的数据，2023年浙江省出口占全国份额升至全国第二，进口首次跻身全国前五，外贸贡献率居全国首位，可见浙江省外贸体量大，受国际环境的影响大，对产业链供应链的安全带来了极大的不确定性，影响新质生产力的培育。其次，产业结构偏传统、产业质效不够高。产业结构不够优，传统制造业占比高，导致资源占据多、质效不够高。2023年，浙江省高技术制造业增加值占规上工业比重为16.6%，远低于广东省（30.0%）。最后，研发投入、创新活力不足。科技创新能够催生新产业、新模式、新动能，是发展新质生产力的核心要素。浙江省是民营经济大省，重制造、轻研发特征明显。从研发经费看，2023年浙江省研发经费投入2600亿元，低于广东（4600亿元）、江苏（4103亿元）等地。科技"变现"能力需要进一步提升。2023年，浙江省共登记技术合同7.6万项、成交金额4616.0亿元，均居全国第4位。

三、浙江省发展新质生产力的差异化路径

结合在发展新质生产力上的优势、劣势、机遇和挑战，浙江省探索差异化的新质生产力路径，应该立足自身强大的创新优势和民营经济优势，着力未来产业前瞻布局。

（一）具体方向与产业

结合当前的发展状况以及发展新质生产力的优势，浙江省未来应将未来产业作为发展新质生产力的主要方向，具体包括优先发展9个快速成长的未来产业，探索发展6个潜力巨大的未来产业。

优先发展的9个快速成长的未来产业，是创新基础良好、成长速度较快的未来产业，包括未来网络、元宇宙、空天信息、仿生机器人、合成生物、未来医疗、氢能与储能、前沿新材料、柔性电子。在未来网络发展上，面向未来网络发展的需要，依托杭州余杭未来网络新产业平台，聚焦太赫兹通信、可见光通信、星地一体融合组网、智能超表面等技术方向。在元宇宙发展上，面向未来的应用场景，在杭州重点加强高性能计算芯片研发，来突破人机交互、数字孪生技术。在空天信息上，面向空天领域的应用需求，在杭州、宁波、台州等地区深化低轨卫星互联网、高精度导航定位、高分辨率遥感技术等研究。在仿生机器人上，在

杭州、宁波、嘉兴和绍兴等地区重点开展仿生感知认知、生机电融合等技术研究突破与系统集成。在合成生物和未来医疗上，面向未来健康发展需要，在杭州、金华、衢州和嘉兴等地区重点发展定量合成、基因编辑、蛋白质设计、细胞与基因治疗、医学人工智能等先进技术。在氢能与储能上，面向现实和能源需要，在衢州、嘉兴、台州和温州等地区重点布局超高压或深冷氢能储运、高效催化剂、氢燃料电池、电化学储能等前沿技术。在前沿新材料上，面向高端制造业发展需要，在杭州、绍兴和嘉兴等地区重点发展石墨烯、超导材料、生物可降解材料、碳纤维复合材料、新一代3D打印材料等领域，以新一代材料形成新一代技术装备。在柔性电子上，面向新一代智能手机等智能终端的应用，在杭州、宁波等地区重点发展电子材料、绿色照明、传感与传感器件技术，支持柔性信息显示、柔性电子器件、柔性电路、柔性穿戴设备等研究及产业化。与此同时，探索发展量子信息、脑科学与类脑智能、深地深海、可控核聚变及核技术应用、低成本碳捕集利用与封存、智能仿生与超材料等6个潜力巨大的未来产业。

（二）产业生态与支撑

在人才聚集上，实施"鲲鹏行动"、青年英才集聚系列行动、新时代工匠培育工程和"金蓝领"职业技能提升行动等引才工程。大力引进国际一流的战略科技人才、科技领军人才和高水平创新团队。鼓励企业布局海外"人才飞地"，支持外资研发机构与本省单位共建实验室和人才培养基地。建立青年人才阶梯式支持机制，发挥世界青年科学家峰会作用，进一步深化国内外人才交流合作，吸引更多海内外高校毕业生在浙创新创业。

在研究主体上，要加快构筑高能级创新平台体系，实施高新区高质量发展行动计划，建设世界一流的高科技园区，推动设区市国家高新区全覆盖、工业强县省级高新园区全覆盖。在国家战略科技力量培育上，要加快构建新型实验室体系，全力支持之江实验室、西湖实验室打造国家级实验室，推动国家重点实验室重组建设，加快建设甬江等省级实验室。充分发挥西湖大学、浙江清华长三角研究院等新型研究型高校和研发机构的作用。完善产业创新中心、技术创新中心、工程研究中心、制造业创新中心等重大创新载体布局。

在创新研发上,要坚持应用研究倒逼基础研究、基础研究引领应用研究。实施"双尖双领"重大科技创新计划,发挥高校、重点科研院所和龙头平台企业科学研究的源头作用,实施一批重大科技基础研究专项,形成前沿性、交叉性、颠覆性技术原创成果,实现更多"从0到1"的突破。加大对企业应用基础研究的支持力度,优化基础研究领域多元投入方式,打好关键核心技术攻坚战。

在金融支持上,要加大对新兴技术和未来技术的资金支持,优化投资工作导向和评价体系,将未来技术阶段性研究成果纳入评价体系,促进投资结构优化和效益提升。完善政银企合作机制,充分发挥商业银行、政策性开发性金融机构、保险资金的作用,加强预算内投资、地方政府专项债券等引导作用。支持发展天使投资、创业投资和私募股权投资,探索建立适合科技创新特点的信贷支持模式,鼓励金融机构发展知识产权质押贷款、科技保险等科技金融产品,完善投贷联动机制,加大政府产业基金对科技创新转化的支持力度,大力优化创业投资发展的政策环境。

在国际合作上,要坚定不移地探索推动制度型开放,在更大范围、更宽领域、更深层次拓宽国际合作,织密以我为主的产业链、价值链、创新链网络,打造全方位高水平开放格局,持续深化商品、服务、资金、人才等要素流动型开放。同时要积极参与多边及区域合作,用好《区域全面经济伙伴关系协定》(RCEP)、《中欧双边投资协定》(BIT),参与未来技术国际标准和认证体系建设,推动建立未来技术贸易领域国际新规则。

第七节 福建省

一、福建省发展新质生产力的基础情况

福建省，简称"闽"，省会福州市。是革命老区。地处东南沿海，东北与浙江省毗邻，西北与江西省接界，西南与广东省相连，东南隔台湾海峡与台湾相望。全省下辖9个地级市和1个平潭综合实验区。全省陆地面积12.4万平方千米，海域面积13.6万平方千米。2023年末常住人口4183万人。

在综合实力上，福建省2023年地区生产总值54355.1亿元，位居全国第8位，处于全国第二梯队。人均地区生产总值达到129865元，位居全国第3位，高于全国平均水平。2023年完成一般公共预算收入5907.88亿元，其中地方一般公共预算收入3591.87亿元。[①]

在产业结构上，福建省已经进入后工业化阶段，第三产业等于第一产业和第二产业之和。2023年，福建省三次产业构成比为5.9∶44.1∶50.0，其第三产业的比重低于全国平均水平。第一产业增加值3217.66亿元，第二产业增加值23966.43亿元，第三产业增加值27171.01亿元。进一步看，福建省2023年全部工业增加值比上年增长3.4%。规模以上工业增加值增长3.3%，规模以上工业的38个行业大类中有23个增加值实现正增长。数字经济增加值达2.9万亿元，海洋产业增加值达1.2万亿元，清洁能源装机比重达63%。

在创新能力上，福建省是全国创新资源和创新能力较强的省份之一。拥有国家重点实验室10个、全国重点实验室2个、省创新实验室7个、省重点实验室267个，有国家级工程技术研究中心7个、省级工程技术研究中心527个、省级新型研发机构220家。拥有省级及以上工程研究中心（工程实验室）136

[①] 数据来源：《2023年福建省国民经济和社会发展统计公报》。

家，其中国家级工程研究中心（工程实验室）6个、省级工程研究中心（工程实验室）97个、国地共建工程研究中心（工程实验室）33家。建设国家备案众创空间72家、国家专业化众创空间4家、省级众创空间369家、国家级科技企业孵化器27家、省级科技企业孵化器69家，在孵企业和创业团队共计13116家。现有国家高新技术企业12080家。截至2023年末，有效发明专利90927件，每万人口发明专利拥有量21.7件。2023年共登记技术合同21175项，成交金额375亿元。

在人才支撑上，福建省的人力资本较为丰富。人才支撑不断强化，2023年新增两院院士5人、国家杰青7人，2人获评国家卓越工程师。引进急需紧缺人才，坚持需求导向、以用为本，优化数字经济等重点领域省级高层次人才认定办法。实施省级引才引智项目78个，遴选第四批产业领军团队19个，新认定和支持省级高层次人才2414人。后备人才稳步提升。2023年研究生在校生9.05万人，毕业生2.34万人。普通本专科在校生113.99万人，毕业生29.78万人。中等职业教育（不含技工校）在校生40.90万人，毕业生11.63万人。九年义务教育巩固率为99.49%，高中阶段毛入学率为97.24%。

在发展模式上，推进绿色经济发展行动，着力推动经济社会发展全面绿色转型，推动绿色经济发展再上新台阶，为全方位推进高质量发展、建设美丽中国示范省份提供有力支撑。2023年，福建省70家工厂、5个工业园区入选国家绿色制造名单，特别是推广新能源汽车标准车20.4万辆，启用全国首条高速公路重卡换电绿色物流专线，"电动福建"驶入快车道，绿色交通走进千万家。

二、福建省发展新质生产力的SWOT分析

发展新质生产力是一个系统工程，对福建省而言，发展新质生产力在具有较大优势和机遇的同时，也面临一定的劣势和挑战。

（一）福建省发展新质生产力的优势

福建省发展新质生产力在一系列领域都拥有较多的显著优势。首先，民营

企业活力足。实体经济根基稳,投资兴业环境优,新产业新动能正在加速培育,新业态新模式正在蓬勃发展,宁德时代获中国工业大奖、动力电池出货量连续七年全球第一,福耀汽车玻璃市场占有率达34%、长期保持全球第一,安踏入选全球十大最具价值运动服饰品牌。2023年推出三期共300亿元提质增产争效专项贷款、惠及2万多家企业,引进民企制造业项目2280个,民间制造业投资增长8.1%,壮大经营主体,大力推动闽商回归,实施培优扶强行动,新登记民营经营主体112.8万户、增长9.1%。其次,产业新格局重塑取得显著成效。福建省坚持抓"大"不放"小",大力扶持有一技之长的专精特新中小企业,使其成为提升产业集群能级的重要力量。福建省已培育国家级专精特新"小巨人"企业349家、省级专精特新企业2388家;11个集群跻身国家中小企业特色产业集群。在人工智能、未来网络通信、元宇宙、6G、第三代半导体等领域加强布局,依托福州、厦门、泉州等发展基础较好的地区争创未来产业先导区,为新质生产力发展注入不竭动力。最后,新动能布局成效显著。福建省数字经济龙头博思软件创新应用"数据+算法+AI",打造出"采购机器人",在国内人工智能价格监测领域处于行业领先地位,推动政企采购转型升级。福建在能源材料、化学工程、能源器件、光电信息等领域培育建设了7家省创新实验室,形成体系化布局。此外,已培育建设国家级企业技术中心78家。全省初步形成梯次布局、高质量发展的区域创新平台体系。

(二)福建省发展新质生产力的劣势

相比于发展新质生产力的优势,福建省在新质生产力的发展上也具有一定的劣势。首先,核心技术积累薄弱,整体实力较弱。福建省在高端装备制造、新材料及生物医药等新兴产业领域的核心技术积累薄弱,龙头企业以及完整的产业链十分缺乏,同时在新兴产业集群方面缺乏竞争力,新兴产业整体实力较弱。其次,科技投入不足,高端人才引育难度较大。福建省研究与试验发展经费投入力度、教育经费支出和基础研究投入都低于周边省份,也低于全国平均水平,这不利于科技创新能力提升,不利于为新兴产业发展提供人才培育,不利于关键技术突破。福建省科技企业孵化器、众创空间、研究机构以及高等院校等科技机构的数量较少，创新基础力量较为薄弱，高层次人才匮乏，人才吸引度不够，人才引进难度大。[①]最后，产业结构相对单一，产业竞争力不足。福建省产业发展水平仍然较低，以传统产业为主的产业结构并未得到根本改变，尤其传统手工业、建筑业等行业的企业仍然占有很大比重。由于企业生产技术水平低、工艺落后，产业链条缺环较多，企业间相互不能形成上下衔接的工艺链条，资源、能源、劳动力浪费较多，在国际国内同行业的竞争中处于劣势。

（三）福建省发展新质生产力的机遇

福建省在发展新质生产力上也拥有得天独厚的时机。首先，具有独特的战略发展机遇。以习近平同志为核心的党中央赋予福建省全方位推动高质量发展超越的重大历史使命和重大政治责任，明确支持福建探索海峡两岸融合发展新路，这是新时代新福建建设的重大历史机遇，叠加21世纪海上丝绸之路核心区、自由贸易试验区、生态文明试验区、福州新区、平潭综合实验区、福厦泉国家自主创新示范区等区域发展政策，将有力支持和推动福建新质生产力的发展。其次，创新驱动释放潜能将进一步增大。全球科技创新进入密集活跃时期，新一轮科技革命和产业变革加速演变，新兴技术创新成果层出不穷，经济社会数字化转型加快推进，福建省数字经济规模居全国前列，新型显示、集成电路、新材料、新能源等高技术产业逐步壮大，将为新质生产力发展增添新的动能和优势。最后，新发展格局为福建省孕育新发展空间。以国内大循环为主体、国内国际双循环相互促进的新发展格局逐步形成，完整的内需体系加快构建，有助于福建省发挥民营经济活跃、创新创业创造活力和对外开放等优势，创新高品质产品和服务供给，进一步拓展国内外市场，发展空间更为广阔。

（四）福建省发展新质生产力的挑战

发展新质生产力并非易事，在发展新质生产力的过程中，福建省也面临

---

① 尤政、付贤智、冯记春等：《福建新兴产业发展战略研究》，《学会》2021年第8期。

诸多挑战。首先，重点产业高端化程度需进一步提升。福建省电子、机械、石化三大主导产业虽然规模持续壮大，但占全省地区生产总值比重仍不够大。大企业大项目引进落地的不够多，发展带动力还不强，如机械装备产业链缺乏国内外有影响力的大企业、大品牌。产业链整体处于中低端，整合度不够，低端产能过剩、高端产能不足，产业链附加值有待提高。其次，部分重点产业基础短板需进一步补齐。福建省部分重点产业基础短板制约明显，产业基础投入不够，缺少有核心竞争力的企业和技术产品，一些关键核心技术、基础零部件、基础材料、基础工艺长期依赖省外甚至境外供应，个别甚至面临"卡脖子"困境。支撑产业的创新研发能力不强，"国字号"研发平台不多，协同创新体系不完善，产学研合作攻关、利益分配机制不够健全，"协而不同"问题仍然存在，科技成果孵化、中试、评估等设施配套不齐，转化效果不够明显。[①]最后，发展环境需要进一步优化。消费仍处于弱复苏状态，投资增长仍需扩大，外贸出口压力加大，科技创新不足问题较为突出，传统产业转型升级还不够优，新兴产业规模还不够大，未来产业前瞻布局还不够快，拖欠企业债务问题仍然存在，部分民营企业特别是中小微企业生产经营困难，房地产、地方债务、中小金融机构等风险不容忽视，政府系统作风能力建设仍需加强，少数干部还不能完全适应新质生产力发展要求。

三、福建省发展新质生产力的差异化路径

结合在发展新质生产力上的优势、劣势、机遇和挑战，福建省探索差异化的新质生产力路径，应该立足自身强大创新能力，着力推动战略性新兴产业的发展。

（一）具体方向与产业

结合当前的发展状况以及发展新质生产力的优势，福建省未来应将战略性新兴产业作为发展新质生产力的主要方向，具体包括新一代信息技术、高端装

---

① 戴圣良：《"十四五"时期福建省制造业产业链现代化发展路径研究》，《福建论坛》（人文社会科学版）2020年第11期。

备、新材料、新能源、生物与新医药、节能环保、海洋高新七大重点领域。

新一代信息技术上，深化新时代"数字福建"建设，聚焦高性能集成电路、超高清视频显示、光电等电子核心产业，扩大下一代信息网络及高端信息服务多元优质供给，将福建省打造成为国内领先的新一代信息技术产业高地。到2025年，新一代信息技术产业增加值力争达到3500亿元，年均增长10.9%。

高端装备产业上，顺应装备制造业绿色化、智能化、网络化发展趋势，以新能源、智能网联为方向提升汽车产业特色优势和规模，着力推动"电动福建"建设，强化智能制造装备产业自主研发、制造与系统集成能力，提升专用装备对重点行业转型升级的支撑作用，加强闽台高端装备制造产业对接。到2025年，高端装备产业增加值力争达到1270亿元，年均增长10.0%。

新材料产业上，以重大装备、重大工程需求为导向，结合传统制造业改造升级，做优一批先进基础材料，突破一批关键战略材料。到2025年，新材料产业增加值力争达到3000亿元，年均增长9.8%。

新能源产业上，发挥清洁能源大省优势，加快新能源产业跨越式发展，大力发展光伏、海上风电、储能等优势产业，加快培育氢能等新兴产业，推进电力物联网开发应用，建设沿海新能源产业带，打造具有全球影响力的新能源装备与系统解决方案输出高地。到2025年，新能源产业增加值力争达到1000亿元，年均增长10.7%。

生物与新医药产业上，加快生物与新医药产业创新发展步伐，重点聚焦生物医药、生物医学工程、生物制造和生物农业等领域，推动传统医疗向精准医疗和个性化医疗发展，加快生物育种向高效精准育种升级转化，做大做强生物经济。到2025年，生物与新医药产业增加值力争达到500亿元，年均增长9.3%。

节能环保产业上，抢抓创建美丽中国福建典范良好机遇，推进"碳达峰""碳中和"工作，以构建绿色低碳循环发展经济体系为目标，突破能源高效与梯级利用、污染物防治与安全处置、资源回收与循环利用等技术，促进产业发展壮大。到2025年，节能环保产业增加值力争达到600亿元，年均增长9.0%。

海洋高新产业上，加快"海上福建"建设步伐，加大海洋科技创新力度，提高海洋资源开发能力，培育壮大海洋电子信息、海洋生物医药、海洋工程装备、海洋环保等海洋高新产业。到2025年，海洋高新产业增加值力争达到130亿元，年均增长10.8%。

（二）产业生态与支撑

为发展新质生产力提供要素支撑，组织实施战略科技力量平台、十个以上重点战略性新兴产业集群、百个以上细分领域龙头企业、千家专精特新企业、万亿项目投资等"个十百千万"重大工程。

推进战略科技力量平台建设工程。突出创新在产业发展中的核心地位，进一步提升技术创新对战略性新兴产业发展的支撑功能，以产业创新平台载体建设为主要抓手，全面强化全省战略科技力量的布局。

推进战略性新兴产业集群发展工程。抓住国家实施战略性新兴产业集群发展工程的契机，以国家级战略性新兴产业集群建设为抓手，大力发展一批重点战略性新兴产业集群。力争到2025年，省级以上战略性新兴产业集群达到20个以上。

推进细分领域龙头引领工程。着力打造大企业大集团，培育扶持百家高新技术骨干企业，推动成为具有全球竞争力和知名度的细分领域龙头企业，进一步提高产业链关键环节控制力和细分领域主导力。

推进专精特新企业培育工程。支持创新型中小微企业成长为创新重要发源地，构建专精特新企业梯次培育体系，推动企业从省级专精特新中小企业、专精特新"小巨人"企业到单项冠军企业的梯次升级。力争到2025年，省级专精特新中小企业达到1000家。

推进产业投资促进工程。突出重大项目引领，聚焦产业链"通堵点""强弱项"，谋划与实施一批重大产业投资项目，有效引导社会投资进入战略性新兴产业领域，加快投资项目落地。

第八节 山东省

一、山东省发展新质生产力的基础状况

山东省，简称"齐"或"鲁"，通常叫齐鲁大地，省会济南市。是中华文明重要发祥地之一、儒家文化发源地、革命老区。山东省总面积15.79万平方千米，属暖温带季风气候。地处华东沿海、黄河下游，自北而南与河北、河南、安徽、江苏4省接壤。地形以平原为主，跨五大水系。截至2023年末，共有设区的市16个，常住人口10122.97万人。

在综合实力上，山东省2023年实现地区生产总值92068.7亿元，经济实力不断攀升，稳居全国第3名。[1] 按常住人口算，2023年山东省人均地区生产总值达到90950元，位居全国第11位，落后于地区生产总值排名。2023年完成一般公共预算收入7464.7亿元，其中税收收入5229.6亿元。[2]

在产业结构上，山东省表现出结构合理、持续优化的特点。2023年，山东省三次产业构成比为7.1∶39.1∶53.8，第三产业比重略高于一、二产业之和。其中，第一产业增加值6506.2亿元，第二产业增加值35987.9亿元，第三产业增加值49574.6亿元。进一步看，山东省新产业新业态新模式较快成长。2023年全部工业增加值29191.2亿元。规模以上工业中，高技术制造业增加值占规模以上工业增加值的比重为9.7%，装备制造业增加值占比为22.8%。工业机器人产量13184套，增长9.7%；太阳能电池（光伏电池）产量45.5万千瓦，增长5.8%。现代服务业增加值25268.5亿元，增长5.4%。电子商务交易额33290.3亿元，增长6.8%。

在创新能力上，山东省优势突出，实力强劲。根据《中国区域创新能力评

---

[1] 根据各省2023年统计公报整理。
[2] 数据来源：《2023年山东省国民经济和社会发展统计公报》。

价报告2023》，山东省区域创新能力位居全国第6位，创新绩效综合指标排名全国第一。据统计，2023年山东省组织实施重大科技攻关项目110项。新获批10家全国重点实验室，总数达到21家；建设领域类国家技术创新中心3家，居全国第2位；新布局7家省级高新区，省级以上高新区达到27家；省级技术创新中心达到156家，省级新型研发机构达到442家。新建国家级孵化器10家，全省国家级孵化载体达到330家，居全国第3位；入库科技型中小企业4.57万家，居全国第3位。高新技术企业总数突破3.2万家。科技成果转化全面加速，省级技术转移服务机构达到72家，省级科技成果转化中试示范基地25家，技术经纪人超5600名。启动"山东好成果"遴选发布，征集入库成果603项，遴选6批共30项重大科技成果，发布2023年度山东省十大科技创新成果。可以说，2023年山东省关键核心技术加速突破，企业创新主体地位不断提升。

在人才支撑上，山东省高技能人才队伍建设取得突破。近年来，山东省紧贴工业经济、山东制造，深化技能人才培养、评价、使用、激励改革，锻造了大批符合新质生产力发展要求的高素质技能人才。主要呈现出3个特点：一是总量大。截至2023年底，全省技能人才总量1494万人，居全国前列；技工院校215所、在校生45万人，分别位居全国第1位、第2位。二是发展快。2023年，全省新增高技能人才31.8万人，同比增长45%，完成人力资源和社会保障部下达任务指标的212%。三是层次高。高技能人才总量突破400万人，现有中华技能大奖获得者22人、享受国务院政府特殊津贴技能人才70人、全国技术能手695人、齐鲁首席技师2102人、山东省技术能手3599人，高技能人才、高技能领军人才总量位居全国前列。

在发展模式上，山东省以建设绿色低碳高质量发展先行区为总抓手，绿色转型发展扎实推进，区域协调发展迈出新步伐。水电、核电、风电、太阳能发电等清洁能源发电量1584.7亿千瓦时，新能源和可再生能源装机容量为9794.1万千瓦，占全部装机容量比重为46.3%。省会、胶东、鲁南三大经济圈实现地区生产总值分别为34392.6亿元、39433.2亿元和18242.9亿元，对全省经济增长的贡献率分别为37.3%、41.4%和21.3%。

二、山东省发展新质生产力的SWOT分析

山东省在发展新质生产力方面具有明显的优势和机遇,但也面临着一定的挑战和威胁。山东省需要充分发挥其产业基础、科技创新能力和政策支持的优势,同时积极应对环境保护、传统产业结构调整和技术更新换代的挑战,抓住国家战略支持和数字经济发展的机遇,有效应对国内外竞争和宏观经济波动的威胁,以实现新质生产力的高质量发展。

(一)山东省发展新质生产力的优势

山东省在发展新质生产力方面具有多方面的优势。首先,山东省产业实力雄厚。作为中国唯一一个拥有全部41个工业大类的省份,山东省的制造业和工业基础为新质生产力的发展提供了坚实的基础。这使得其能够在多个领域推动产业结构的优化升级,促进产业高端化、智能化、绿色化。新型工业化、先进制造业等活力持续释放,已成为拉动山东省经济高质量发展的引擎。其次,山东省在科技创新方面成果显著。2023年,山东省组织实施110项重大技术攻关任务,在超算互联、画质芯片、植物基因编辑等领域取得一批标志性成果,工业母机、碳纤维、合成橡胶等国产替代实现突破。同时,山东省2023年新认定制造业领航培育企业106家、单项冠军352家、专精特新4589家、"瞪羚"654家、"独角兽"3家。山东省政府工作报告显示,全省工业经济、数字经济加力提速,雁阵形集群规模超过9.2万亿元。最后,山东省区位优势突出。过去5年,山东省深度参与共建"一带一路",中国(山东)自由贸易试验区、中国—上合组织地方经贸合作示范区获批建设,新设外商投资企业超过1万家,实际利用外资超过650亿美元,上合组织青岛峰会、儒商大会、国际友城合作发展大会等重大国际性活动成功举办,向世界展示了开放包容、充满活力的新山东。在培育新质生产力的进程中,山东省能够充分发挥区位、产业、交通等综合优势,融入国际产业链、供应链、创新链,加快形成陆海内外联动、东西双向互济的开放新体系。

(二)山东省发展新质生产力的劣势

山东省在发展新质生产力的过程中,同样面临一些劣势和挑战,这些劣势需

要通过政策引导和市场机制来克服和转化。首先，山东省产业结构依然有优化空间，新旧动能转换任务艰巨。传统动能如钢铁、化石等仍占据主导地位，多数行业处在价值链底端，盈利能力、发展效益和品牌优势偏弱。山东省新能源企业数量在全国排名前列，但普遍营收能力不强。总体来看，三次产业均大而不精、大而不强，新兴产业占比较低。比如，"东数西算"工程布局的8个国家算力枢纽节点和10个国家数据中心集群中也均未出现山东省内城市。其次，省内区域布局有待优化。经过五年发展，"三核引领、区域融合互动"的发展格局初见成效，但是协调一体化转变逐渐被济青烟"三核"资源集聚所替代，3个城市与省内其他地区的发展差距有逐渐拉大的趋势，新旧动能转换速度和效率参差不齐，不平衡不充分的问题尚未得到根本解决。济南市作为省会城市首位度过低，制约自己发展的同时不能很好地带动省会经济圈的发展，对周边城市辐射影响力有限，且周边发展相对滞后的地区又要在各方面面临与相对发达地区济南市的竞争，一体化趋势尚不明显。青岛市经济实力雄厚、产业结构完备，但地理位置等因素决定了其"头雁效应"发挥不足，尚未实现对周边城市乃至更广范围的覆盖。鲁南经济圈缺乏中心城市，与周边地区互联互通能力有限，制约其优势的发挥。

（三）山东省发展新质生产力的机遇

山东省在发展新质生产力的过程中，面临着多方面的机遇，这些机遇有助于推动山东省经济实现高质量发展。首先，国家发展战略大力支持发展新质生产力。山东省占据黄河流域的龙头地位，应坚持全国一盘棋，加快制定融入全国统一大市场的配套政策，加强与黄河流域各省的合作，强化区域间协同联动，推动交通等基础设施互联互通，促进产业融合发展，形成生态共治、环境共保、区域联动、协调发展的良好局面。主动对接长三角、京津冀、粤港澳大湾区等重点区域，结合自身产业特色，加强科技合作、产业对接，加大招商引资力度，培育壮大特色优势产业集群，形成协同发展的新态势。其次，紧抓"一带一路"机遇，打造对外开放新高地。山东省应抓好上合示范区、自贸试验区建设等机遇，营造一流的国际化营商环境，擦亮"好品山东 鲁贸全球"金字招牌，扩大新能源汽车、光伏产品、锂电池等高附加值产品出口比重，积极引入先进核心设备和关键零部件技术，吸引全球商品和资源要素，打造新的国际合作和竞争优势。最后，城市群龙头作用明显，"一群两心三圈"发展格局持续优化。在培育新质生产力的进程中，山东省应发挥好济南、青岛两大城市的引领带动作用，做大做强城市群，打造科创走廊、世界级先进智造集聚带。同时，积极引导省内沿黄9市一体化发展，齐抓共管共同做好黄河流域生态保护。另外，山东省发展海洋经济优势明显，具有打造世界一流的海洋港口的潜力，应持续壮大海工装备、海洋生物医药、智慧海洋等优势产业集群，建设一批高质量海洋经济发展示范区。

（四）山东省发展新质生产力的挑战

山东省在发展新质生产力的过程中，也面临着一系列潜在的挑战，可能会阻碍新质生产力的形成与发展。首先，虽然当前山东省数字经济发展较快，但是与先进省份相比，数字经济面临着大而不强、快而不优等问题。《山东省"十四五"数字强省建设规划》中明确指出，山东数字经济核心产业占比不高，关键核心技术创新能力不足，集聚发展水平不高；数字技术与实体经济深度融合不够，传统产业优势尚未得到有效发挥，行业之间、区域之间数字化转型发展不平衡；数字化治理水平不高，数字技术与政务服务融合不足，一系列的制约因素、瓶颈障碍亟待破除。其次，新质生产力的发展需要在绿色转型上取得更多进展，山东省在环保方面仍面临一定的压力和挑战。作为能耗大省，山东省目前共有338家企业纳入全国碳排放权交易配额管理的重点排放单位名单，占全国比重高达15.2%。绿色低碳转型事关增长动力的切换，山东省目前传统"三高一低"类别仍占据较大比重，在统筹"碳达峰""碳中和"的最终目标和培育新质生产力上面临巨大挑战。

三、山东省发展新质生产力的差异化路径

结合在发展新质生产力上的优势、劣势、机遇和挑战，山东省探索差异化的新质生产力路径，应该立足自身强大的产业实力，加快提升产业创新能力，推进全省高质量发展，助力新质生产力建设。

（一）具体方向与产业

加快形成山东新质生产力的关键是高质量推进新型工业化，为产业发展持续注入强大动力，可以从以下3个方面发力。

第一，深入推进科技创新，建设高水平创新型省份。主动融入国家战略科技力量布局，不断完善科技创新体系，打造全区域、全要素、全链条、全社会的创新生态圈，全力打造区域创新高地，争当国家高水平科技自立自强排头兵。

第二，大力培育壮大战略性新兴产业，推动融合集群发展。立足全省绿色低碳高质量发展先行区建设取得的坚实基础和巨大潜力，充分发挥新一代信息技术、高端装备、新能源新材料、现代海洋、医养健康等新兴产业的引领作用，加快培育壮大新能源汽车、航空航天、绿色环保、新兴服务等新兴产业的规模和实力，努力构建形成"5+N"的战略性新兴产业发展新格局。

第三，前瞻布局未来产业，开辟更多新领域新赛道。聚焦生命科学、量子信息、基因技术、未来网络、深海空天开发、氢能与储能等领域，着力打造未来技术应用场景，加快推动创新突破和融合应用。进一步支持省内国家级高新区深化与高等院校、科研院所等在基础前沿领域的研发合作，强化未来产业技术源头供给，面向前沿科技和产业变革领域前瞻部署一批未来产业。研究制定山东省未来产业高质量发展行动计划，加快布局人形机器人、元宇宙、量子科技、未来网络、碳基半导体、类脑计算、深海极地、基因技术、深海空天开发等前沿领域，推进6G技术研发和应用。建设济南、青岛未来产业先导区。

（二）产业生态与支撑

结合当前发展新质生产力的需求，山东省未来应将关键核心技术攻关、科技创新人才队伍、企业技术创新能力、产业链协同创新能力、标准引领作为重点任务，逐个攻破。

第一，发起关键核心技术攻关能力提升行动。强化产业基础技术攻关，精准补齐基础零部件、基础元器件、基础材料、基础软件、基础工艺等"五基"短板。推进制造业"卡脖子"技术精准攻坚，探索关键核心技术攻关新型举国体制的山东路径。开发应用一批先进工艺技术，支持构建行业生产全流程运行数据模型，基于数据分析实现工艺改进、运行优化和质量管控。推进产业共性技术联合攻关，补齐产业链关键环节的技术短板。大力发展人工智能技术，推动人工智能快成长、上规模、强实力。

第二，发起科技创新人才队伍提升行动。塑强高水平技术创新人才，精准引育一批解决产业"卡脖子"技术的高水平创新领军人才。打造卓越工程师队伍。深化工程技术人才职称制度改革。实施新一轮专业技术人才知识更新工程，探索卓越工程师培育评价工作体系，加速打造赋能企业数字化改造的卓越工程师队伍。

第三，开展企业技术创新能力提升行动。加强企业研发机构建设，健全企业主导产业技术研发创新的体制机制。组织实施企业技术创新项目计划，提升产业技术研发和创新成果产业化水平。重点聚焦新一代信息技术、高端装备、高端化工、先进材料、医药、轻工、纺织服装、食品等产业链关键技术攻关。鼓励产业链"链主"企业发挥主导作用，牵头在重点领域和产业链关键环节开展"卡脖子"技术攻关。打造一批技术创新示范企业，大力推广技术创新先进经验和模式，形成涵盖各工业行业的技术创新示范体系。

第四，开展产业链协同创新能力提升行动。布局建设重大科技创新平台和载体。加快中国科学院济南科创城等重大载体建设，高质量建设崂山实验室。发挥好国家制造业创新中心及国家产业创新中心的引领支撑作用，打造产业链协同创新平台和创新策源地。围绕全省标志性产业链和战略性新兴产业指导建设一批基础性、先进性、权威性、公益性的产业技术基础公共服务平台。开展产学研精准对接活动。推动创新链、产业链、资金链、人才链深度融合，加强跨部门对接合作，围绕11条标志性产业链，充分发挥山东省产学研协同创新联盟作用，建立与省内外高等院校和科研院所常态化联系机制。

第五，开展标准引领提升行动。加强标准化体系建设。深化产业链上下游标准协同衔接，支持企业主导或参与标准制修订。强化知识产权能力建设。大力培育知识产权密集型产业，引导工业新兴优势产业链、行业龙头骨干企业加强知识产权的创造和布局，创造和储备一批关键核心技术知识产权，形成一批具有产业竞争力的高价值专利组合，打造一批知识产权密集型高科技企业。聚焦制造业关键核心技术开展专利导航，建立产业全景图谱，梳理国内及山东省各产业重点企业清单和优秀人才清单，助力企业创新研发和人才培养。推动专利转化运用，构筑从专利到产品、从产品到产业的快速转化通道，培育新的经济增长点。

第九节　广东省

一、广东省发展新质生产力的基础情况

广东省，简称"粤"，省会广州市。位于南岭以南、南海之滨，与香港、澳门、广西、湖南、江西及福建接壤，与海南省隔海相望，总面积17.98万平方千米。截至2023年6月，广东省下辖21个地级市、65个市辖区、20个县级市、34个县、3个自治县。2023年末，广东省常住人口12706万人。

在综合实力上，广东省2023年地区生产总值达到13.57万亿元、增长4.8%，是全国首个突破13万亿元的省份，总量连续35年居全国首位；地方一般公共预算收入达1.39万亿元、增长4.3%，社会消费品零售总额达4.7万亿元、增长5.8%。规模以上工业增加值突破4万亿元、增长4.4%，工业投资连续36个月保持两位数增长。全省经营主体突破1800万户、全年净增172.8万户，其中个体工商户突破1000万户，企业达780万户、占全国1/7。[①]

在产业结构上，广东省2023年三次产业比重调整为4.1∶40.1∶55.8，第一产业增加值5540.70亿元，增长4.8%，对地区生产总值增长的贡献率为4.4%；第二产业增加值54437.26亿元，增长4.8%，对地区生产总值增长的贡献率为40.0%；第三产业增加值75695.21亿元，增长4.7%，对地区生产总值增长的贡献率为55.6%。制造业增加值占地区生产总值比重达32.7%，现代服务业增

---

① 数据来源：《2023年广东省国民经济和社会发展统计公报》。

加值占服务业比重达65%，金融业增加值突破1.2万亿元。

在创新能力上，广东省2023年规模以上工业企业超7.1万家、高新技术企业超7.5万家，均居全国首位。"深圳—香港—广州"科技集群连续4年被世界知识产权组织评为全球创新指数第2名，全省研发经费支出约4600亿元、占地区生产总值比重达3.39%，区域创新综合能力连续7年全国第一。以粤港澳大湾区国际科技创新中心建设为牵引，加快构建"基础研究+技术攻关+成果转化+科技金融+人才支撑"全过程创新链，全省研发人员数量、发明专利有效量、高价值发明专利拥有量、有效注册商标量、PCT国际专利申请量均居全国首位。打造科技成果转化最佳地，推进粤港澳大湾区国家技术创新中心"1+9+N"体系布局建设，在生物、纳米领域获批建设2家国家产业创新中心，广州、深圳入选首批国家知识产权保护示范区建设城市。预计全省企业享受研发费用税前加计扣除金额超6800亿元，技术合同认定登记金额超4400亿元、约占全国1/10。

在人才支撑上，广东省积极打造粤港澳大湾区高水平人才高地。28所高校的220个学科入围ESI全球排名前1%，27个学科入围前1‰。华南理工大学、南方科技大学获批建设国家卓越工程师学院，中山大学等6所高校立项建设省高等学校基础研究卓越中心，香港科技大学（广州）首次招收本科生。深圳、佛山入选首批国家市域产教联合体，深圳职业技术大学成为"十四五"期间全国首家获批的公办本科层次职业学校。全省高层次、高技能人才分别达94万人、690万人，有效持证外国人才达4.5万人，一大批海内外人才纷至沓来。

在发展模式上，广东省以实体经济为本、制造业当家。广汽埃安智能生态工厂入选全球唯一新能源汽车"灯塔工厂"，深汕比亚迪汽车工业园、小鹏汽车广州工厂等全面投产，肇庆小鹏智能智造研究院建成运营，全省新能源汽车年产量达253万辆，全国每4辆新能源汽车就有1辆是"广东造"。出台推动新型储能产业发展系列政策，组建全国唯一的国家地方共建新型储能创新中心，新型储能在建项目100个、总投资2290亿元；肇庆宁德时代二阶段工程等项目动工建设；佛山宝塘新型储能电站建成投运，是我国一次性建成最大的电网侧独立储能电站，新型储能电站装机规模突破160万千瓦，广东成为全国储能电池产业配套最全的地区。深入实施"广东强芯"工程、汽车芯片应用牵引工程,两条12英寸芯片制造产线、高端光掩模产线等建成投产,全力打造中国集成电路第三极。实施"大平台"提级赋能行动,高标准打造一批"万亩千亿"园区载体,加快7个大型产业集聚区建设,省级产业园新增2个、基本实现粤东粤西粤北县域全覆盖。划定工业用地控制线601万亩,实施村镇工业集聚区升级改造近7000亩,为产业发展和转型升级腾出新空间。

二、广东省发展新质生产力的SWOT分析

发展新质生产力是一个系统工程,对广东省而言,发展新质生产力在具有较大优势和机遇的同时,也面临一定的劣势和挑战。

(一)广东省发展新质生产力的优势

在发展新质生产力上,广东省在一系列领域都拥有较多的显著优势。广东省区域创新能力连续4年位居全国首位,"深圳—香港—广州"科技集群创新能力跃居全球前列,领先优势集中在企业创新、创新环境和创新绩效,具体体现在以下4个方面。首先,企业创新能力优势明显。广东省高新技术企业数量达5万多家,科技型中小企业超过2.8万家,孵化器在孵企业超过3.1万家,均居全国首位;高新技术企业总收入、净利润、上缴税收、挂牌上市企业数、科技活动人员、科技活动经费投入发明专利授权量等指标均居全国首位;全省90%的科研机构、科技活动人员、科技活动经费来源、科技活动均落在企业。其次,创新与服务平台载体体系较为完善。广东省已形成由重大科研基础设施、实验室、科研机构、技术创新平台、孵化育成载体、科技支撑平台构成的创新与服务平台载体体系,建设了30家国家重点实验室、10家省实验室、430家省重点实验室、近20家高水平创新研究院、251家新型研发机构以及中山大学、华南理工大学等高水平大学。再次,"创新链—产业链—供应链"配套较为完善。广东省产业配套完整,市场需求也旺盛,拥有300多个特色产业集群,覆盖传统制造业、商贸服务业、金融、互联网、生物科技、智能制造新能源等领域。其中,高端装备、电子信息、汽车及零部件、新材料等领域已具备完整的产业

链、供应链，从产品研发、设计、零部件配套、中期测试到大规模生产，都可以在省内进行高效匹配。最后，创新创业生态环境优良。广东省地处改革开放的前沿阵地，对外开放程度高、体制机制灵活、营商环境优越。省委、省政府非常注重创新创业生态环境建设，出台了《关于进一步促进科技创新的若干政策措施》等文件，实施"科技业务管理阳光再造行动"。深圳是广东省创新动力源，营商环境均居于全国前列。

（二）广东省发展新质生产力的劣势

相比于发展新质生产力的优势，广东省在新质生产力的发展上也具有一定的劣势。首先，基础研究能力相对薄弱。广东省基础研究竞争力综合排名位列全国第三，与北京、江苏相比，知识创造和知识获取能力仍然较弱。广东省基础研究投入比重为5%左右，不仅低于全国（不含港澳台地区，下同）6.15%的平均水平，与北京、上海等地差距也甚远，拥有两院院士、国家杰青等高端创新人才数量也远远落后，重大基础研究成果产出较少。其次，产业关键核心技术供给不足。长期以来，广东省制造业对外依存度较高，芯片、高端装备制造关键零部件严重依赖进口，工业机器人、新能源汽车等领域的关键核心技术与国际先进水平差距较大。除了缺乏关键核心技术，在短期内无法大规模取代进口之外，一些重点产业也仍未构建健全的产业生态系统。再次，高端创新资源紧缺。新中国成立以来，以高水平大学中国科学院、国防军工科研机构为核心的国家战略科技力量主要布局在北京、上海、武汉、西安以及东北等地，广东省对高端科技资源获取与区域经济发展需求失衡。广东省承接国家重大科研设施、重大平台、重大项目较少，仅有两所"双一流"高校，国家重点实验室数量仅为北京的1/3。最后，区域发展不平衡不充分。这是广东省的基本省情和突出短板。珠三角地区集中了全省90%以上的研发投入、高新技术企业、重大创新平台、高层次创新人才、发明专利、技术合同成交额。粤东西北地区创新资源少、内生发展动力不足，大部分地市研发投入不足1%，形成巨大差距。

(三)广东省发展新质生产力的机遇

在发展新质生产力上,广东省也拥有得天独厚的时机。大湾区、先行示范区"双区驱动"效应持续释放,广东省科技创新更要乘势而上创造新的辉煌。粤港澳大湾区、深圳中国特色社会主义先行示范区"双区"建设,将助力广东省在深入推进高水平制度开放以及深化科技体制机制改革上走在全国前列,为广东省再创科技创新的"政策红利""制度红利"提供难得机遇。以粤港澳大湾区国际科技创新中心建设为抓手,加速人才、资金、信息、技术等创新要素在大湾区集聚与自由流动,推动广东省加快融入全球创新网络,更好地汇聚和运用国际创新资源,建设更高水平的开放型创新体系。以推进深圳综合改革试点为契机,积极推广深圳科技创新好的制度设计和政策举措,形成广东省创新发展新的制度优势。

(四)广东省发展新质生产力的挑战

发展新质生产力并非易事,在发展新质生产力的过程中,广东省也面临诸多挑战。首先,国际高技术产业竞争局势复杂。当前,大国竞争进一步加剧,经贸、科技领域成为博弈前沿。受经济、政治、舆论、安全等多维度影响,国际科技创新的竞争变得更加复杂多变。我国高科技企业技术引进和对外投资难度不断加大,科研人员学术交流障碍较多,广东也深受影响。我们必须依靠自主创新能力的提升,实现科技自立自强,在变局中破新局。其次,国内区域竞争和创新资源争夺升级。在面向未来科技创新布局中,北京、上海、江苏、浙江均提出了走在国际、国内前列的定位和目标,成渝地区双城经济圈将建设具有全国影响力的科技创新中心,湖北建设光谷科技创新大走廊,中、西部地区创新发展潜力逐步显现。全国资源流动格局正在发生变化,对广东省扩大竞争优势造成一定压力。最后,经济社会发展不确定因素叠加。国际秩序和全球治理体系加速变革,气候变化异常、资源环境约束加紧、重大传染性疾病、人口老龄化等非传统安全威胁持续蔓延。

三、广东省发展新质生产力的差异化路径

（一）具体方向与产业

结合当前的发展状况以及发展新质生产力的优势，广东省未来应加强基础研究顶层设计和前瞻布局，围绕量子科学、中微子、脑科学与类脑研究等领域加强原创性引领性科学研究。瞄准技术发展前沿，在人工智能、区块链、智能传感等领域开展研发布局，加快实现前沿技术和颠覆性技术创新突破。

加强原创性引领性科学研究。把握世界科技前沿发展态势，面向生命科学、信息科学、材料科学、资源环境、海洋科学、人口健康、工程科学、数理与交叉前沿等领域，大力开展基础与应用基础研究，着力解决前沿战略领域及产业发展中关键核心技术的重大科学问题，努力实现"从0到1"的重大突破。以量子科学为示范引领，带动实施基础研究"卓粤"计划。基础研究突出原创，持续大力支持量子科学、脑科学、纳米科学、高端装备制造、新材料、人工智能、新一代通信、合成生物学、重大科学仪器设备等重点领域；应用基础研究注重解决战略性产业高质量发展和生产实践中的共性基础问题，为重大技术创新提供支撑，力争主导制定一批行业、国家乃至国际标准。

强化前沿技术和颠覆性技术研究。围绕重点领域实施前沿技术和颠覆性技术专项，紧密跟踪新一轮科技革命和产业变革发展趋势，聚焦广东省未来产业的培育和发展，抢占未来产业发展技术制高点，围绕人工智能、区块链、智能传感、卫星互联网等领域实施研发专项，为提升广东省产业基础高级化、产业链现代化水平提供重要技术支撑。前瞻布局兼具颠覆性功能和广泛市场需求的未来产业，抓紧实施未来电子信息、未来智能装备、未来生命健康、未来材料、未来绿色低碳等五大未来产业集群行动计划，在6G、人工智能、低空经济、量子科技、生命科学等领域采用多技术路线平行探索的方法抢占技术制高点，下好先手棋，打造广东省产业新引擎。要重视抓住用好人工智能，拓展千行百业应用场景，建设人工智能产业创新引领地；同时，要加快人工智能嵌入制造业各领域各环节，让人工智能成为驱动新型工业化的重要引擎。

（二）产业生态与支撑

基于发展新质生产力的目标，广东省要加快构建产业创新发展生态，为发展新质生产力提供要素支撑。

在人才队伍上，要着力打造创新人才高地。主动适应国际国内形势变化，聚焦重点领域创新人才需求，精心组织重大人才工程。实施更加开放的人才政策，为外国人才来华工作许可、签证、税收优惠、服务保障等提供便利，吸引集聚更多的海内外高层次人才来粤创新创业。深化人才发展体制机制改革，用足国家、省、地市乃至县区各级人才政策的叠加优势，大力营造留才、用才的良好环境。

在研究主体上，着力打造以国家实验室为核心，以省实验室为中坚力量，以各级重点实验室、粤港澳联合实验室、企业实验室及各类专业实验室为支撑的研究平台体系。高标准建设国家实验室，加快建设省实验室并完善建设管理运行机制，以"核心+基地+网络"方式带动全省实验室体系优化升级。立足粤港澳科技创新合作基础和需求，加快建设一批粤港澳联合实验室。

在创新研发上，要促进各类创新要素向企业集聚，发挥大企业的引领支撑作用和企业家在技术创新中的重要作用，持续推动高新技术企业"树标提质"，加强企业研发机构建设，率先实现省属国有企业研发机构全覆盖，完善以企业为主体、市场为导向、产学研深度融合的技术创新机制。

在金融支持上，支持科技型企业与多层次资本市场对接，建立全省科技型企业上市后备数据库，建立健全与深交所、上交所南方中心、港交所共同建设优质科技型企业上市协调工作机制，探索建立科创板、创业板等科技型企业上市服务绿色通道。充分发挥广东省区域性股权交易市场服务科技创新效能，加快推动全省"科技创新专板"建设。力争到2025年，新增上市科技型企业200家。

在国际合作上，加强与世界主要创新型国家多层次、宽领域的科技交流合作。加强面向"一带一路"的开放创新合作，发挥澳门联系葡语国家的桥梁纽带作用，参与建设葡语国家技术转移中心。深化与国际科技组织合作，与联合国多边科技组织加强联系，积极向国际科技组织、高层次研究计划或机构派遣广东省专家、学者及研究人员。

第十节 海南省

一、海南省发展新质生产力的基础情况

海南省，简称"琼"，是我国最南端的省级行政区，省会海口市。陆地总面积3.54万平方千米，管辖海域总面积约200万平方千米，海岸线总长1944千米，有大小港湾68个。截至2023年，海南省辖4个地级市、5个县级市、4个县、6个自治县。常住人口1043万人。

在综合实力上，海南省2023年地区生产总值7551.18亿元，比上年增长9.2%，总量位于全国第28位，但增速位于全国第1位。全年人均地区生产总值72958元，位于全国第17位。全年全省全口径一般公共预算收入1629.52亿元，比上年增长7.3%。其中，地方一般公共预算收入900.69亿元，增长8.2%。地方一般公共预算收入中，税收收入667.35亿元，增长9.5%；非税收入233.34亿元，增长4.6%。[①]

在产业结构上，海南省是我国为数不多的经济发展由第三产业主导的省份，旅游业、现代服务业、高新技术产业和热带特色高效农业等四大主导产业增加值占全省地区生产总值比重从2019年的55.5%增长到2023年的62.4%，规模以上工业增加值增速连续7年居全国第一，货物贸易、服务贸易等多项指标增速在全国名列前茅。2023年，海南省第一、二、三产业的增加值分别为1507.40亿元、1448.45亿元和4595.33亿元，增长率分别为4.6%、10.6%和10.3%。三次产业构成比为20.0∶19.2∶60.8。从产业结构占比来看，海南省的第三产业占比仅次于上海（75.7%）、北京（85.5%）和天津（63.0%）。根据统计，2022年海南省数字经济核心产业实现营收1279.6亿元，占地区生产总值比重7.5%，对高新技术产业

---

① 数据来源：《2023年海南省国民经济和社会发展统计公报》。

贡献达47%。随着海南自由贸易港建设加快推进，全国一流种业、深海、航天创新力量在海南集聚，形成了比较优势。

在创新能力上，根据《中国区域创新能力评价报告2023》，2023年海南省创新能力排名全国第15位，较上年上升1位。从科技创新投入来看，2022年海南省研究与试验发展经费支出68.4亿元，占地区生产总值的1.0%。其中，基础研究13.06亿元、应用研究11.37亿元、试验发展43.94亿元，分别占研发总额的19.1%、16.6%和64.3%。从科技创新环境看，海南省有74家省级重点实验室。2023年，崖州湾国家实验室挂牌入轨运行，成立三亚海洋实验室作为崂山国家实验室运行机构。新增7家省级重点实验室、4家省级工程技术研究中心，认定海南省首批20家省级野外科学观测研究站、9家首批省级资源库馆数据中心。新增科技型中小企业594家，在库专精特新企业347家。新认定省级国际科技合作基地17个，国际科技合作区域覆盖53个国家和地区。从科技创新产出来看，截至2023年底，全省专利授权量超过5万件，其中发明专利超过6000件，年均增长44.5%；国际专利申请660件。全省技术合同成交额达53.28亿元，已投产的18个新药创制品种完成产值16.6亿元。

在人才支撑上，截至2023年，全省普通高等学校22所，博士学位教师数3781人，在校学生29.14万人。全职在琼两院院士增至6人。人才总量为190万人（截至2020年末），技能人才总量为68.9万人（截至2023年8月），其中高技能人才9.6万人。截至2022年，有研究与试验发展人员25967人，其中研究人员14755人。从研发人员所在单位来看，企业研发人员最多，为9152人；其次是高等院校，为7668人；事业单位和科研院所分别为6133人和3014人。

在发展模式上，海南省着力推动绿色发展，不断激发新质生产力。全年空气质量优良天数比例99.5%，细颗粒物（PM2.5）浓度12微克/立方米，省控地表水水质优良比例95.9%，生态环境质量继续保持全国一流。清洁能源装机占比达78.5%。新能源汽车在新增车辆中占比超50%，全国第一，保有量占比全国第二。可降解塑料制品替代率达80.2%。装配式建筑面积占新建建筑比例超70%，居全国第二。

二、海南省发展新质生产力的SWOT分析

新质生产力的发展需要依据本地区实际情况，综合考虑诸多因素。海南省在发展新质生产力具有相当多的优势和机遇，同时也面临一些劣势和诸多挑战。

（一）海南省发展新质生产力的优势

首先，海南省的地理位置优势是其发展新质生产力的重要基础。海南省具有气候温度、海洋深度、地理纬度和绿色生态"三度一色"的优势，可聚焦种业、深海、航天、绿色低碳、生物制造、低空经济等新领域新赛道，加强政策引导，协同推进技术创新和产业化。近年来，海南省在海洋旅游业、海洋油气产业、海洋航运物流业、海洋渔业等领域均有明显发展进步。比如，不断完善港口服务基础设施，推动南山港成为世界一流深远海科考母港；三亚崖州湾科技城已聚集海洋产业类企业上千家。其次，海南省建设自由贸易港，为新质生产力的发展提供了巨大的潜力。可以利用自由贸易港的优势地位，促进资源的有效分配、技术和知识的传播。以自贸港建设为契机，抢抓数字经济"新赛道"。从数字基础设施建设到数字经济新业态培育，从数字特色产业加速集聚到数实融合不断深入，海南省在数字化建设方面取得不少成功经验。最后，政策支持是海南省发展新质生产力的重要保障。随着自由贸易港建设的深入推进，国家和地方对海南省的政策支持力度不断加大。一系列优惠政策和扶持措施为企业发展提供了良好的政策环境和经济支持，尤其是海南省对企业及高层次人才实行的税收优惠，不仅为企业发展节约了成本，也将吸引更多的投资和高端人才来海南创业和发展新兴产业。

（二）海南省发展新质生产力的劣势

海南省在发展新质生产力上虽然有诸多的优势，但也存在一些不足和短板。首先，产业结构相对单一，过度依赖旅游业。长期以来，海南省主要依靠旅游业作为经济增长的引擎，而其他产业发展相对滞后，缺乏多元化的经济支柱。这种单一产业结构容易受到外部环境变化的影响，存在较大的经济风险。其次，交通基础设施相对不完善。由于海南省地处偏远地区，陆路、航空等交通运输方式的发展受到一定限制，交通网络不够密集，物流成本较高，制约了海南与外

界的联系和资源要素的流动。最后,创新不足,需进一步提升创新环境,为新质生产力的发展营造良好的创新氛围。根据《中国区域创新能力评价报告2023》,2023年海南省创新基础设施综合指标排名第21位,市场环境综合指标排名第27位,劳动者素质综合指标排名第30位,金融环境综合指标排名第14位,创业水平综合指标排名第9位。进一步看,科技企业孵化器增长率、科技企业孵化器当年获风险投资额、科技企业孵化器当年获风险投资额增长率,均排名全国第30位,

(三)海南省发展新质生产力的机遇

海南省尽管在发展新质生产力上面临着一些劣势,但立足自贸港实际,发挥海南省比较优势,也蕴藏着丰富的机遇。首先,新一轮科技革命和产业革命为发展新质生产力提供了技术支撑和产业支撑。全球正处在新一轮科技革命的窗口期,在新一轮科技革命的浪潮下,海南省可以充分利用其独特的地理位置和政策支持,积极融入全球科技创新网络,加速推进新质生产力的发展。通过引进国际先进技术和管理经验,加强与国内外高校、科研机构的合作交流,可以不断提升自身的科技创新能力,培育新兴产业,打造具有国际竞争力的产业集群。其次,生态建设为海南省发展新质生产力提供了重要的保障和机遇。海南省拥有得天独厚的自然资源和优美的生态环境,积极开展生态文明建设,以推动绿色发展、循环发展和低碳发展为契机,推进相关高新技术的不断突破,培育新质生产力。同时生态优先、绿色发展的理念将助力海南省打造宜居宜业的发展环境,吸引更多的人才和资金,培育新的经济增长点,实现经济与生态的双赢。最后,产业升级和转型为海南省发展新质生产力提供了广阔的发展空间和机遇。随着全球经济格局的变化和科技进步的推动,新兴产业和高新技术产业蓬勃发展,为海南省提供了更多的发展选择。海南省可以利用自身的优势,加快发展现代服务业、高新技术产业等新兴产业,实现产业升级和转型,为经济发展注入新的动力。具体来看,一是"向种图强",实现种业科技自立自强、种源自主可控;二是"向海图强",大力发展深海装备制造、海洋资源开发利用、海洋医药产业,做大做强海洋经济;三是"向天图强",加快科技创新平台搭建、新型研发机构设立,加快以火箭链、卫星链、数据链为核心的航天产业集聚。

（四）海南省发展新质生产力的挑战

海南省作为中国唯一的热带岛屿省份，尽管拥有得天独厚的自然资源和区位优势，但在发展新质生产力的过程中也面临着一系列挑战。首先，产业升级和转型是海南省发展新质生产力面临的首要挑战之一。从产业结构来看，虽然海南省第三产业占比很高，但从第三产业内部结构来看，其主要依赖旅游业作为经济增长的主要引擎，而生产性服务业和高新技术产业发展相对滞后。因此，如何实现产业结构的优化升级，推动传统产业向现代服务业、高新技术产业转型，是当前面临的重要挑战。其次，科技创新能力相对不足是海南省发展新质生产力的又一大挑战。虽然海南省政府已经出台了一系列促进科技创新的政策措施，但与发达地区相比，科技创新水平和科研机构的数量还存在较大差距。从研发主体来看，海南省的科研院校、高技术企业和国家重点实验室的数量相对比较少。高技能劳动者是发展新质生产力的核心要素，然而海南省的人才总量、高技能人才数量却相对偏少。因此，如何提升科技创新能力，加强科研机构建设，吸引更多的科技人才，成为海南省当前亟须解决的问题。再者，人才培养和引进是海南省发展新质生产力面临的又一挑战。尽管海南省政府已经采取了一系列措施吸引和培养人才，但由于地理位置偏远、产业结构相对单一等因素，人才供给仍然面临一定的压力。最后，生态环境保护也是海南省发展新质生产力面临的一大挑战。长期以来，由于旅游业的快速发展和资源开发利用，海南省的生态环境面临严峻的压力，水资源污染、土壤退化、生物多样性丧失等问题日益突出。如何在经济发展和生态环境保护之间实现平衡，成为海南省当前需要解决的重要问题。

三、海南省发展新质生产力的差异化路径

面对在发展新质生产力上的优势、劣势、机遇和挑战，海南省探索差异化的新质生产力路径，应该立足自身区位优势和自贸区优势，着力新兴产业的培育和未来产业的前瞻布局。

（一）具体方向与产业

结合海南省当前的发展状况以及发展新质生产力的优势，发挥其气候温度、海洋深度、地理纬度特色优势，来推动种业、深海、航天三大未来产业。

在种业发展上，以种子创新和种业发展为导向，聚焦种业创新。种子是农业的"芯片"，种业发展关乎农业生产和粮食安全的命脉，海南省以国家耐盐碱水稻技术创新中心、热带作物生物育种全国重点实验室为研发平台，以三亚"南繁硅谷"为依托，已建成全国数量最多、空间最大、体系最全的生物育种创新平台，成为种业产业链科技创新标杆，累计超过2万个主要农作物新品种通过南繁加代、培育，占全国育成新品种的70%以上。

在深海方面，面向未来更进一步探索海洋发展的需要，结合中国海洋大学三亚海洋研究院落户三亚崖州湾科技城的优势，加快深海观测装备和信息服务系统的研发，在深海探测与研究方面进行数据搜集和科学实验，完善深海数据库的建设与管理，发挥基础数据在深海资源开发方面的支撑性作用。依托技术发展不断延伸边界，强化探索深海的能力，引领深海科技产业标准的确立与执行。

在航天发展上，面向未来深空探索的需要，以文昌国际航天城为中心，加快推进"三区三链"（发射区、起步区、旅游区，火箭链、卫星链、数据链）发展和"航天+"产业体系构建，着力打造开放型、国际化、创新融合的世界级航天城。

（二）产业生态与支撑

在人才聚集上，面向三大未来产业的发展，强化人才引育力度。统筹实施"四方之才"汇聚、"南海人才"开发、"技能自贸港"等计划方案。积极争取中央支持和依托自由贸易港政策，加大对本地人才培养力度，实施知识更新工程，壮大高水平工程师和高技能人才队伍，打造"南海系列"育才品牌。依托科研院校、创新平台和企业等引进具有国际化水平的战略科技人才、科技领军人才、青年科技创新人才和高水平创新团队，加强基础研究人才培养。与此同时，健全和完善高层次人才服务联络员工作机制，在住房、子女入学、医疗保障、配偶就业等方面提供精准化、个性化的"店小二""保姆式"服务。

在研究主体上，要依托科技领军企业、行业链主企业、高校院所，牵头组建创新联合体，建立以企业为主体的技术创新体系，大幅提升企业研发投入占比。加快形成前沿性、交叉性、颠覆性技术原创成果，实现更多"从0到1"的突破。聚焦海南省优势领域，探索构建种业、深海和航天等领域的科学高地。

在创新研发上，积极引导企业加大创新投入，尤其是基础研究的投入，资金保障是科技创新的重要前提条件。从研发投入的比例来看，2022年企业研发投入占总研发费用的比例为30.4%。在企业研发中，基础研究经费仅占企业研发总经费的0.08%。加大技术攻关力度，鼓励企业在生物育种、海洋观测、卫星大数据应用、健康老龄化等重点领域开展技术攻关，解决"卡脖子"难题。争取创新平台建设，积极争取农业、航天、海洋、材料、生命健康等领域国家级科创平台落地，建设"一带一路"联合实验室等国际科技合作基地，争取国际大洋发现计划支撑设施落户。

在金融支持上，要加大财政投入，进一步发挥海南自由贸易港建设投资基金的杠杆引导作用，多渠道增加科技创新的投入。要鼓励支持银行业、保险业等金融机构不断升级金融服务模式，为科技创新提供与之相匹配的产品和服务，完善科技金融服务体系。加大对种子、深海、深空和人工智能等产业的资金支持力度，发挥海南省创业投资引导基金作用，引导社会资本投资处于种子期、初创期、早中期的创业企业。建立科技型中小企业贷款风险补偿机制，形成政府、银行、企业以及中介机构多元参与的信贷风险分担机制。

在国际合作上，要加强国际科技产业合作。科技创新是推动经济社会发展的核心动力，也是构建创新型国家的重要支撑。海南省可充分利用自贸港政策优势，鼓励产学研协同创新，支持企业和科研院所加强原创性、革命性、颠覆性科技创新。推动海南省与国际科技组织、高校科研机构等开展合作交流，共同开展科研项目、人才培养、技术转移等方面的创新合作，促进科技成果的转化和应用，推动全省产业转型升级和经济高质量发展。

第二章
东北地区发展新质生产力的路径

广义的东北地区，包括辽宁省、吉林省、黑龙江省三省以及内蒙古东五盟市区域，考虑内蒙古自治区在西部地区章节进行讨论，本章主要讨论东北三省的新质生产力发展路径。

东北三省是我国的老工业基地，曾为我国的工业化进程作出了巨大的贡献。在近几十年的发展过程中，东北地区的发展遭遇了较大的困难，经济总量占全国的比重也不断下滑。2003年，党中央开始实施振兴东北老工业基地战略，东北地区的产业、城市、科技都有了长足进步。新时代，党中央对东北地区的发展更为重视，习近平总书记多次提出要求东北振兴取得新突破。在这种背景下，发展新质生产力不仅是实现东北振兴的关键举措，也是贯彻落实习近平总书记重要指示精神的根本要求。

第一节　辽宁省

一、辽宁省发展新质生产力的基础情况

辽宁省，简称"辽"，取"辽河流域永远安宁"之意而得名，省会沈阳市。地处环渤海和东北亚经济圈核心地带，是我国东北地区唯一既沿海又沿边的省份。截至2023年9月，全省下设14个地级市（其中沈阳、大连为副省级城市）和1个沈抚示范区。陆地面积14.87万平方千米，海域面积15万平方千米，大陆海岸线全长2290千米。2023年末，辽宁省常住人口4182万人。

在综合实力上，辽宁省2023年地区生产总值30209.4亿元，同比增长5.3%，全国排名第16位。2023年人均地区生产总值为72107元，全国排名为第19位。无论是地区生产总值总量还是人均地区生产总值均位于东北地区第1位。全年地方一般公共预算收入2754.0亿元，其中各项税收1870.6亿元。[①]

在产业结构上，辽宁省以重工业为主，其中具有产业竞争力的行业分布在石化、冶金和装备制造业，而轻工业主要分布在农副食品加工业等领域。2023年，辽宁省的三次产业构成比为8.8∶38.8∶52.4，与全国的三次产业结构比重相比，第一产业和第二产业的比重高于全国水平，尤其是第一产业相比全国水平高出1.7%。其中，第一产业增加值2651.0亿元，第二产业增加值11734.5亿元，第三产业增加值15823.9亿元。辽宁省数字经济的发展得益于齐全的工业门类，2022年数字经济规模超过1.1万亿元，同比增长10.4%，数字经济在工业领域的渗透力达到24%，高于全国平均水平。

在创新能力上，根据《中国区域创新能力评价报告2023》，2023年辽宁省创新能力排名全国第23位，较上年上升2位。从科技创新投入来看，2023年高技

[①] 数据来源：《辽宁省2023年国民经济和社会发展统计公报》。

术产业投资比上年增长32.8%。其中，高技术制造业投资增长25.3%，高技术服务业投资增长42.8%。从科技创新环境来看，截至2023年，拥有中国科学院驻辽科研单位6家，研究机构1613个，全国重点实验室11个；建有沈阳材料科学国家研究中心、国家机器人创新中心等代表国内相关领域最高科研水平的重大创新平台。同时新增"雏鹰""瞪羚"企业1029家、专精特新"小巨人"企业41家，十月稻田、微控飞轮实现辽宁省"独角兽"企业零的突破，科技型中小企业达3.3万家，进一步组建了97个省级现代产业学院。从科技创新产出来看，2023年有效发明专利总量75548件，比上年增长18.0%。全年每万人口高价值发明专利拥有量7.05件，比上年增长26.1%。全年技术市场成交各类技术合同2.7万项、比上年增长41.8%，技术合同成交额1308.3亿元、增长30.8%。2022年，辽宁省技术市场成交合同数为1.84万项、合同金额为971.3亿元，技术流向地域合同数为1.75万项、合同金额为747亿元。

在人才支撑上，得益于众多院校和科研机构以及本省的人才计划，辽宁省人才资源相对丰富。截至2023年底，辽宁省有两院院士61人，其中中国科学院院士24人、中国工程院院士37人。从科研人员的投入来看，2022年，辽宁省研究与试验发展人员为19.5万人，研发人员全时当量为124163人年。其中，研究人员全时当量为67123人年，占研发人员全时当量的比重为54%，占比居全国第9位。从人才计划实施来看，2023年实施"兴辽英才计划"，遴选高水平人才和团队1047个，同时投入4.8亿元给予人才支持奖励和服务保障。实施"百万学子留辽来辽"专项行动，引进海内外优秀博士和高级职称人才4387名，同比增长77%，引进高校毕业生40.1万名，同比增长20.8%。

二、辽宁省发展新质生产力的SWOT分析

辽宁省是东北地区发展的排头兵，承担着新一轮东北振兴的重任，新质生产力的发展有助于辽宁省进行新一轮的产业升级，带动东北地区的发展。然而新质生产力的发展并非一蹴而就，也不能一哄而上，要根据本省的具体实际来发展新质生产力。

（一）辽宁省发展新质生产力的优势

辽宁省作为东北老工业基地，在发展新质生产力方面具有多重优势。首先，辽宁省拥有丰富的人才资源，包括高校、科研机构和技术人才等。劳动者作为生产力的要素之一，而且是最活跃的要素，对于新质生产力的形成具有关键作用。人才资源在推动新技术、新产品的研发和创新方面提供了重要的支持，为发展新质生产力注入活力和动力。其次，抢先布局数字设施，为新质生产力的形成提供了产业基础。新质生产力的形成离不开数字产业的发展，辽宁提出"数字辽宁、智造强省"，全力布局数字基础设施，包括5G通信网络、物联网、云计算等数字技术，为新质生产力的培育提供技术支持和平台基础。"数字辽宁"计划的实施极大促进了智能制造、数字化服务等新型产业的发展，同时积极出台各种扶持政策，为企业、科研机构和创新团队提供良好的发展环境和政策支持。最后，辽宁省产业基础雄厚，工业门类齐全、体系完备，在国民经济行业的41个工业大类中拥有40个。以数控机床、工业机器人、输变电设备等为代表的装备制造业，以石油化工、钢铁为代表的原材料工业，在全国具有优势地位和较高市场占有率。在新材料、精细化工、智能装备制造、半导体芯片等领域，有着深厚的产业底蕴和科技优势。同时，辽宁省是国内集成电路装备产业三大重点地区之一，研发的大批关键材料为航天、航空、船舶、核电等国家重大工程、重大装备贡献了"辽宁之材"。齐全的工业门类和雄厚的产业基础为新质生产力的应用提供了广阔的空间。新质生产力的发展一方面是开辟新的产业空间，形成新业态、新模式；另一方面，新质生产力也要服务于传统产业的发展，对传统产业进行改造升级，而这一方面的作用对辽宁省的发展更为关键。

（二）辽宁省发展新质生产力的劣势

辽宁省发展新质生产力也存在一些劣势。首先，产业结构老化严重。辽宁省的产业结构以传统重工业和制造业为主，这些行业长期以来是辽宁省经济的重要支柱。然而，随着全球产业升级和经济发展需求的变化，这些传统产业日益显得缺乏竞争力，增长动力不足。特别是钢铁、石化等行业，存在产能过剩的问题，但是这些产业往往体量大，多为地方支柱产业，转型比较困难，这直接影响了经济的健康发展和新质生产力的培育，而且这些行业的资源和能源消耗高、环境污染严重，难以适应当前环保和绿色发展的要求。其次，创新能力不足，人才流失严重。虽然辽宁省拥有多所知名高等教育机构和研究所，但整体上的科技创新能力仍然较弱。这主要表现在科研成果转化效率低，与国际先进水平存在一定的差距。产学研合作不够紧密，使得科技创新成果难以快速转化为实际生产力，进而影响了新技术、新产品的开发和市场竞争力。在人才方面，虽然人才流失现象有所好转，但仍有许多优秀人才选择到更具经济活力和职业发展空间的地区工作和生活，如前往北京、上海和深圳等一线城市。人才的流失不仅减少了地区的创新能力，也影响了新经济结构的建设和高质量发展的推进。最后，经济转型情况复杂。由于长期依赖重工业，辽宁省的经济转型任务艰巨，转型升级过程中遇到的困难和挑战多样。在削减传统产业产能、发展新兴产业的过程中，可能会出现就业压力增大、社会不稳定因素增多等问题。此外，传统产业与新兴产业的并存可能导致资源配置不优化，阻碍经济的健康发展。

（三）辽宁省发展新质生产力的机遇

新质生产力最初是习近平总书记在东北考察时，基于东北地区的经济转型发展、创新协调发展等多重考量而提出来的。辽宁省作为中国东北地区的重要工业基地，其发展蕴藏着丰富的发展机遇。首先，国家有诸多的政策支持。近年来，国家出台了一系列支持创新和新产业发展的政策，为辽宁省的经济转型提供了坚实的政策支持，如国务院发布的《东北全面振兴"十四五"实施方案》。2023年10月27日，中共中央政治局召开会议，审议《关于进一步推动新时代东北全面振兴取得新突破若干政策措施的意见》等。通过各种补贴、优惠税收政策、科研经费支持等措施，政府为企业提供了更多发展的空间和动力。其次，在"一带一路"和区域合作上有巨大优势。作为东北地区的门户，辽宁省处于连接东北亚经济圈和欧亚经济圈的枢纽位置，拥有发达的港口和铁路、航空等交通基础设施。借助区位优势和便利交通，可以更好地融入全球产业链，促进产品和服务的国际贸易，参与"一带一路"建设和区域合作的机会和优势明显。借助"一带一路"倡议，辽宁省可以加强与周边国家和地区的经济合作及贸易往来，吸引更多外资和外商投资，并通过加强产业链的链接，促进产业的发展和协同，实现经济的互利共赢。最后，辽宁省产业转型升级面临机遇。产业跨界融合成为大势所趋，如服务业与制造业融合、以互联网为纽带的跨界融合、社会需求倒逼产业跨界等，使得产业日益向服务化、网络化和体系化发展。现代科技如人工智能、大数据、云计算等已渗透到各行各业，辽宁省有望通过与科技企业合作、引进先进技术等方式，实现新质生产力的跨越式发展。

（四）辽宁省发展新质生产力的挑战

辽宁省虽然拥有雄厚的制造业和重工业基础，但在发展新质生产力的过程中仍面临着诸多挑战。首先，传统产业的转型惰性影响新质生产力的形成。传统产业由于其自身特点，对于转型具有惰性，因此对于新质生产力的形成具有一定的阻碍作用。同时，传统产业也要政府继续扶持从而得到发展，这就使得辽宁省不能像北京这样的后工业化地区，可以将更多的资金用于新技术的研发。因此，既要克服传统生产力的变革惰性对发展新质生产力的阻碍，还要合理分配对新旧产业的投入。其次，区域间竞争压力加大。随着市场竞争的加剧，各地纷纷布局新产业新赛道，如贵阳布局大数据产业，西安布局人工智能、新能源汽车等新兴产业，杭州依托龙头企业布局人工智能、生物医药产业等。各地都在根据自身优势，超前布局，希望成为行业的引领者。然而，辽宁省目前产业发展仍较多依赖重工业，和新兴产业相比不具有竞争优势，新质生产力发展受到挑战。最后，地区发展不平衡。从区域分布来看，辽宁省经济集中在沈阳、大连，两地地区生产总值在全省占比超过50%，其他12个城市占比均未超过10%，尤其是第二、第三产业集中在沈阳、大连两地，可见两地发展势头强劲，但辐射带动作用却未完全发挥出来，而丹东、阜新和铁岭等地区第一产业的比重均超过20%，可见区域间发展差异较大，制约了新质生产力的进一步发展。

三、辽宁省发展新质生产力的差异化路径

结合在发展新质生产力上的优势、劣势、机遇和挑战，辽宁省探索差异化的新质生产力路径，应该立足自身雄厚的产业基础优势，着力新兴产业的培育。

（一）具体方向与产业

结合当前的发展状况以及发展新质生产力的优势，辽宁省应立足现有产业基础，加快推进战略性新兴产业集群发展工程，提升新兴产业对经济发展的支撑作用，培育世界级先进制造业集群。

在新一代信息技术产业上，要面向未来信息通信和先进计算需求，在沈阳、大连等城市重点推动自主软件生态建设，建设辽宁省人工智能产业技术创新研究院等高端研发与应用平台、大数据产业基地和区块链产业孵化中心，构建北斗导航产业链，推动工业互联网创新发展等。在高技术制造业发展上，要面向未来高端设备需求，在沈阳、大连、鞍山等城市重点发展燃气轮机、高端IC装备、现代医学诊疗设备等高端装备制造业。在生物医药健康产业发展上，要面向现在和未来生命医疗和健康需要，在沈阳、本溪、大连等地区重点发展单克隆抗体、新型疫苗等生物技术药物，开发中药新药，以经典名方验方为基础，推动中药新药和中药健康产品发展，加快老品种二次开发。在发展氢能产业上，面对能源使用和储存的需要，在大连、沈阳、鞍山、阜新、朝阳、盘锦、葫芦岛等地区重点发展氢燃料电池关键零部件及集成系统。在未来产业布局上，依据本地区优势和未来发展需要，在沈阳、大连、抚顺等地区重点发展类脑智能、量子信息、基因技术、未来网络、深海空天开发技术等，孵化未来技术应用场景，推动产业跨界融合。

（二）产业生态与支撑

基于辽宁省发展新质生产力的目标，要加快构建新兴产业创新发展生态，为发展新质生产力提供要素支撑。

在人才聚集上，要面向战略性新兴产业需求，实施人才聚集计划。优化升级"兴辽英才计划"，遴选支持一批杰出人才、领军人才和青年拔尖人才，重点资助一批高精尖人才，提升高技能人才待遇。探索建立年薪制度、弹性工作日和竞争型人才使用机制，促进产业链、创新链、人才链"三链融合"，提升人才服务效能，引导人才推动创新驱动发展。推进人才管理权限全链条下放，激发用人主体引才用才"原动力"，为人才创新创业提供安居落户、子女入学、配偶就业、医疗养老、出入境签证等"保姆式"服务。

在研究主体上，要充分利用本省丰富的科研资源，依托国家级实验室、顶尖研究型大学以及科技领军企业，积极主导和参与国家级创新平台的建设。加快形成前沿性、交叉性、颠覆性技术的原创成果，以实现更多"从0到1"的突破。积极培育一批具有自主核心技术和行业竞争优势的科技型中小企业，建设中小企业技术创新公共服务平台。发挥政府引导基金作用，吸引社会资本，拓宽创业投资、科技担保、风险补偿等多元融资渠道。

在创新研发上，要充分发挥市场主体作用，实施科技型企业梯度培育计划，培育一批"雏鹰""瞪羚""独角兽"和"啄木鸟"企业。发挥大企业引领支撑作用，支持国有企业培育核心竞争力，鼓励民营企业参与实施重大科技项目。鼓励行业龙头企业平台化发展，加强共性技术平台、新型研发机构和专业孵化器建设，推进行业龙头企业向中小企业开放科研设施与仪器设备，推动产业链上中下游、大中小企业技术合作协作。围绕"卡脖子"关键技术，鼓励和引导企业、高校和科研院所承担实施科技重大专项、国家科技计划，同时实施一批体现国家战略意图、适应振兴需求、彰显辽宁科技优势的重大科技项目。

在金融支持上，要加大对新兴技术的投资力度。一方面，要发挥政府在重大项目上的投资作用。对于事关国家安全、地区发展战略等有明确规划、不存在盲目性、具有极大正外部性但周期长的重大科技攻关项目，要积极发挥政府的投资作用。另一方面，要有效吸引社会资本，激发全社会投资活力，鼓励社会资本投资新兴产业、未来产业。规范推进政府和社会资本合作（PPP），积极盘活存量资产，将新兴产业纳入高新技术支持范围内，建立完善的风险防范机制。

在国际合作上，要加强科技、产业和人才交流，引入全球新兴技术发展的最新成果。依托《区域全面经济伙伴关系协定》（RCEP）、《全面与进步跨太平洋伙伴关系协定》（CPTPP）、《中欧双边投资协定》（BIT）等国际性框架，联合区域内创新主体开展技术攻关、成果转化和项目落地。建设合作开放新高地，促进人才和技术的充分流动。加强与俄罗斯远东地区对接合作，推动装备制造、能源电力等领域合作。

第二节　吉林省

一、吉林省发展新质生产力的基础状况

吉林省，简称"吉"，省会长春市。位于东北地区中部，与辽宁省、内蒙古自治区、黑龙江省相连，并与俄罗斯、朝鲜接壤，地处东北亚地理中心位置，是全国9个边境省份之一，是国家"一带一路"向北开放的重要窗口。截至2023年末，全省辖8个地级市、1个自治州，面积18.74万平方千米，常住人口2339.4万人。

在综合实力上，吉林省2023年地区生产总值13531.19亿元[①]，位居全国第26位。吉林省人均地区生产总值为57840元，位居全国第27位，位次稍落后于地区生产总值排名。2023年完成一般公共预算收入1074.84亿元，其中税收收入699.57亿元。

在产业结构上，吉林省第三产业引领作用明显，比重高于第一产业和第二产业之和。2023年，吉林省的三次产业构成比为12.2∶33.9∶53.9，其中第一产业增加值1644.75亿元，第二产业增加值4585.03亿元，第三产业增加值7301.40亿元。进一步看，吉林省全年全部工业增加值3705.02亿元；全年全省规模以上工业中，高技术制造业增加值占比为12.3%，战略性新兴产业产值占比为16.8%。[②]全年全省实现服务业增加值7301.4亿元，其中批发和零售业增加值869.12亿元，交通运输、仓储和邮政业增加值679.16亿元，住宿和餐饮业增加值191.75亿元，金融业增加值1077.45亿元，房地产业增加值700.09亿元，信息传输、软件和信息技术服务业增加值638.95亿元，租赁和商务服务业增加值

[①] 数据来源：《吉林省2023年国民经济和社会发展统计公报》。
[②] 数据来源：吉林省2023年经济运行情况新闻发布会实录。

131.74亿元。

在创新能力上，吉林省创新转型效果明显。《中国区域创新能力评价报告2023》显示，吉林省区域创新能力排名上升6位，提升幅度全国第一。截至2023年，吉林省已建成国家重点实验室11个、省重点实验室155个、省级科技创新中心220个。全年全省国内专利授权量26637件，其中发明专利授权量7619件。全年有效期内高新技术企业3590户，全年登记省级科技成果651项。全年共认定登记技术合同5624份，实现合同成交额99.33亿元。在推进科技成果本地转化方面，吉林省启动了科技成果转化"双千工程"，启动了赋予科研人员职务科技成果所有权或长期使用权试点，首批10家试点单位转化职务科技成果102个、转化资金3775万元，超98%收益分配给科研团队和科研人员。2023年，"吉林一号"卫星星座实现"百星飞天"。在第25届中国国际高新技术成果交易会上，由中国科学院长春光机所研制的全球首创双飞翼垂直起降固定翼无人机亮相，"中车长客造"闪耀杭州亚运会，一汽红旗、一汽解放新型氢能发动机先后问世，一系列创新成果展示了吉林省强劲的创新能力。

在人才支撑上，吉林省不断落实人才政策，人才回流效果明显。全省高级职称人才从净流出转向净流入，高端人才连续两年进大于出，过去三年"吉人回乡"创业创新人数达到46.4万人。2023年，全省研究生教育招生3.33万人，在学研究生10.13万人，毕业生2.79万人。普通、职业本专科招生24.16万人，在校生82.15万人，毕业生20.39万人。高校毕业生留吉规模实现连续三年快速增长，2023届落实去向高校毕业生中留吉人数13.16万人，留吉率超过60%，超过本地生源比例。

在发展模式上，吉林省以科技创新推动产业创新，不断增强发展新动能。吉林省以大农业、大装备、大旅游、大数据"四大集群"培育为重点，以新能源、新材料、新医药、新康养、新服务、新电商"六新产业"发展为方向，以新基建、新环境、新生活、新消费"四新设施"建设为保障，不断推进产业集群化程度，提高科技成果转化率，打造具有吉林特色的高质量发展体系和高品质生活体系。

二、吉林省发展新质生产力的SWOT分析

吉林省地处东北亚核心地带，得益于东北振兴战略，产业转型效果明显，具有发展新质生产力的地理区位优势和产业基础，但同时仍存在较大的劣势与挑战。

（一）吉林省发展新质生产力的优势

吉林省在发展新质生产力方面具有多方面的优势，这些优势为其未来的经济发展和产业升级奠定了坚实的基础。首先，拥有丰富的自然资源。作为东北地区重要省份，吉林省拥有广袤的森林、肥沃的黑土地以及众多的河流湖泊，这些自然资源为新能源的开发和利用提供了得天独厚的条件。特别是在新能源领域，吉林省的风力和太阳能资源尤为丰富，这为其发展清洁能源产业和实现绿色转型提供了重要支撑。其次，地理位置有其特殊性。吉林省位于东北亚的中心地带，与俄罗斯、朝鲜、韩国等国接壤，在开展国际合作和区域经济一体化中扮演着重要角色。这不仅有利于吸引外资和引进先进技术，也为其产品和服务打开了国际市场的大门。再次，科技创新方面具有潜力。近年来，吉林省不断加大科技投入，推动产学研结合，促进科技成果转化。省内多所高等院校和研究机构在航空卫星、新材料、生物医药、信息技术等领域取得了一系列重要研究成果，为新质生产力的发展提供了强大的技术支撑。最后，吉林省政府高度重视新质生产力的发展，制定了一系列政策措施来支持和鼓励创新。这些政策不仅为企业提供了资金支持和税收优惠，还为人才引进和培养创造了良好的环境。通过这些措施，吉林省成功吸引了一批高层次人才和创新团队，为新质生产力的发展注入了新的活力。

（二）吉林省发展新质生产力的劣势

吉林省在发展新质生产力的过程中，也面临着一些不容忽视的劣势，这些劣势需要通过持续的努力和改革来克服和改善。首先，产业结构相对单一，传统产业比重较大。长期以来，吉林省经济依赖于重工业和资源型产业，这导致了经济发展的不平衡和可持续性问题。在新质生产力发展过程中，需要对传统产业进

行转型升级，这是一个复杂且耗时的过程，需要大量的资金投入和技术创新。其次，人才流失问题较为严重。高素质人才是新质生产力发展的关键，虽然近年来人才回流状况好转，但吉林省在人才吸引和留存方面仍存在一定的不足。一些有能力的科研人员和专业技术人员选择到发达地区发展，这对吉林省的创新发展构成了挑战。因此，需要通过改善人才政策和提供更好的职业发展平台来留住和吸引人才。最后，基础设施建设和服务体系尚需完善。新质生产力的发展需要良好的物流、信息、金融等服务支持，而吉林省在这方面还存在一定的短板。为了促进新质生产力的发展，需要加大对基础设施的投入，提升服务效率和质量。

（三）吉林省发展新质生产力的机遇

吉林省在发展新质生产力方面拥有诸多机遇，这些机遇为其经济转型和产业升级提供了广阔的发展空间。首先，国家政策的支持为吉林省新质生产力的发展提供了坚实的基础。近年来，中央政府大力推动东北振兴战略，出台了一系列扶持政策，鼓励创新驱动和产业升级。吉林省作为东北地区的重要组成部分，可以充分利用这些政策优势，吸引投资，促进科技创新和产业转型。其次，吉林省的地理位置为其提供了独特的发展机会。位于东北亚中心的吉林省，与俄罗斯、朝鲜、韩国等国接壤，具有开展国际合作和区域经济一体化的天然优势。这为吉林省引进外资、学习先进技术和管理经验、拓展国际市场提供了有利条件。再次，吉林省丰富的自然资源为其发展新能源和环保产业提供了重要支撑。吉林省拥有丰富的风能、太阳能和生物质能等清洁能源资源，这为其发展新能源产业、推动能源结构优化和实现绿色发展提供了得天独厚的条件。最后，随着全球经济一体化的深入发展，吉林省可以利用自身的产业基础和市场潜力，积极参与国际分工，通过引进来和走出去，不断提升自身的国际竞争力。

（四）吉林省发展新质生产力的挑战

吉林省在发展新质生产力的过程中，同样面临着一系列挑战，这些因素可能对其经济转型和产业升级产生不利影响。首先，环境保护和可持续发展的压力是吉林省发展新质生产力的一个挑战。随着社会对环境保护和绿色发展的重视程度不断提高，吉林省需要在发展新质生产力的同时，确保环境保护和资源节约，这对于传统产业的转型升级提出了更高的要求。其次，高端科技人才与前沿技术成果转化仍然是吉林省发展新质生产力的阻碍。虽然吉林省拥有一定的科研实力，但与一些发达地区相比，其在高端人才和前沿技术成果转化方面仍有较大提升空间。再次，地方政府的财政压力也可能对吉林省的新质生产力发展构成威胁。就省内经济总量来说，吉林省的地区生产总值在全国位居第26位，体量较小，财政收入匮乏，地方政府的财政压力可能限制对科技创新和产业升级的支持力度。最后，全球经济环境的不确定性对吉林省的发展构成威胁。吉林省地处东北亚核心地带，随着全球化的深入，国际市场的波动和贸易保护主义的抬头可能影响吉林省的出口导向型产业，尤其是对那些依赖国际供应链和市场需求的企业来说，这种不确定性可能导致生产和销售的不稳定。

三、吉林省发展新质生产力的差异化路径

（一）具体方向与产业

新材料产业。做强先进金属材料、先进化工材料、新型建筑材料、先进非金属矿物功能材料等基础材料，发展高性能纤维材料、新型能源材料、稀土功能材料、先进电子材料等先进制造业急需的关键战略材料，培育石墨烯材料、3D打印材料、超导材料等前沿新材料。打造硅藻土、石墨等非金属矿物功能材料产业示范基地，培育长春光电材料和生物基材料、吉林碳纤维、辽源铝型材、白山硅藻土、通化石墨电极等新材料产业基地。

新能源产业。整合东部抽水蓄能和西部新能源资源，发展风电及装备、智能控制系统产业，壮大一批骨干太阳能光伏发电和光伏产品制造企业。加快发展农林生物质成型燃料，延伸构建集智能制造、氢能储制、智慧能源于一体的全新产业链，推进氢能、油页岩和新型能源装备研发与示范应用，加速光伏制氢产业化、规模化应用，稳妥实施核能供热示范工程，打造国家新能源生产基地和绿色能源示范区。

商用卫星产业。实施吉林遥感卫星信息系统建设工程，加快推进"吉林一

号"卫星组网。打造卫星及应用全产业链,拓展上下游配套应用服务,加快建设智能化、柔性化生产线,打造卫星装备、应用技术设备制造生产基地。加快布局卫星及航天信息全产业链,参与国家低轨互联网卫星体系建设,构建"通导遥"一体化产业格局。

通用航空产业。建设以长春、吉林为核心的产业集群,发展通用飞机总装、机载设备、地面设备和航空模拟训练装备,建设北方综合性航空维修保障中心,构建集低空旅游、教育培训、航空体育、通用航空客货运输于一体的运营格局。培育发展无人机生产、服务和应用市场,依托航空发动机生产技术、光电测控技术,打造长春民用无人机产业发展基地,引进多轴、固定翼等无人机制造企业,孵化无人机核心零部件企业,搭建无人机联合研发、生产、服务平台。

未来产业。瞄准新一轮科技革命和产业变革发展方向,在具备条件的领域培育一批未来产业。加快新型显示材料产品研发,完善产业配套体系,推动产业链向下游延伸。推动激光通信工程化研究,提升产品性能,突破微纳传感器、机器视觉、算法模型等人工智能关键技术,培育激光雷达、新一代通信芯片等核心产业。加强量子技术前瞻性理论研究。

(二)产业生态与支撑

聚焦"四大集群""六新产业""四新设施"发展新格局,抓好方案制定、政策创设、要素保障、照图施工,布局一系列支撑工程、重点项目,抢占产业新赛道,塑造发展新优势,培育壮大新质生产力。

打造科技创新策源地。突出创新和产业融合联动,催生新产业新业态新模式,发展新质生产力。强化科技体制机制改革,主动对接国家战略需求,优化科技力量布局,整合科教创新资源,构建举全省之力有组织攻关核心技术的新机制。制定完善重点产业科技创新技术路线图,从现实需求中凝练科研问题。围绕智慧农机、现代种业、卫星数据应用服务、新型工业化等领域部署实施9个重大科技专项,力争尽快取得新突破。强化科技成果就地转化,深入实施科技成果转化"双千工程"。高水平建设长春人才创新港,加快"未来之洲"院士港、卓越工程师培训学院等高能人才平台建设。

打造先进制造业集群。深入落实制造业重点产业链高质量发展行动，发挥"链主"企业引领带动作用，全链条拓展应用场景，提高产业核心竞争力。争取设立国家新型工业化示范区。发展壮大先进装备制造业。深入实施汽车产业集群"上台阶"工程，开展汽车产业链全球招商和本地配套对接，发展"汽车+"产业。扩大轨道交通整车优势，加快新一代高速智能动车组、标准地铁列车等新产品研制，谋划建设磁浮列车商业运行试验线。拓展延伸集风电整机、电机、叶片、储能等设备于一体的新能源装备产业链。全产业链发展卫星制造及数据处理、无人机制造及低空服务产业，支持长光卫星等企业开展低成本批量化卫星研发制造，支持"吉林一号"卫星加快发展。超前布局人工智能、人形机器人、生物制造、元宇宙、新型储能等未来产业。落实未来产业发展行动计划和支持政策，加快建设未来实验室，集中力量突破关键核心技术，培育一批未来产业发展平台和龙头企业，抢占产业前沿制高点。

推动新能源产业跨越式发展。促进增量绿电80%以上就地转化为实物产品，推动新能源与优势产业融合发展。发展增量配电网，加快建设千万千瓦级绿能产业园区。鼓励头部企业或联合体作为绿能产业园区建设运营主体，以绿色零碳、低电价优势吸引企业投资入园，真正把绿电打造成招商引资、项目建设、产业培育的独特竞争利器。开展"氢动吉林""醇行天下"行动，落地一批十亿级、百亿级"绿电+绿氢+绿氨+绿醇+绿色航煤"项目和氢能装备制造项目，推动"吉氢入海"。

第三节　黑龙江省

一、黑龙江省发展新质生产力的基础情况

黑龙江省，简称"黑"，省会哈尔滨市。地处我国东北部、东北亚中心

区域，是亚洲与太平洋地区陆路通往俄罗斯和欧洲大陆的重要通道，中国沿边开放的重要窗口，总面积47.3万平方千米。截至2023年末，黑龙江省常住人口3062万人。

在综合实力上，黑龙江省2023年地区生产总值为15883.9亿元，位居全国第25名，按不变价格计算，比上年增长2.6%（全国最低），增幅与上年持平。2023年人均地区生产总值为51255元，位居全国第30名。一般公共预算收入增长8.2%，城乡居民人均可支配收入分别增长4.1%和6.3%。[①]

在产业结构上，黑龙江已经进入后工业化阶段，第三产业的比重高于第一产业和第二产业之和。2023年，黑龙江省的三次产业构成比为22.2∶27∶50.8，其第三产业的比重略低于全国平均水平。其中，第一产业增加值3518.3亿元，第二产业增加值4291.3亿元，第三产业增加值8074.3亿元。进一步看，黑龙江省粮食生产实现"二十连丰"，总产量为1557.6亿斤，占全国11.2%，连续14年居全国第一；累计建成高标准农田达1.08亿亩，规模全国最大；绿色有机食品认证面积9400万亩，保持全国第一；规上农产品加工企业增加261家，总数达到2190家。2023年，哈尔滨机场旅客年吞吐量2080.5万人次，创历史新高、居东北地区之首，全年接待游客和旅游收入分别增长85.1%和213.8%。

在创新能力上，2023年8月出台《新时代龙江创新发展60条》，设置创新激励机制，加大对原始创新的资金支持；2024年4月出台《新时代绿色龙江建设60条政策措施》，进一步加大对科技创新的支持力度，推动产业绿色低碳发展。创建哈工大先进技术研究院，全国重点实验室由7家增加到12家，5个国家企业技术中心获批，新增3个国家级科技企业孵化器。哈尔滨科技大市场投入运营，征集可交易科技成果218项。2023年，高新技术企业和专精特新企业数量同比均增长22%以上，高新技术企业总数达4430家，专精特新企业累计培育达1064户，高技术制造业增加值增长12.3%。一系列关键核心技术取得突破，哈工大空间环境地面模拟装置试运行，联合打造国内首条运载火箭3米级箱底批量产线，"龙江三号"试验卫星成功发射。东轻成功应用全球首台兆瓦级高温超导感应加热装置。

---

① 数据来源：《黑龙江省2023年国民经济和社会发展计划执行情况与2024年国民经济和社会发展计划草案的报告》。

中车齐车主导研发的高铁救援起重机填补国内领域空白。中国一重、哈电集团等核电装备技术研发取得新进展。

在人才支撑上，截至2023年底，黑龙江省共拥有两院院士达38位。2023年，全省高校毕业生留省就业人数为近5年最好水平，开展职业技能培训30.4万人次，培养重点产业技能人才6万多人，实现城镇新增就业35.74万人。目前，黑龙江省引才育才平台建设成果突出，4所高校12个学科进入国家"双一流"建设范围，第五轮学科评估A类学科由23个增加到30个，进入ESI全球前1%学科达到65个。2023年，5个国家级企业技术中心获批，新增3个国家级科技企业孵化器。全省省部级及以上科技创新平台近1600家，高新技术企业达到4430家。

在发展模式上，黑龙江省是北方生态安全屏障。推进生态振兴，保护好原生态风貌是未来新质生产力发展的重点领域。2023年，认定国家级工业设计中心3家，获评国家级绿色工厂38个。新能源和可再生能源建成装机规模达到2507.3万千瓦，历史性超过煤电，占电力总装机比重52.4%。"公转铁"运量2299万吨，新增超低能耗建筑项目13个。空气质量优良天数比例优于全国平均水平，国控断面优良水体比例再创历史新高，松花江流域优良水体比例首次超过80%。全省营造林129.45万亩，修复治理草原36.1万亩、退化湿地1万亩，治理侵蚀沟0.9万条，伊春市、大兴安岭地区被命名为国家生态文明建设示范区。

二、黑龙江省发展新质生产力的SWOT分析

（一）黑龙江省发展新质生产力的优势

"新质生产力"这一概念正是习近平总书记2023年9月考察黑龙江期间首次提出的。他强调要以科技创新推动产业创新，加快构建具有东北特色优势的现代化产业体系。推动东北全面振兴，根基在实体经济，关键在科技创新，方向是产业升级。

东北地区，尤其是哈尔滨，作为全国最早解放的大城市，被毛泽东称为"共和国长子"，在新中国成立初期是全国工业化水平最高的地区，大力支援了全国建设。首先，黑龙江省重工业基础牢固，科教资源丰富，创新底蕴深

厚。拥有哈工大、哈工程等78所高校，哈兽研、中船重工703所等120个独立科研院所，哈电集团、中国一重等"大国重器"企业，多项技术成果助力载人航天、火星探测、万米海试等国家战略任务。以上这些为黑龙江省发展新质生产力提供了人才、物质、技术等方面的有力支撑。其次，农业和生物资源充裕。习近平总书记指出，农业的出路在现代化，农业现代化的关键在科技进步和创新。黑龙江省是全国重要的商品粮基地和粮食战略后备基地，农业科技进步贡献率达到70.3%，具备率先实现农业物资装备现代化、科技现代化、农业信息化的条件，在农业领域发展新质生产力大有可为。此外，黑龙江省的农业生物质资源全国第一，是全国最大的生物发酵氨基酸和生物质燃料乙醇生产基地，具有发展生物经济的巨大潜力。再次，生态资源丰富。黑龙江省拥有森林面积20.12万平方千米、湿地面积5.14万平方千米，均居全国第3位；有国家级自然保护区46个，数量居全国第一。习近平总书记指出，绿色发展是高质量发展的底色，新质生产力本身就是绿色生产力。最后，冰雪特色旅游产业发达。黑龙江省地处中国最北部，冰雪旅游历来就是一大特色。近年来，黑龙江省冰雪旅游呈现现象级顶流，带来了一系列综合效应，成为推动高质量发展的重要着力点，为发展新质生产力注入新动能。

（二）黑龙江省发展新质生产力的劣势

黑龙江省发展新质生产力也存在一定劣势。首先，产业结构单一。黑龙江省的产业结构长期以来较为单一，这主要表现在对重工业和资源型产业的依赖上。这种产业格局的形成有着深刻的历史和地理背景，特别是在国家早期工业化过程中，黑龙江省依托其丰富的自然资源和工业基础，重点发展了煤炭、石油、化工、林业和机械制造等传统重工业，这些行业对地方经济的贡献一度非常显著。然而，随着时间的推移和国内外经济环境的变化，这种以重工业和资源型产业为主的产业结构逐渐显现出其局限性。其次，人才流失严重。黑龙江省在经济社会发展过程中，面临着人才流失的严峻挑战，特别是高端人才和年轻人才的外流现象较为突出。发达地区经济的快速增长和较高的就业机会是吸引人才流动的主要因素。相比之下，黑龙江省的经济增长速度相对较慢，就业机会尤其是高端就业机会相对有限，这导致许多有能力、有抱负的年轻人才选择离开，前往机会更多的地区发展。此外，生活条件、薪资水平和职业发展空间也是影响人才流动的重要因素。经济发达地区往往能够提供更高的薪资待遇、更完善的生活配套设施和更广阔的职业晋升空间，这些条件对人才具有较大的吸引力。最后，市场化程度不足。一方面，黑龙江省在一些关键领域和行业，市场准入门槛较高，市场竞争不充分，导致资源配置效率不高，创新动力不足。另一方面，国有企业占比较高，且部分企业存在管理体制和经营机制不够灵活的问题，这影响了企业的市场响应速度和创新能力。

（三）黑龙江省发展新质生产力的机遇

黑龙江省在发展新质生产力过程中也有难得的机遇存在。首先，国家对黑龙江省的战略定位较高。黑龙江省被赋予维护国家国防安全、粮食安全、生态安全、能源安全、产业安全的重要使命，这为该省在国家发展大局中提供了战略定位和政策支持。黑龙江省应紧紧围绕这些战略定位，发挥自身优势，加快推动高质量发展，努力在服务国家战略中实现自身全面振兴。其次，振兴东北老工业基地的国家战略。振兴东北老工业基地成为国家战略后，国家出台了一系列支持东北振兴的政策措施，包括财政资金支持、税收优惠、产业扶持等，为黑龙江省发展新质生产力提供了有力的政策保障。借助振兴东北老工业基地的契机，黑龙江省应加快传统产业的改造升级，推动制造业向数字化、智能化转型，提升产业链现代化水平。最后，"一带一路"倡议带来了诸多机遇。黑龙江省位于中国东北边陲，与俄罗斯接壤，是"一带一路"建设中对北开放的重要窗口，在国家对外开放战略中占据着举足轻重的地位。黑龙江省可积极响应并深度参与"一带一路"建设，充分发挥其独特的区位优势和丰富的历史文化资源，致力于成为连接中国与俄罗斯以及东北亚其他国家的重要桥梁和纽带。

（四）黑龙江省发展新质生产力的挑战

尽管黑龙江省在发展新质生产力过程中有着很多机遇，但同样面临着不小的挑战。首先，投资增长缓慢。近年来，黑龙江省的投资增速相对缓慢，这直接影响了经济的快速增长和产业的转型升级。投资增速的减缓可能会限制新项目的启动和现有项目的扩张，进而影响经济的活力和增长潜力。在房地产开发这一细分市场中，黑龙江省的投资下降尤为明显。房地产开发投资的减少可能会导致建筑业及相关产业链的萎缩，减少就业机会，并可能对居民的居住条件改善和城市化进程产生不利影响。其次，民营经济发展不足。根据相关数据，黑龙江省民营经济在地区生产总值中的占比、税收贡献、投资比例等方面均低于全国平均水平，表明民营经济的规模和影响力有待提升。黑龙江省代表性的民营企业数量较少，缺乏在国内外市场上具有显著竞争力和影响力的大型民营企业，这限制了民营经济对地方经济发展的推动作用。民营经济发展动力不足将限制整体经济的活力，影响新质生产力的生成和壮大。最后，地方债务负担较重。近年来，黑龙江地方政府的债务规模持续增长，包括直接债务和隐性债务，这增加了财政支出的压力，挤占了可用于新质生产力发展的财政资源。较高的债务水平迫使政府需要将更多的财政支出用于偿还债务本息，这限制了政府在教育、科技创新、基础设施建设等关键领域投资的能力，继而影响新质生产力的发展。

三、黑龙江省发展新质生产力的差异化路径

黑龙江省在发展新质生产力中的优劣势都十分明显，要实现"黑土地"的高质量发展，应当结合地域特点和历史条件，传统优势产业的优化升级和大力发展战略性新兴产业缺一不可。

（一）具体方向与产业

根据黑龙江省的区位和产业优势以及近年来取得的建设成就，在发展新质生产力中应重点聚焦传统制造业的数字经济、现代化大农业、冰雪产业、生物医药产业等方面。

数字经济方面。厚植科技优势，打造数字经济发展新引擎。构筑四梁八柱，培育壮大龙江数字产品制造业。注重特色发展，做强做优软件和信息技术服务业。深化数字赋能，推动优势产业提质增效。强化数字引领，拓展跨越发展新路径。推进信息惠民，构筑数字生活新图景。培优发展环境，营造数字经济协同

开放新生态。筑牢发展底座，强化数字基础设施支撑。

现代化大农业方面。当好国家粮食稳产保供"压舱石"，是黑龙江省乃至整个东北的首要担当。加大投入，率先把基本农田建成高标准农田，同步扩大黑土地保护实施范围，配套实施河湖连通、大型灌区续建改造工程，实施种业振兴行动，建设适宜耕作、旱涝保收、高产稳产的现代化良田。树牢大农业观、大食物观，推进多元化食物供给体系扩量提质，实施冷水渔业振兴行动，加快建立苗种繁育、生态养殖等标准，发展冷水鱼预制菜、休闲渔业等新业态。深化森林食品企业与高校院所合作，做强"寒地龙药"产业，打造全国最大的刺五加生产、加工、销售基地。推动农产品初加工与精深加工协同发展，打造食品和饲料产业集群，提高农产品加工转化率。

冰雪产业方面。积极发展冰雪体育赛事经济，抓住后冬奥会契机，大力拓展冰雪竞赛表演市场；以冰雪健身运动与休闲为主题提高大众参与度，扩大冰雪消费人群；建设一批集健身休闲、竞赛表演、体育文化、运动培训于一体的冰雪体育综合体；开展冰雪文化节庆活动，创新冰雪文化产品供给；着力培育一批冰雪装备骨干企业，打造冰雪装备产品体系，形成冰雪装备产业重点集群；依托大型企业集团打造核心吸引物和综合度假区，重点打造以亚布力、圣洁摇篮山、碾子山、北极村等为代表的滑雪旅游度假区，最终形成四季均衡发展的综合性冰雪旅游度假体系。

生物医药方面。依据黑龙江省资源禀赋、产业基础和区域特色，着力构建"一极、两区、一带"产业新格局。"一极"即打造哈尔滨生物产业引领极，利用深哈产业园等合作平台，打造千亿级哈尔滨生物医药产业园区和百亿级哈兽研国际生物谷；"两区"即建设松嫩平原生物产业核心区和泛三江平原生物产业示范区，以齐齐哈尔、大庆、绥化为重点，发挥农业主产区生物资源富集的优势，建设精品生物产业园区；"一带"即构建林区寒地生物产业带，以伊春、黑河、大兴安岭为重点，加快中药材、生物林业和生物农业产业发展。

（二）产业生态与支撑

新质生产力既需要政府超前规划引导、科学政策支持，也需要市场机制调节、企业等微观主体不断创新，是政府"有形之手"和市场"无形之手"共同培育和驱动形成的。

超前规划引导布局。立足服务国家战略需求，敢于"无中生有""有中生新"，超前规划、科学引导先进生产力布局。围绕发展新质生产力布局产业链，做大做强数字产品制造、智能机器人等重点产业链，提升产业链供应链韧性和安全水平。以科技创新引领产业创新，推动项目、基地、人才、资金一体化配置，加快建设哈大齐国家自主创新示范区，支持资源型城市向创新型城市转型发展。

创新人才工作机制。人是生产力中最活跃的因素，也最具有决定性力量。按照发展新质生产力要求，要畅通教育、科技、人才的良性循环，完善人才培养、引进、使用、合理流动机制。实施新时代龙江人才振兴计划，培养造就战略科学家、一流科技领军人才和创新团队、卓越工程师、大国工匠，加快把人才第一资源转化为创新第一动力。

完善平台载体功能。发展新质生产力需要强化基础设施和各类平台的承载作用。优化基础设施布局、结构、功能和发展模式，提升航空客货运输服务水平，构建内畅外联的铁路网络，推动公路网创新智能发展，布局高效智能新型基础设施体系，为数字技术应用创造良好基础条件。发挥产业园区技术密集优势，完善各类园区功能，打造发展新质生产力先行区。高质量办好哈洽会、新材料博览会等展会，积极引进头部企业，以优质企业引进推动新质生产力发展。

优化创新创业环境。保护经营主体就是保护社会生产力，支持经营主体创新创业也是发展新质生产力。黑龙江实施优化营商环境三年行动，落实推动新时代东北全面振兴取得新突破政策措施，推动全社会创造能量充分释放、创业活动蓬勃开展。加强基层基础建设，锤炼扎扎实实、踏踏实实、求真务实优良作风，确保党中央关于发展新质生产力的决策部署落地见效。完善推动高质量发展的考核评价体系，引导广大干部树立正确政绩观，以更大力度推动新质生产力发展。健全要素参与收入分配机制，形成各类要素创造价值、价值创造者得到合理回报的良性循环。

第三章
中部地区发展新质生产力的路径

中部地区是中国区域经济版图的"脊梁",跨越南北、横贯东西,是整个区域经济发展的关键区域。由于特殊的区位,中部地区对整个国家的发展具有重要作用:中部地区强,则整个国家强;中部地区弱,则整个国家弱。长期以来,中部地区发展速度较为缓慢,不仅难以与东部地区媲美,也难以比拟西部地区的增速。也正是在这种背景下,以习近平同志为核心的党中央高度重视中部崛起,明确要为中部地区"补补钙"。显然,在发展新质生产力成为国家战略的背景下,中部地区应将发展新质生产力作为首要任务,不断提高自身科技产业体系的竞争力。

第一节　山西省

一、山西省发展新质生产力的基础情况

山西省，简称"晋"，省会太原市。位于华北，东与河北省为邻，西与陕西省相望，南与河南省接壤，北与内蒙古自治区毗连，总面积15.67万平方千米。山西省共辖11个地级市。2023年末，山西省常住人口为3465.99万人。

在综合实力上，山西省低于全国平均水平，2023年地区生产总值25698.18亿元，位居全国第20位，处于全国第四梯队，比上年增长5.0%，增速低于全国平均水平。2023年人均地区生产总值达到73984元，位于全国第13位，同样低于全国平均水平。2023年完成一般公共预算收入3479.1亿元，其中税收收入2556.8亿元。[①]

在产业结构上，山西省处于工业化阶段，第二产业的比重高于第一产业和第三产业之和。2023年，山西省的三次产业构成比为5.4∶51.9∶42.7，其第三产业的比重位于全国靠后水平，仅仅比内蒙古等少数省份高。其中，第一产业增加值1388.86亿元，第二产业增加值13329.69亿元，第三产业增加值10979.64亿元。进一步看，山西省2023年实现工业增加值12263.26亿元，规模以上工业企业实现营业收入34873.8亿元；实现服务业增加值10979.64亿元，其中金融业增加值1390.20亿元，占比12.67%。高新技术企业达到4155家，专精特新企业达到2392家。

在创新能力上，山西省是全国创新资源和创新能力较弱的省份之一。山西省国家级企业技术中心35家，省级企业技术中心511家。2023年，山西省重组获批2家全国重点实验室，建设4家省实验室，新认定22家新型研发机构，布局建设一

[①] 数据来源：《山西省2023年国民经济和社会发展统计公报》。

批中试基地。实施科技重大专项20个，15项核心技术取得突破。发明专利有效量2.9万件，增长24.9%。技术合同成交总额593.9亿元。在山西大学、太原理工大学等12家单位开展科研经费"包干制"试点。实施科技金融专项170项，举办银企对接会30场。

在人才支撑上，山西省的人力资本相对薄弱。启动实施高等教育"百亿工程"，支持高校"双一流"建设、高端人才引育和科技创新。中国石窟文化联合研究生院挂牌成立，山西电子科技学院获批设立。推进应用型本科高校建设和职业教育"双高计划"建设，建成56所产业学院。新增中国工程院院士1名，柔性引进4227名高层次专家人才，新增15个博士后流动站和工作站，举办首届博士后创新大赛，高水平人才加快集聚。

在发展模式上，绿色低碳转型成果显著，山西2023年万元地区生产总值能耗比上年下降2.9%。全年水电、风电、太阳能发电等非化石能源发电量855.5亿千瓦时，增长18.5%。有序开展源网荷储一体化，年末新能源和清洁能源装机占比达到45.8%。2023年，PM2.5平均浓度37μg/m³，优良天数比例达到76.4%。黄河、海河流域山西段共监测的94个断面中，达到Ⅲ类以上（包括Ⅰ、Ⅱ、Ⅲ类）水质标准的断面占93.6%，Ⅳ类水质标准的断面占6.4%。黄河流域国考断面全部退出劣Ⅴ类。

二、山西省发展新质生产力的SWOT分析

发展新质生产力是一个系统工程，对山西省而言，发展新质生产力在具有较大优势和机遇的同时，也面临一定的劣势和挑战。

（一）山西省发展新质生产力的优势

在发展新质生产力上，山西省在一系列领域都拥有较多的独特优势。首先，山西省拥有丰富的自然资源，尤其以煤炭资源为其独特的发展支撑。作为中国重要的能源基地之一，山西省的煤炭储量居全国前列，为国家能源安全作出了巨大贡献。2023年，山西省煤炭产量在连续两年每年增产1亿多吨的基础上，再增产5743万吨，达到13.78亿吨，规上发电量4376亿千瓦时，其中外送电量1576

亿千瓦时，非常规天然气产量145.9亿立方米。近年来，随着能源结构调整的推进，山西省也在积极发展清洁能源，加快推进新能源产业的发展。2023年，山西省完成煤电机组"三改联动"2503万千瓦，风光发电装机4989万千瓦，新能源和清洁能源装机占比达到45.8%。这将为山西省新质生产力的形成提供能源基础。其次，山西省在农业和工业方面的基础较好。农业方面，黄土高原适宜发展农业，生产多样化的农产品。山西省2023年粮食播种面积4741.4万亩，总产量295.6亿斤，肉蛋奶总产量428.2万吨，水果、蔬菜产量分别达到1093.2万吨、1065.9万吨。工业方面，除了煤炭产业，还发展了一系列装备制造、化工、冶金等领域的产业，产业特色突出。2022年，山西省规上工业企业总数达到7662户，累计培育国家级"小巨人"企业139家、专精特新中小企业2113家。这为山西省新质生产力发展带来产业基础优势。最后，山西省动能转型已经形成一定基础。山西省先后建成了中国科学院煤化所煤转化国家重点实验室、山西大学量子光学与光量子器件国家重点实验室、国家煤基合成工程技术研究中心等国家级重点研发平台，建成了太原钢铁（集团）有限公司、太原重型机械集团有限公司、中车太原等国家企业技术中心、国家技术创新示范企业，集聚了碳纤维、新型半导体、光伏材料等一批国内国际一流的创新团队，取得了一批有影响的创新成果，为新质生产力的发展打下了良好的基础。

（二）山西省发展新质生产力的劣势

相比于发展新质生产力的优势，山西省在新质生产力的发展上也具有一定的劣势。首先，产业结构问题依然严重。山西省正在朝着"三二一"的产业结构格局迈进，但从近几年山西三大产业的结构比例来看，以煤炭为基础的第二产业所占比重依然较大，第三产业还未占据明显的主导地位。2023年，山西省第二产业占地区生产总值比重为51.9%，第三产业占地区生产总值比重为42.7%。2023年，山西省固投下滑达6.6%，仅有一个地市小幅增长，以太原、晋中为代表的5个城市大幅下滑，侧面也说明了全省产业结构的单一，对煤和房地产依赖过多。一旦煤价下滑、房地产市场低迷，投资就大幅下滑，对新质生产力的发展会产生一定的阻碍作用。其次，创新动力不足。从创新财力投入规模看，2023年山西省研究与试验发展经费内部支出为251.99亿元，仅为同是中部省份的湖北的两成左右。从创新财力投入速度看，与2013年比较，山西省全国增长最慢，实际增速为72.34%，江西省的增速超过了300%，为全国增长最快。从创新财力投入强度看，山西省研究与试验发展经费投入强度长期低于全国平均水平，维持在1%左右。与2013年比较，研发经费投入强度位次下降了7位。最后，人才储备和吸引力薄弱。创新人才储备不足，山西省高等学校在校学生数为108.31万人，是中部最少的地区，约为河南省的三成左右，由16位下降至第19位，其他五省均排在全国前10位。万人高等学校在校学生数由第14位下降至第19位。创新人才不断流失，万人研究与试验发展研究人员数是反映科技创新人力投入最为核心、最为综合的指标之一，山西省2023年研究与试验发展研究人员数为2.69万人年，不足湖北省的三成，由第19位下降至第23位。

（三）山西省发展新质生产力的机遇

在发展新质生产力的机遇上，新一轮科技革命和产业变革与我国加快转变经济发展方式形成历史性交汇，以国内大循环为主体、国内国际双循环相互促进的新发展格局正在形成，为山西省新型能源体系建设、产业链优化升级带来了机遇。

新型能源体系建设处于机遇期。2024年山西省政府工作报告提出，"支持山西推动新型能源体系建设，在能源领域加快发展新质生产力"。目前，怀柔实验室山西研究院获国务院批准设立，省部共建煤基能源清洁高效利用国家重点实验室、智能采矿装备技术全国重点实验室等获科技部批准建设，煤炭科技成果加速转化，深部煤层气勘探开发关键技术单井日抽采量突破8000立方米，低浓度煤层气发电机组示范技术发电效率达国际先进水平，"晋华炉"系列产品全球市场占有率达70%。建设新型能源体系，推动煤炭大省向综合能源大省转变，既是保证国家能源安全的需要，也是山西转型发展的迫切需要。山西省把握时代大势，抓住发展新机遇，将在新能源赛道上跑出加速度。

产业链供应链优化升级处于机遇期。目前，随着数字化智能化进程的快速推进，对山西省传统重工业的优化升级提供了巨大帮助，有助于在传统产业的基础上利用科技创新形成新质生产力。2023年累计建成5G基站9.3万个，提前两年完成"十四五"建设任务。获批16个工业互联网标识解析二级节点。数据中心标准机架超过91万架。确定10家省级数字化转型促进中心，认定5家省级数字经济示范园区。促进梯度培育特色专业镇，新增6条省级重点产业链和8个省级重点专业镇，工业战略性新兴产业增长10.9%，其中，节能环保产业增长32.9%，废弃资源综合利用业增长65.6%，食品工业增长14.4%。新产品中，电子计算机整机产量增长4.0倍，光伏电池产量增长21.0%。

（四）山西省发展新质生产力的挑战

发展新质生产力并非易事，在发展新质生产力的过程中，山西省也面临诸多挑战。首先，山西省工业企业转型"痛感"明显。随着工业企业转型升级的逐步推进，给企业带来的挑战也随之增加，最明显的就是营业收入的下降，2023年山西省规模以上工业企业实现营业收入34873.8亿元，比上年下降9.4%。分门类看，采矿业14238.5亿元，下降15.2%；制造业16596.1亿元，下降6.0%；电力、热力、燃气及水生产和供应业4039.2亿元，下降0.8%。规模以上工业企业实现利润总额2823.7亿元，下降22.1%。营业收入和利润的降低将影响企业创新的信心，创新的动力也会随之减弱，这对山西省发展新质生产力带来巨大挑战。其次，山西省受能源周期性影响较大。能源产业是山西省主要产业，而能源具有周期波动的经济属性，这将影响山西省整体的经济发展，进而从资金保障、能源供应等方面影响新质生产力发展规划的实施。2024年山西省地区生产总值为5399.56亿元，与2023年同期的5824.33亿元相比绝对值下降，1.2%的不变价增速位列31个省份最后一位，与全国5.3%的增速差距也较大。主要原因就是煤炭行业整体下行，导致采矿业增加值下降了3.1%，制造业增加值下降了0.4%。最后，山西省在国内新质生产力竞争中相对弱势。当前，整个国家都在大力发展新质生产力，为抢抓这一重大历史机遇，国内众多省市高度重视未来产业发展。北京、上海、深圳、杭州、武汉、沈阳等地都已立足自身基础，加快推进未来产业的培育和发展，着力在新一轮科技革命和产业革命中抢占先机。与其他城市相比，山西省的实体经济和制造能力偏弱，高技术产业规模小，效率低。山西省高技术产业营业收入和工业营业收入排在全国第26位和第27位，高技术产业劳动生产率、高技术产业利润率排在全国第29位和第30位，处于全国较落后水平。在这种情形下，山西省发展新质生产力面临较大挑战。

三、山西省发展新质生产力的差异化路径

结合在发展新质生产力上的优势、劣势、机遇和挑战，山西省探索差异化的新质生产力路径，应该立足自身强大创新能力，着力推动原始创新能力的增强和未来产业的发展。

（一）具体方向与产业

结合当前的发展状况以及发展新质生产力的优势，山西省应将未来产业作为发展新质生产力的主要方向，具体包括未来数字、未来材料、未来能源、未来装备、未来生活等五大未来产业重点领域。

在未来数字上，侧重云计算与工业互联网产业、大数据融合创新产业等。云计算与工业互联网产业主要包括上游核心硬件、中游IT基础设施与工业软件以及下游云生态三部分。大数据融合创新产业主要以数据生产、采集、存储、加工、分析、服务为主，包括数据资源建设、大数据软硬件产品开发、销售和租赁活动以及相关信息技术服务。

在未来材料上，侧重先进功能材料产业、碳基新材料产业等。先进功能材料产业主要包括生物基降解材料、生物降解聚酯材料及改性材料等生物基新材料产业，玄武岩纤维、高端纺织纤维等纤维新材料产业，以及气凝胶、免光刻纳米微电子材料等前沿新材料产业。碳基新材料产业主要包括以富勒烯、碳纤维、碳纳米管、石墨/石墨烯、金刚石为代表的碳材料，以及以现代煤化工为基础的碳基合成材料。

在未来能源上，侧重新能源产业、煤炭清洁高效利用产业。新能源产业主要包括风电、光伏、水电、生物质等，分为上游风电、光伏、水电、生物质等

的装备制造、能源利用，中游储能电池、分布式能源设备研发，下游能源综合利用、能源物联网、综合能源服务业。煤炭清洁高效利用是指推动煤炭由单一燃料属性向燃料、原料方向转变，实现煤炭分级分质利用和高碳能源向低碳化利用。

在未来装备上，侧重电子信息装备产业、海洋装备产业等。电子信息装备产业主要包括计算机设备、通信网络设备、电子元器件及电子专用设备仪器，以及软件、数据库开发等信息系统开发业。海洋装备产业主要包括海洋运输方面的海洋船舶装备，海洋资源（特别是海洋油气资源）勘探、开采、加工、储运、管理、后勤服务等方面的大型工程装备和辅助装备，以及深海、远洋方面的探测装备。

在未来生活上，侧重智能网联新能源汽车产业、先进轨道交通装备产业等，智能网联新能源汽车产业主要包括车、路、云、网、图五大体系，即整车、感知系统、集成与运营、基础技术等领域。先进轨道交通装备产业主要包括研发设计、核心基础零部件、关键基础材料、整车设计制造、车辆设备检测、检修以及运营维保。

（二）产业生态与支撑

基于山西省发展新质生产力的目标，要加快构建未来产业创新发展生态，为发展新质生产力提供要素支撑。

在人才集聚上，强化创新人才培养，实施未来产业专业技术人才培育计划，结合高校"三个调整"，围绕未来产业发展需要，设立面向未来产业重点领域的学科、专业和课程，加大基础研究人才培育力度。开展创新人才引进，推进未来产业聚才行动，聚焦全球视野，重点引进一批未来产业龙头企业或潜力中小企业的企业家，一批掌握核心技术、拥有自主知识产权的院士、国际顶尖科学家、青年科学家等高层次人才和创新团队。

在研究主体上，参照国家建设首期国家实验室的做法，聚焦未来产业重点领域，加快山西省实验室和省重点实验室体系建设。争取国内外知名大学在山西省创建工程技术研究中心、技术转移中心、未来产业研究院，开展重大技术研究攻关和成果产业化应用，或将承担国家重大平台的建设任务及重大项目放在山西省实施，力争产生一批重大创新成果。围绕山西省未来产业细分领域，引导相关高校、科研院所、骨干企业搭建一批未来产业技术创新联合体，率先实现对未来产业重点领域的全覆盖。

在创新研发上，在未来产业量子力学、区块链、人工智能、新材料、新能源、生命科学等领域深化前沿基础理论研究，重点解决未来产业发展和生产实践中的共性基础问题，鼓励提出新思想、新理论、新方法。重点推进有利于夯实基础元器件、基础材料、基础工艺和产业技术创新等"四基工程"的重点基础技术研究。着力推动未来产业重大技术突破与革新，加快实现具有标志意义的自主创新突破，研发一批具有自主知识产权的技术和产品，占领未来制高点。

在金融支持上，积极探索建立未来产业投资基金，促进政府基金与市场基金协调互动，有效发挥财政资金杠杆撬动作用，重点支持未来产业企业培育、关键共性技术攻关、基地平台建设、创新应用示范等方向建设，引导产业资本、金融资本、社会资本支持未来产业发展。推动山西省银行、券商、投资基金、投资机构和其他金融服务机构针对山西省未来产业发展，构建多层次、全方位的科技金融综合服务体系，重点发展适应未来产业发展的新型的融资、担保、保险和服务。

第二节　安徽省

一、安徽省发展新质生产力的基础状况

安徽省，简称"皖"，省会合肥市。位于我国华东、长江三角洲地区，东连江苏省，西接河南省、湖北省，东南接浙江省，南邻江西省，北靠山东省。

地势由平原、丘陵、山地构成，地跨长江、淮河、新安江三大流域。地理跨越南北，处暖温带与亚热带过渡地区。截至2023年末，安徽省下辖16个地级市，总面积14.01万平方千米，常住人口6121万人。

在综合实力上，2023年安徽省地区生产总值47050.6亿元，全国排名第11位，属于靠上位次；按常住人口计算，人均地区生产总值76830元，全国排名第13位。2023年完成一般公共预算收入3939.0亿元，比上年增长9.7%，其中税收收入2592.9亿元，增长15.4%。①

在产业结构上，安徽省第二产业发展强劲，第三产业逐渐成为经济发展的主引擎。2023年，安徽省三次产业结构占比为7.4∶40.1∶52.5，其中第一产业增加值3496.6亿元，第二产业增加值18871.8亿元，第三产业增加值24682.2亿元。进一步看，全年工业增加值14021.1亿元，装备制造业增加值占规模以上工业比重提升至38.7%；全年规模以上工业企业利润2418.4亿元，其中采矿业利润269.5亿元，制造业1946.3亿元，电力、热力、燃气及水生产和供应业202.6亿元，全年规模以上工业企业每百元营业收入中的成本为86.43元。

在创新能力上，安徽省实施创新驱动发展战略成效亮眼。根据《中国区域创新能力评价报告2023》，安徽省区域创新能力继续保持全国第7位，连续12年稳居全国第一方阵。据安徽省2024年政府工作报告，2023年安徽省高新技术产业增加值增长11.2%，对规模以上工业增长贡献率达70.3%；安徽每万人口有效发明专利拥有量28.2件、增长19%，创新能力持续提升。安徽省制定出台专精特新扩面认定管理办法，2023年培育省级专精特新企业2327户，首次实现一、二、三产业全覆盖；创建国家级专精特新"小巨人"企业129户，居全国第8位。培育省级中小企业特色产业集群23个，创建国家级中小企业特色产业集群6个，并列全国第1位。进一步看，安徽省2023年创新成果成绩亮眼。"人造太阳"全超导托卡马克核聚变实验装置（EAST）在合肥创造了托卡马克装置高约束模式运行新的世界纪录；量子计算原型机"九章三号"再度刷新了光量子信息技术世界纪录；另外，5G滤波器、高温合金叶片等21项技术成果打破了国外技术垄断，为打破"卡脖子"技术，实现高水平科技自立自强作出贡献。

---

① 数据来源：《安徽省2023年国民经济和社会发展统计公报》。

在人才支撑上，安徽省人才队伍扩量提质。截至2023年末，安徽省有研究生培养单位21个，普通高校（含独立学院）121所，专业技术人才总量503.3万人，其中高层次人才53.0万人。[①]据统计，2023年安徽省新增各类人才95.5万人，其中高技能人才21万人，人才资源总量达1272万人。遴选支持新一轮创新创业领军人才200名、产业创新团队50支。新增国家级博士后工作站23个，吸引博士后1150人。应届高校毕业生去向落实率达到90.8%。合肥大学、蚌埠医科大学正式揭牌，3所独立学院顺利转设。增设服务新兴产业发展和重大民生急需的本专科专业点314个。新职业教育法实施办法在全国率先出台实施，获批国家级市域产教联合体2个。[②]

在发展模式上，安徽省坚持生态优先绿色发展。在全省开展省级碳达峰试点，发布首批低碳应用场景，并且完善能源消耗总量和强度调控，实施重点用能单位"一企一策"节能减煤降碳诊断和技术改造，不断开展能源综合改革创新，实施风电光伏发电装机倍增工程，加快建设新型能源体系。2023年，安徽省新增可再生能源发电装机1213万千瓦，占全部新增装机的75.9%；统筹能耗指标1655万吨标煤，保障了185个重大项目建设需求。

二、安徽省发展新质生产力的SWOT分析

安徽省在发展新质生产力方面具有明显的优势和机遇，但也面临着一定的劣势和威胁。需要通过优化产业结构、提高创新成果转化效率、抓住国家战略机遇等措施，推动新质生产力的持续健康发展。

（一）安徽省发展新质生产力的优势

安徽省在培育和发展新质生产力方面具备诸多突出的有利条件。首先，科技创新是安徽省发展新质生产力的核心优势之一。安徽省拥有全省已建成全超导托卡马克、稳态强磁场、同步辐射3个国家重大科技基础设施。有国家重点实验室（含国家研究中心）15个、省重点实验室286个；有省级以上工程技术研

[①] 数据来源：《安徽省2023年国民经济和社会发展统计公报》。
[②] 数据来源：《关于安徽省2023年国民经济和社会发展计划执行情况与2024年计划草案的报告》。

究中心413家，其中国家级9家；有省级以上高新技术产业开发区20个，其中国家级8个。这些机构在量子信息、聚变能源、深空探测等领域取得了重大进展。其次，产业基础是安徽省的另一大优势。安徽省在新能源汽车、光伏制造、集成电路等战略性新兴产业领域已经形成了较为完整的产业链。2023年，安徽全省新能源汽车产量达86.8万辆，同比增长60.5%；集成电路产量增长1倍以上，柔性显示产业产值增长1.9倍，装备制造产业营收突破万亿元，新材料产业产值突破5200亿元。产业集群的形成不仅吸引了大量投资，也促进了相关企业的技术创新和产品升级。再次，政策支持也是安徽省发展新质生产力的重要优势。安徽省政府高度重视科技创新和产业发展，出台了一系列扶持政策，如新能源汽车产业发展政策、科技创新支持政策等，为新质生产力的发展提供了良好的政策环境。这些政策不仅为企业提供了资金支持，还为科技创新和产业升级创造了有利条件。最后，安徽省的区位优势不容忽视。位于长三角经济圈的安徽省，地理位置优越，交通便利，这为其与长三角地区的经济一体化提供了天然条件。安徽省可以充分利用这一优势，吸引外部投资，促进区域经济合作，推动新质生产力的发展。

（二）安徽省发展新质生产力的劣势

尽管安徽省在发展新质生产力方面具备诸多优势，但也存在一些不容忽视的劣势，这些劣势可能制约其发展潜力的充分发挥。首先，产业结构调整的压力是安徽省面临的一个劣势。安徽省多年来侧重于传统制造业和农业，缺少足够头部企业支撑。虽然近年来新兴产业正在快速发展，但传统产业仍然占据较大比重。安徽省需要在推动新兴产业成长的同时，加快传统产业的技术改造和升级，以实现产业结构的优化和经济的可持续发展。其次，人才流失问题对安徽省的创新发展构成了挑战。尽管安徽省在科技和教育领域取得了一定成就，但与国内一线城市相比，其在高端人才的吸引和留存方面仍存在不足。许多有能力的科研人员和技术人才可能会选择到更具吸引力的城市发展，这对安徽省的长期创新能力和产业竞争力构成了潜在威胁。再次，创新成果转化效率不高是安徽省发展新质生产力的一个短板。尽管安徽省在科技创新方面成果显著,但这些成果在转化为实际生产力和商业产品方面仍显不足。提高科研成果的产业化水平,加强产学研用的紧密结合,是提升安徽省新质生产力发展的关键。最后,环境保护和资源约束也是安徽省发展新质生产力需要面对的问题。随着经济发展和工业化进程的加快,环境保护的压力日益增大。如何在推动新质生产力发展的同时,实现绿色发展和可持续发展,是安徽省必须认真考虑的问题。

（三）安徽省发展新质生产力的机遇

安徽省在发展新质生产力的过程中面临着多重机遇,这些机遇有望推动其经济结构的优化和产业的升级转型。首先,国家战略的支持为安徽省提供了巨大的发展机遇。随着国家对科技创新和新兴产业发展的重视,安徽省可以利用其在量子信息、聚变能源、深空探测等领域的科研优势,积极参与国家重大科技项目,吸引更多的政策支持和资金投入。此外,作为长三角一体化发展的重要组成部分,安徽省可以借助区域合作平台,加强与沪苏浙等地的产业协同和资源共享,共同推动区域经济的高质量发展。其次,科技革命和产业变革为安徽省的新质生产力发展带来了新的增长点。新一轮科技革命和产业变革正在全球范围内兴起,特别是在人工智能、大数据、云计算等前沿技术领域,安徽省可以通过加强科技创新和人才培养,抢占产业发展的制高点,推动产业结构向更高端、更绿色、更智能的方向转变。再次,市场需求的增长为安徽省的产业发展提供了广阔的空间。随着国内外对于高新技术产品的需求不断扩大,安徽省的新兴产业如新能源汽车、光伏制造、集成电路等有望迎来更大规模的市场。2023年,安徽省明确汽车产业为全省"首位产业",提出加快建设具有国际竞争力的新能源汽车产业集群。专班推进、集聚要素、延链强链,带动汽车产业加快发展。最后,绿色发展理念的推广为安徽省的可持续发展提供了方向。在全球范围内,绿色、低碳、环保已成为发展趋势,安徽省可以通过推动绿色技术创新和绿色产业发展,实现经济增长与环境保护的双赢。

（四）安徽省发展新质生产力的挑战

安徽省在推动新质生产力发展的过程中具有较好的发展基础，但同样面临着一些威胁与挑战。首先，全省经济发展具有牵引力、辐射力的龙头城市尚未形成。省会合肥市经济社会发展能级不够，基础不稳固，核心技术不多，牵引力、辐射力能级不够，与长三角同类城市差距较大。同时，皖北地区主要以自然资源（煤炭、电力、生物医药资源）、农业产业为主体，与经济总量最大的合肥市经济结构关联度较小，尚未形成辐射力；皖南地区同样以自然资源（金属、非金属原料资源、农林山水资源）为主体，依然与合肥市经济结构关联度较小、辐射力较小。其次，全省经济高质量发展核心区能级尚未形成。安徽长江以北，核心竞争力不强，拔尖人才匮乏，制造业竞争力居长三角末位；安徽长江以南，资源型城市较多，由于自然资源逐渐消失，发展替代产业、接续产业压力较大。最后，全省产业结构与发达地区相比优势不明显。无论是特大型工业企业还是规上工业企业，同构的产业结构居多，譬如智能家用电器、集成电路、人工智能、新能源汽车、精细轻化工等与发达地区或大型城市产业结构同构，竞争激烈。

三、安徽省发展新质生产力的差异化路径

结合在发展新质生产力上的优势与短板、机遇与挑战，安徽省探索差异化的新质生产力路径，需立足自身强劲的创新能力，探索先导产业和支柱产业的巨大发展潜力，培育发展未来产业，开辟新领域新赛道，塑造新动能新优势，助力建设现代化产业体系，加快培育新质生产力。

（一）具体方向与产业

面向全球科技和产业前沿，把握未来产业发展规律，瞄准"7+N"重点领域和方向，结合前沿技术新趋势进行动态调整、滚动培育。

通用智能。提升通用大模型和行业大模型性能，加快通用人工智能技术突破和产业化，前瞻布局类脑智能技术，发展信息智能服务业与实体智能制造业，引

领新一轮智能技术革命，培育发展智能产业。

量子科技。加快量子通信、量子计算、量子精密测量技术突破和产业化，前瞻布局量子芯片、量子算法等量子计算关键技术，引领新一轮信息革命。

未来网络。加快发展高速全光通信、新一代移动通信、算力网络、卫星互联网，构建空天地一体、通感算一体、设施与应用深度融合的未来网络体系。

生命与健康。加快细胞和基因技术、合成生物、生物育种、免疫治疗、低温生物医学等技术突破和产业化，推动生物技术和信息技术融合发展，提升中医药现代化水平。

低碳能源。加快发展氢能、氨能、新型储能、生物质能，前瞻布局可控核聚变等先进核能和碳捕集、利用与封存技术，构建新型能源系统。

先进材料。加快新一代电子材料、高性能复合材料、前沿新材料等研发应用，推动材料、装备、制造体系循环迭代创新。

空天信息。培育低空经济、商业航天新增长点，加快空天探测、在轨服务、开发、利用、保护等前沿技术工程化，拓展发展新空间。同时，兼顾第三代半导体、先进装备制造、区块链、元宇宙等领域和方向的布局发展。

（二）产业生态与支撑

基于发展新质生产力的建设方向，安徽省要着力完成重点发展任务，构建未来产业创新发展生态，为发展新质生产力提供要素支撑。

第一，加快关键技术创新突破，加速创新成果转移转化，推进多元场景开发开放。发挥国家战略科技力量作用，完善"沿途下蛋"机制，推动重大科技创新成果及时落地转化。支持有条件的高校、科研院所设立专门的技术转移机构，采取专利等技术成果作价入股、先使用后付费等多种方式，加速科技成果向企业转化。促进符合条件的财政资金资助形成的科技成果向企业转移转化。支持专业化应用场景促进机构发展，探索市场化场景培育机制，常态化推进场景挖掘发布、供需对接、建设运营。探索建立新技术、新产品研发应用风险补偿机制。

第二，培育融通发展企业梯队，招引建设重大产业项目，增强产业基础支撑能力。强化大中小企业跨区域跨领域协同耦合，推动形成龙头企业创新引领、中小企业快速成长、初创企业不断涌现的发展态势。推动先导区建立健全"双招双引"工作机制，配强先导区招引工作力量，招引落地一批技术攻关、产业化、创新和公共服务平台等标志性项目。面向未来产业重点领域需求，加快先进工艺、先进材料、高端装备、产品计量、检验检测技术等研制开发，深度融合工业互联网、数字孪生、人工智能等数字技术，发展未来制造新模式，夯实未来产业发展底座。

第三，在先导区内大力实施人才兴皖工程，精准有效落实4.0版人才政策，鼓励先导区制定实施未来产业专项人才政策，开展外籍高精尖缺人才认定标准试点，发挥综合性国家科学中心、"科大硅谷"等重要创新载体磁吸效应，集聚一批具有前瞻判断力和组织领导力的战略科学家，引育一批科技领军人才和创新创业团队，培养懂科技、懂产业、懂资本、懂市场、懂管理的复合型人才。大力弘扬企业家精神，培育壮大具有未来思维、全球视野、创新意识、探索精神的企业家队伍。

第四，完善培育发展服务体系。推动先导区建立未来产业重点领域知识产权审查绿色通道，缩短审查周期。支持科技型骨干企业牵头组建未来产业知识产权联盟，以技术交叉许可、建立专利池等方式促进原创技术扩散，促进技术、专利与标准协同发展，研究制定标准必要专利许可指南，探索自主知识产权快速转化为产业技术标准的有效机制。开展未来产业标准化研究，制定一批应用带动的新产品、新业态、新模式标准。建设一批创新和公共服务综合体，提高研发设计、专利导航、技术评价、标准化服务、计量测试、检验检测、认证认可等服务水平。聚焦在线办公、视频直播、公共安全、元宇宙、远程监测、智慧运维等新场景、新业态，积极推广软件即服务和平台即服务等新模式。

第三节　江西省

一、江西省发展新质生产力的基础情况

江西省，简称"赣"，省会南昌市。位于长江中下游交接处的南岸，东邻浙江、福建，南连广东，西接湖南，北毗湖北、安徽。面积16.69万平方千米，辖11个设区市、100个县（市、区）。全省共有55个民族，少数民族中人口较多的有畲族、苗族、回族、壮族、满族等。截至2023年末，江西省常住人口4515.01万人。

在综合实力上，江西省2023年地区生产总值32200.1亿元，位居全国第15位[①]，在全国范围内属于中等偏上经济水平层次。江西省人均地区生产总值为71216元，位居全国第21位，位次落后于地区生产总值排名。2023年完成一般公共预算收入3059.6亿元，其中税收收入2021.8亿元。[②]

在产业结构上，江西省逐渐进入工业化后期，第三产业的比重接近于第一产业和第二产业之和。2023年，江西省的三次产业构成比为7.6∶42.6∶49.8，其中第一产业增加值2450.4亿元，第二产业增加值13706.5亿元，第三产业增加值16043.2亿元。三次产业对地区生产总值增长的贡献率分别为8.1%、48.7%和43.1%。进一步看，江西省全年全部工业增加值11180.7亿元，战略性新兴产业、高新技术产业、装备制造业增加值占规模以上工业比重分别为28.1%、39.5%、31.6%。全年规模以上工业企业实现营业收入40922.2亿元，实现利润总额2068.0亿元。

在创新能力上，江西省展现出了积极的发展态势并取得显著的成效。制定实

---

① 数据来源于各省统计公报整理。
② 数据来源：《江西省2023年国民经济和社会发展统计公报》。

施制造业重点产业链现代化建设"1269"行动计划，省现代产业引导基金、省未来产业发展基金落地，中国稀土集团稀金谷产业促进中心揭牌，累计培育国家级中小企业特色产业集群10个，新增国家创新型产业集群2个、总数达8个，有效期内高新技术企业6200家以上，新增国家级专精特新"小巨人"企业56家、总数达255家。坚持以科技创新引领产业升级，实施科技兴赣六大行动，国家稀土功能材料创新中心、国家（江西）北斗卫星导航综合应用项目通过验收，新增3家全国重点实验室，在赣两院院士达10名，综合科技创新水平指数60.27%，万人有效发明专利拥有量增长31.7%。

在人才支撑上，江西省具有较好的基础和较大的发展潜力。根据《江西经济社会发展报告（2023）》，2022年末，江西省15—64岁人口占总人口的比重为67.1%。一方面，现有劳动力规模较大，全省15—64岁劳动年龄人口达3038.62万人；另一方面，劳动力储备较丰富，2021年全省0—14岁少儿人口占总人口的比重超过20%，在全国位列第六，在中部六省中仅次于河南省，近1000万（944.08万）人将逐步进入劳动力市场，将丰富江西省未来的劳动力供给。2020年，每10万人中有11897人具有大学文化程度，2020年全省15岁及以上人口的平均受教育年限为9.70年，略高于全国的平均值；15岁及以上文盲人口占总人口的比重从2010年的3.13%下降到2020年的1.94%；全省16—59岁劳动年龄人口平均受教育年限达到10.47年，劳动年龄人口文化素质不断提升。

在发展模式上，江西省坚持生态优先、绿色发展。2023年，江西省可再生能源发电项目装机容量占比突破50%，新增国家级绿色工厂70家、绿色园区8家，国家级水效领跑者实现企业、园区零的突破。新一轮东江、渌水跨省流域生态补偿协议签订，省内流域生态补偿实现县级全覆盖。累计创建国家生态文明建设示范区28个、"绿水青山就是金山银山"实践创新基地10个，数量居全国前列。

二、江西省发展新质生产力的SWOT分析

江西省联通东西、承接南北、通江达海，多个国家重大战略叠加，产业特色鲜明，具有培育形成新质生产力的巨大潜力、良好区位及坚实基础，但同时仍存在一定程度的短板与挑战。

（一）江西省发展新质生产力的优势

首先，产业结构多元化为其发展新质生产力提供了丰富的选择和广阔的空间。作为我国重要的航空工业基地，江西省在航空、电子信息、装备制造等战略性新兴产业方面具有明显优势。这些产业不仅技术含量高，市场潜力大，而且与新质生产力的发展方向高度契合；并且，江西省的制造业基础坚实，门类齐全，这为其新质生产力的发展提供了坚实的物质基础和技术支撑。其次，生态文明建设方面取得的成效也为其新质生产力的发展提供了良好的生态环境。江西省坚持绿色发展理念，大力发展循环经济和低碳产业，这不仅有助于提高资源利用效率，减少环境污染，而且有助于培育和发展新质生产力，推动经济结构的优化升级。最后，江西省政府高度重视科技创新和产业创新的深度融合，积极锻造创新引擎与发展优势。当前，江西省正在构建省科技成果转移转化体系，实施重大科技成果熟化与工程化研究项目、科技型企业梯次培育行动，加快促进LED无粉照明、移动物联网、北斗规模应用等产业化，力争专精特新中小企业突破4000家。这些措施将有效推动创新成果转化，助力培育新质生产力。

（二）江西省发展新质生产力的劣势

在发展新质生产力的道路上，江西省仍然存在一些短板。首先，经济总量相对较小，人均经济水平较低。数据显示，2023年江西省地区生产总值在全国省份中排名第15位，处于中游，人均地区生产总值排名第21位，处于下游。与经济发达省份相比，江西省的经济总量和人均水平仍有较大差距，一定程度上限制了新质生产力发展的规模和速度。其次，省会城市相较于其他中部省份创新能力较弱，带动作用不强，省内国家级大院大所、高端开发平台数量较少，"双一流"高校较少，高质量科技成果供给较为短缺。以省会城市南昌市为例，2020—2022年南昌市授权专利量增长速度较慢，2022年甚至出现负增长，仅授权专利17855件。以中部地区省会城市专利授权量进行横向对比，武汉市、合肥市、郑州市、长沙市专利授权量分别为89461件、59300件、52031件、45602件[①]，南昌市与其他省会城市有着较大的差距。最后，在挖掘人才潜力、储备高精尖人才方面仍有

---

① 数据来源：中部地区各省会城市2022年国民经济与社会发展统计公报。

不足。在科研人才方面，跟产业发展相关的青年拔尖人才和高水平创新创业团队数量不多，与电子信息、生物医药、新能源汽车、新材料等优势领域的科技创新需求存在一定的差距。在高端人才方面，杰出人才、领军人才数量不多。以南昌市为例，院士级别的高端人才只有6名，在中部省会城市中最少，而武汉有81名，长沙有31名，合肥有135名。

（三）江西省发展新质生产力的机遇

江西省正全力布局以抓住发展新质生产力的机遇。首先，数字经济蓬勃发展为江西省培育新质生产力赋能提效。据中国信通院测算，2022年，江西省数字经济实现量的合理增长，首次突破万亿元大关，增加值达11874亿元，列全国第15名，同比增长14.4%，高于全国平均增速4.1个百分点，高于同期GDP增速9.7个百分点，数字经济"稳定器""加速器"作用持续凸显。其次，具有特色优势的现代化产业体系也为江西省培育新质生产力带来了机遇。江西省坚持把实体经济发展作为主攻方向，提出实施制造业重点产业链现代化建设"1269"行动计划，即主攻电子信息、有色金属、装备制造、石化、新能源、建材、钢铁、食品、纺织服装、航空、医药、现代家具等12条重点产业链，着力打造电子信息、铜基新材料、航空、锂电和光伏新能源、钨和稀土金属新材料、炼化一体化及化工新材料等6个先进制造业集群，加快建设制造业强省、构建现代化产业体系，为新质生产力的发展奠定坚实基础。最后，国家对中部地区崛起的战略支持和投资，也为江西省发展新质生产力提供了政策机遇。2021年，《中共中央 国务院关于新时代推动中部地区高质量发展的意见》发布，以推动高质量发展为主题，从"创新、协调、绿色、开放、共享"五个方面擘画发展蓝图，开创中部地区崛起新局面。作为中部省份之一，《意见》25次提到江西或江西的市、县（区），涉及江西省诸多重大战略和重点项目、重大工程、重大改革试点，这必将推动江西进一步集成重大战略、重大政策，加快重大项目、重点工程建设步伐，成为新质生产力培育的重要战略支点。

（四）江西省发展新质生产力的挑战

面对发展新质生产力的迫切需求，江西省也面临诸多挑战。首先，江西省仍处于产业结构调整的关键时期。2023年，江西省第二产业增加值13706.5亿元，增长4.6%，对经济增长的贡献率为48.7%；第三产业增加值16043.2亿元，增长3.6%，对经济增长的贡献率为43.1%。与经济大省相比，还存在一定的差距。并且，江西省战略性新兴产业虽然发展较快，但总体规模能级还不高，需要进一步优化产业结构，提升产业链的现代化水平。其次，传统企业数字化转型面临巨大压力。受战略认识、数字技能、资金储备等多方面因素的影响，江西省中小微企业仍面临数字化"转型找死、不转等死"的两难困境。中小企业信息化、专业化程度较低，核心数字技术供给不足，数据采集率低、产业链协同难，难以依靠自身实现数字化转型，中小企业由于数字化转型能力不够导致"不会转"；由于数字化改造成本偏高、自身资金储备不足造成"不能转"；由于企业决策层数字化转型战略不清导致"不善转"；由于企业多层组织模式不灵导致"不愿转"，面临企业数字化转型瓶颈。最后，新兴产业发展快但体量尚小。尽管平台经济、分享经济等新模式、新业态取得了一定发展，但受制于自身规模，新经济和新业态对江西省经济增长支撑作用还比较有限，对江西省发展新质生产力也带来了一定的挑战。

三、江西省发展新质生产力的差异化路径

结合在发展新质生产力上的优势、劣势、机遇和挑战，江西省探索差异化的新质生产力路径，结合发展实际，需加快布局未来产业发展，培育增长新动能，下好发展先手棋，构筑竞争新优势。

（一）具体方向与产业

未来信息通信。一是推动新一代人工智能技术的产业化与集成应用，强化创新策源，打造国家新一代人工智能创新发展试验区。二是统筹工业互联网发展和安全，加快提升新型基础设施支撑服务能力，壮大技术产业创新生态，实现工业互联网整体发展阶段性跃升。三是发挥江西在AR/VR终端入口发展的先发优势，

进一步夯实元宇宙基础设施，建成全国数字经济发展新高地和场景创新应用先导区。四是重点发展柔性电子相关产业关键材料、柔性电子相关功能性器件及材料、柔性电子相关智能制造技术及设备等，打造中部"柔谷"。五是拓展微纳光学在激光加工、多信息成像、平板显示、照明等行业领域应用，打造国内一流的微纳光学创新应用示范高地。六是聚焦通信卫星、遥感卫星等综合应用，以实施国家北斗综合应用示范项目为抓手，构建终端制造、位置服务软件开发、重点场景应用等生态，打造中部地区北斗产业集群和创新高地。七是围绕量子科技领域，强化基础研究，推动应用突破，加强成熟技术转移承接、中试，推进技术项目化、产业工程化。

未来新材料。一是发展高性能稀土功能材料，建设世界级中重稀土新材料及应用研发生产基地。二是发挥江西有色矿产资源储量和有色金属产业发展优势，聚焦高性能金属材料（铜、钨）。三是依托现有玻璃纤维及复合材料产业集群（基地）和重点玻纤企业，以纤维研制生产和复合材料扩大应用为发展主线，建成较为完整的高性能纤维及复合材料特色产业体系。四是需求牵引和技术推动相结合，集中优势资源，聚焦主攻方向，深化产学研用合作，重点发展石墨烯材料。五是发挥省内技术研发优势，深化政产学研用金深度融合，促进科技成果就地转化，重点发展碳纳米管宏观体及以此为基础的先进碳纳米复合功能膜、防辐射材料、电磁屏蔽材料等。

未来新能源。一是发挥江西锂电、全钒液流电池及其储能系统产业基础优势，重点发展高能量比、高可靠性的锂离子电池、固态电池、液流电池、钠离子电池、超级电容器，推动新型储能高质量、规模化发展。二是加快氢能基础设施建设，加速发展"绿氢"制取、储运和应用等氢能产业链技术装备，促进氢能燃料电池技术链、氢燃料电池汽车产业链发展，打造氢能多元应用示范高地，氢能产业发展水平进入全国第一方阵。三是全面做好核电厂址保护工作，在确保安全的前提下，稳妥推进核能综合利用，探索推进智能小型模块化反应堆等自主创新示范项目、多能融合示范应用等项目。四是开展二氧化碳捕集、利用与封存CCUS试点项目，发展全链条集成技术研发与应用示范、地质封存示范等。

未来生产制造。一是加快突破关键零部件核心技术和关键共性技术，推动智能机器人整机、零部件与系统集成协同发展。二是加强金属材料增材制造装备、非金属材料增材制造装备、生物材料增材制造装备、核心器件及3D（三维）打印金属基材料等产业领域分类引导，构建增材制造产业生态体系。三是引育一批具备较强竞争力的智能制造系统解决方案产品供应商、服务提供商和系统集成商，培育工业大数据应用软件、能耗数据实时监测与诊断分析软件和区块链应用系统，推动装备、数控机床、自动化、软件和信息技术等领域企业协同创新发展。

未来交通。一是抢抓汽车产业发展机遇，加强产业链、供应链协同，推进整车企业跨界融合创新，建成智能车辆、信息交互、基础支撑等细分领域产业链。二是筑强航空产业发展优势，拓展大飞机部件、机身集成制造以及航空电子发展能力，加快布局电动垂直起降航空器等新兴产业领域。三是发挥稀土功能材料等自主可控技术优势，鼓励全面深化与行业龙头企业和大院大所的战略合作，加强无人驾驶、精确定位、传感器融合、云计算等新理论、新技术、新方法研发，加快推进布局永磁磁浮轨道交通示范应用和产业化；

未来健康。一是抓住生命科学技术加速从实验走向应用的契机，加速培育壮大一批本土创新型企业，加快创新成果产业化，建设具有国内影响力的生命科学创新高地。二是加快基础生物技术和突破性关键技术研究，提升研发能力和生产制备技术水平。三是充分发挥江西省天然产物与功能食品重点实验室等优势，实施"硒+X"发展战略，打造全国一流的"4D富硒功能农业"。四是加强基于医疗卫生健康大数据的人工智能技术研究，加快新一代信息技术与卫生健康的融合，发展智能医疗系统。

（二）产业生态与支撑

坚持以关键突破带动全面发展、以重点提升推动体系发展，大力实施"三突破两提升"五大重点工程，点、线、面、体立体化推进，为新质生产力发展创造良好生态。

一是技术攻关及成果转化突破工程。加强关键共性技术供给，高标准推进区域协同创新，促进技术创新成果高效转移转化。二是数字赋能及产业能级突破工程。打造智能化综合性数字信息基础设施，开展场景示范及模式融合赋能。三是先导试验区培育突破工程。建设传统产业裂变生长先导试验区，建设新兴产业接续衍伸先导试验区，建设未来技术孵化培育先导试验区。四是重点要素政策集成提升工程。加强重点要素支撑保障，加强政策集成扶持，推进要素市场化配置。五是高水平开放合作提升工程。强化国际交流合作，搭建国际科技合作交流平台，深化区域合作对接，探索跨区域协同创新模式。

第四节　河南省

一、河南省发展新质生产力的基础情况

河南省，简称"豫"，省会郑州市。位于我国中东部、黄河中下游，东接安徽、山东，北接河北、山西，西连陕西，南临湖北，总面积16.7万平方千米。截至2023年末，河南省辖17个地级市、21个县级市（含1个省直辖县级市）、82个县、54个市辖区。全省常住人口9815万人。

在综合实力上，河南省2023年地区生产总值59132.39亿元，位居全国第6位，处于全国第二梯队。人均地区生产总值达到60073元，位于全国第22位。2023年完成一般公共预算收入4512.05亿元，其中税收收入2855.13亿元。[①]

在产业结构上，河南省已经进入后工业化阶段，第三产业的比重高于第一产业和第二产业之和。2023年，河南省的三次产业构成比为9.1∶37.5∶53.4，其第三产业的比重略低于全国平均水平。其中，第一产业增加值5360.15亿元，第二产业增加值22175.27亿元，第三产业增加值31596.98亿元。进一步看，河南省2023年规模以上工业增加值比上年增长5.0%，五大主导产业占规模以上

---

① 数据来源：《2023年河南省国民经济和社会发展统计公报》。

工业增加值的比重为46.8%，传统支柱产业占规模以上工业的50.1%，工业战略性新兴产业占规模以上工业的25.5%，高技术制造业占规模以上工业的14.7%，能源原材料工业占规模以上工业的48.4%，消费品制造业占规模以上工业的21.1%。

在创新能力上，河南省是全国创新资源和创新能力较强的省份之一。据统计，河南省目前有省级及以上企业技术中心1768个，其中国家级95个。省级及以上工程研究中心（工程实验室）1072个，其中国家级50个。省级及以上工程技术研究中心3852个，其中国家级10个。国家级重点实验室13个，省重点实验室251个。省新型研发机构140家。高新技术企业12977家，科技型中小企业26197家。省实验室16家、省中试基地36家、省技术创新中心24家。有效发明专利83127件。2023年签订技术合同2.49万份，技术合同成交金额1367.42亿元。

在人才支撑上，河南省的人力资本较为丰富。截至2023年底，河南地区人才总量达到1410.31万人，全职在豫两院院士42人。2023年开展职业技能培训428.7万人次，新增技能人才328.8万人。后备人才培养稳步提升，2023年在学研究生99012人，毕业生27533人。普通高等教育在校生295.62万人，毕业生83.29万人。成人高等教育在校生69.74万人，毕业生29.96万人。中等职业技术教育（不含技工学校）在校生145.26万人，毕业生48.09万人。高校博士学位授权一级学科96个，高校硕士学位授权一级学科386个。就业质量进一步提高，2023年河南省全力促进重点群体就业，城镇新增就业119.3万人，新增农村劳动力转移就业48.9万人，高校毕业生综合就业率90.2%。

在发展模式上，产业升级步伐加快。7个先进制造业集群、28个重点产业链加快构建。国家级专精特新"小巨人"企业达到394家、高新技术企业1.2万家、科技型中小企业2.6万家，新增规上工业企业2785家。新增上云企业3万家、智能工厂和车间186个。

二、河南省发展新质生产力的SWOT分析

发展新质生产力是一个系统工程，对河南省而言，发展新质生产力在具有较

大优势和机遇的同时，也面临一定的劣势和挑战。

（一）河南省发展新质生产力的优势

在发展新质生产力的优势上，河南省在一系列领域都拥有较多的显著优势。首先，新兴产业基础较好。初步建成全球重要的智能终端制造基地，农机装备、航空轴承、诊断试剂、血液制品、智能传感器等研发和产业化处于全国上游水平，在盾构、新能源客车、光通信芯片、超硬材料、流感疫苗等领域技术水平处于全国领先，市场占有率居全国首位。全省新兴产业呈现加快发展态势，初步形成错位发展、优势互补的格局。"十三五"期间，河南省战略性新兴产业增加值年均增速10.4%，高于同期规模以上工业增加值年均增速4.2个百分点；占规模以上工业增加值比重达到22.4%，较2015年提高10.6个百分点。其次，创新驱动发展成效较高。郑洛新国家自主创新示范区建设取得重大进展，高新技术企业数量翻两番以上，国家级创新平台数量达到172家，国家生物育种产业创新中心、国家农机装备制造业创新中心、国家超级计算郑州中心、国家技术转移郑州中心等落户河南省，中国科学院计算所郑州分所、中德智能产业研究院等一批高水平研究机构落地建设，一批创新成果和装备在"蛟龙号"、港珠澳大桥等重大工程上应用。2022年全省研究与试验发展经费支出超过992.5亿元。最后，前沿技术突破较快。河南省是国内较早关注并超前布局量子信息和氢燃料电池等前沿技术的省份之一，在氢能与储能、量子通信、未来网络和类脑智能等部分领域具有先行优势，未来产业呈现点状布局、突破发展态势。中国人民解放军战略支援部队信息工程大学在脑机交互和多模态脑信号解析等领域取得多项专利，在拟态防御、量子通信、量子计算机等方面位居全国第一方阵。宇通客车取得行业首家氢燃料电池客车产品公告，河南电池研究院与同济大学合作建成年产500台套（40千瓦）的氢燃料电池堆示范线。

（二）河南省发展新质生产力的劣势

相比于发展新质生产力的优势，河南省在新质生产力的发展上也具有一定的劣势。首先，制造业缺乏核心竞争力。河南省产业存在高端产品有效供给不足和产品附加值不高、制造企业规模大而不强和发展快而不优、制造业品牌塑造能力弱、制造业资源利用与环境保护之间矛盾突出等问题。因此，河南省要实现新质生产力的发展必须提升制造业竞争优势。其次，产业融合度不高。当前，河南省正处在转换增长动力、转变发展方式的攻关期，推动制造与服务实现高水平融合、互动、协同发展，特别是促进研发、咨询、物流、金融服务等制造业与现代服务业深度融合，是实现制造业高质量发展的重要途径。当前，河南省制造业企业向服务型制造转型步伐较慢，制造业与服务业的融合程度不高，互补性不强，协调性不足，未能充分释放制造业企业发展潜能，推动制造业企业创新生产模式、商业模式和组织模式，未能有效大幅降低制造业中间投入成本，制造业新旧动能转换进程缓慢。最后，科技创新支撑能力不足。科技创新研发投入规模和占比仍相对较低，关键核心技术、关键共性技术、关键材料及零部件缺乏，产学研用协同创新体系亟待健全，制造业企业科技创新能力不强，其对现代制造业发展的支撑能力不强。虽然近年来河南省高等教育水平和人才培养质量在不断提升，引进人才的优惠政策力度在不断加大，但是制造业发展仍面临着劳动力数量优势和成本优势在逐步减弱、高端技术人才缺口较大等突出问题。

（三）河南发展新质生产力的机遇

在发展新质生产力的机遇上，河南省也拥有得天独厚的时机。首先，处于新兴产业发展的机遇期。"十四五"时期，国家加快壮大新一代信息技术、生物技术、新能源、新材料、高端装备等战略性新兴产业，河南省目前发展势头正好。2023年，河南省战略性新兴产业增加值增长10.3%，高技术制造业增加值增长11.7%，电子信息、装备制造等五大主导产业增长10.9%，占规上工业比重超过46%。比亚迪新能源汽车、上汽乘用车二期正式投产，整车产量突破100万辆。洛阳百万吨乙烯项目开工建设。国家超算互联网核心节点项目启动，龙芯中科中原总部基地建成投用。新一轮找矿行动实现重大突破。其次，处于国家战略机遇期。进入新发展阶段，我国出台了高质量发展等系列发展战略，并提出了构建现代化产业体系等具体性指导战略，对于各省而言是发展转型的机遇，且机遇更具有战略性、可塑性。河南省处于构建新发展格局、推动中部地区高质量发展、黄河流域生态保护和高质量发展三大国家战略交汇叠加，促使其战略性新兴产业和未来产业的发展环境进一步优化，促进新质生产力的发展。

（四）河南省发展新质生产力的挑战

发展新质生产力并非易事，在发展新质生产力的过程中，河南省也面临诸多挑战。首先，竞争力呈现减弱趋势。在长期的发展中，河南省产业形成了以资源利用和低成本劳动力优势为主导，以高投入、高消耗、低效益为特征的粗放型发展模式，而随着要素禀赋条件的变化，即资源代谢在时间和空间尺度上的耗竭、劳动力红利和低成本竞争优势的逐渐减弱，国际技术贸易壁垒持续增加，先进制造业发展的国际环境趋于复杂，国内各省区市均积极寻求发展模式创新，河南省面临内部竞争压力，全省经济总量连续多年稳居全国第5位，于2023年被四川省赶超。其次，发展转型压力较大。面对旧力渐弱、新力渐强的分水岭，只有在破解结构性矛盾上聚焦发力，大力发展战略性新兴产业，突破发展未来产业，才能全面迈入高质量发展的轨道。河南省产业结构相对固定，转型压力较大，存在创新驱动能力不强、产业结构不优等突出问题，带动性大的高能级产业项目还不多，正处于新旧动能接续转换的关键阶段。最后，内部存在风险挑战。河南一些市县债务压力较大，收支矛盾突出，其中郑州市、商丘市、新乡市和鹤壁市的发债城投企业的债务负担较为沉重，漯河市、洛阳市和商丘市的发债城投企业的短期流动性压力较大。生态保护、安全生产和社会民生领域存在明显短板，2023年洛阳等6市被中央生态环保督察组点名。内部风险处理不当，将可能阻碍新质生产力的发展。

三、河南省发展新质生产力的差异化路径

结合在发展新质生产力上的优势、劣势、机遇和挑战，河南省探索差异化的新质生产力路径，应该立足自身强大创新能力，着力推动原始创新能力的增强和未来产业的发展。

（一）具体方向与产业

结合当前的发展状况以及发展新质生产力的优势，河南省未来应将未来产业作为发展新质生产力的主要方向，具体包括量子信息、氢能与储能、类脑智能、未来网络等未来产业。

量子信息产业。重点依托信息工程大学，推进量子通信、量子计算重大研究测试平台建设，积极参与国际、国内量子信息领域标准制定，集中突破量子芯片、量子编程、量子精密测量、量子计算机以及相关材料和装置制备关键技术，建立以量子计算和量子传输为基础的量子网络与信息安全体系。筹建河南省量子信息技术创新中心，争创国家量子信息技术创新中心。

氢能与新型储能产业。依托龙头企业整合行业优质创新资源，布局建设省级重点实验室、工程研究中心等创新平台，争创国家级创新平台，构建高效协作创新网络，支持行业关键技术开发和工程化应用。开展低成本高效可再生能源制氢示范、高可靠高环境适应性燃料电池客车整车开发及示范、燃料电池商用车整车开发、长寿命高可靠燃料电池系统开发及整车应用，推动氢燃料电池在城市公交、厢式物流车、港区集卡车等商用车及分布式能源站应用。开展大型氢电解槽及相应配套设施的研发与制造。推动全新正负极材料配方、纳米级安全隔膜、新型高阻燃耐高温电解液等技术突破和推广。

类脑智能产业。推动信息工程大学、郑州大学、河南师范大学与复旦大学类脑智能科学与技术研究院等进行战略合作，加强大数据智能、跨媒体感知计算、混合增强智能、群体智能、自主协同控制与优化决策等基础理论研究，致力于在类脑人工智能算法、重大脑疾病智能诊疗、类脑智能芯片、新药智能研发等领域产生重大原创突破，推动类脑智能的持续发展与深度应用。

未来网络产业。加强类脑芯片、超导芯片、石墨烯存储等新原理组件研发，超前谋划发展第六代移动通信技术（6G）、碳基芯片、空天信息、虚拟（增强）现实等细分领域，建立未来信息网络技术研发、生产制造和示范推广、应用服务等发展体系。深度参与国家6G技术专项，力争突破6G关键技术，在芯片、测试设备、移动终端等领域保持先发优势。

（二）产业生态与支撑

基于发展新质生产力的目标，河南省要加快构建未来产业创新发展生态，为发展新质生产力提供要素支撑。

第一，健全人才支撑体系，实施"中原英才计划"等人才培育引进工程，建立高层次和急需紧缺人才动态数据库，开展靶向引才、按需育才、精准引才。充分发挥创新主体聚才用才作用，打造高端创新平台，扩大引才用才自主权，提高高层次人才薪酬水平。建立产业发展战略专家智库，优化省级人才引进培养项目，畅通高层次人才职称评聘绿色通道，改革科技成果管理和转化制度，对科研经费使用赋予更大自主权。

第二，强化市场主体培育，依托双创基地和创新孵化载体，强化对创新创业型人才、团队和创新型企业等培育引进储备，完善中小微企业孵化体系和创新服务体系，加快培育一批特色鲜明、创新活跃、竞争力强的高新技术企业，支持符合条件的高成长性中小微企业上市，在细分领域培育一批专精特新"小巨人"、单项冠军、隐形冠军和"瞪羚"企业等。建立头部企业和引领型企业培育引进库，强化对重点企业、重点环节的数字化管理能力，培育一批"链主"企业和生态主导型企业，构建线上线下相结合的大中小企业创新协同、产能共享、产业链供应链互通的新型产业生态。

第三，创新财政金融支持体系，加强政府资金引导，鼓励各地加大对未来产业发展的支持力度，通过直接资助、股权投资、贷款贴息、风险补偿等方式，加大战略性未来产业优质企业培育力度。发挥省创业投资引导基金和未来产业投资引导基金作用，带动各地和社会资本设立天使投资、创业投资和产业投资等各类基金为未来产业发展提供中长期资本。建立基金备投优质企业项目库，依托区域性股权市场开展未来产业优质企业常态化路演和资本市场业务培训，增强企业对接资本市场能力。

第四，构建对外开放体系，积极对接先进地区，加强与一流高校、科研院所和行业龙头企业合作，引导支持高层次人才和团队、先进技术项目在豫落地。推进与"一带一路"共建国家在战略性新兴产业领域的合作，加快建设双边特色产业国际合作园区，支持龙头企业和国家级、省级开发区与发达国家和地区共建合作园区。鼓励战略性新兴产业和未来产业企业开拓国际市场，支持企业建立境外营销网络，提高出口产品附加值，大力培育出口品牌。

第五节　湖北省

一、湖北省发展新质生产力的基础情况

湖北省，简称"鄂"，别名"楚""荆楚"，省会武汉市。地处中部地区，是经济大省、科教大省和生态大省。截至2023年，湖北省辖12个地级市、1个自治州、103个县级行政区（含4个省直辖县级行政区）。2023年末，湖北省常住人口5838万人。

在综合实力上，湖北省2023年全省地区生产总值为55803.63亿元，按可比价格计算，比上年增长6.0%，高于全国0.8个百分点，在经济大省中增速第一，在中部地区增速第一，位居全国第7位。湖北省2023年人均地区生产总值为95538元，按可比价格计算，比上年增长5.9%，位居全国第9位。2023年全省完成财政总收入6336.93亿元，比上年增长11.5%。其中，地方一般公共预算收入3692.26亿元，增长12.5%；地方一般公共预算支出9295.79亿元，增长7.8%。[1]

在产业结构上，2023年湖北省第一、二、三产业增加值分别为5073.38亿元、20215.50亿元、30514.74亿元，各自增长率分别为4.1%、7.0%和4.9%，三次产业结构由2022年的9.5∶37.5∶53.0调整为9.1∶36.2∶54.7。其中，新兴产业在经济增长中占据了较大的份额，数字经济增加值占地区生产总值比重提高到47%，软件产业占中部六省的44%。2023年，湖北省高技术制造业增加值比上年增长5.7%，占规模以上工业增加值的比重达12.8%。其中，计算机、通信和其他电子设备制造业增长5.1%。

---

[1]　数据来源：《湖北省2023年国民经济和社会发展统计公报》。

在创新能力上，湖北省的创新能力和创新基础位于全国前列。从科技创新投入来看，2022年湖北省研究与试验发展经费支出1254.7亿元，占地区生产总值的2.33%。其中，互联网和相关服务业投资、研究和试验发展投资、科技推广和应用服务业等高技术服务业投资分别增长63.7%、33.5%、65.0%。从科技创新环境来看，截至2023年末，全省共建有363家省级工程研究中心、719家省级企业技术中心。高新技术企业2.5万家，有1家国家实验室、10家湖北实验室、8个大科学装置、477家新型研发机构，国家级战略性新兴产业集群有4个、国家创新型产业集群达到16个。从科技创新产出来看，2023年共登记重大科技成果2558项。全年共签订技术合同98844项，技术合同成交金额4802.24亿元，合同金额比上年增长57.9%。从科技创新成果转化率来看，2023年湖北省技术合同成交额达到4860亿元、增长59.8%，科技成果省内转化率提高到65.2%。可见，科技创新已经成为驱动湖北发展的强引擎，为培育新质生产力提供了良好的基础。

在人才支撑上，得益于数量众多的高校和科研院所，湖北省的人力资源较为丰富。湖北省是全国三大智力密集区之一，截至2023年底，全省技能人才（劳动者）总量达993.94万人，占就业人员总数的比例达到30.6%，其中高技能人才307.36万人，占技能劳动者的比例达到31%。拥有两院院士81位，全国第4位，高等院校132所、在校大学生200万人，为湖北新质生产力的发展提供了有力的人力资源支撑。

在发展模式上，湖北省全面贯彻落实绿色发展理念，绿色转型深入推进。湖北省累计完成沿江化工企业"关改搬转"458家，完成总任务的95.8%。创建全国示范绿色产品33个、绿色工厂53家、绿色园区2家。全球首艘最大电池容量纯电池动力船"长江三峡1"号、国内首艘绿色智能三峡船型散货船"理航渝建1"号投入运营。截至2022年底，全省共有969个项目获得绿色建筑标识，总建筑面积约1.13亿平方米。

二、湖北省发展新质生产力的SWOT分析

新质生产力的发展需要依据本地区实际情况，综合考虑诸多因素。湖北省在发展新质生产力上具有相当的优势和机遇，同时也面临一些劣势和诸多挑战。

（一）湖北省发展新质生产力的优势

在发展新质生产力上，湖北省具有一系列的优势条件。首先，科技创新能力强，为新质生产力的发展提供技术支撑。根据《中国区域创新能力评价报告2023》，2023年湖北省创新能力排名全国第8位，较上年上升2位。尤其是湖北省的企业创新表现良好，企业研究开发投入、设计能力、技术提升能力和新产品销售收入等综合指标排名均居于全国前列。其次，湖北省拥有强大的现代产业集群，为新质生产力的发展提供产业基础。湖北省着力打造新一代信息技术（光芯屏端网）、汽车制造、现代化工及能源、大健康、现代农产品加工等5个万亿级支柱产业；巩固提升包括高端装备、先进材料、节能环保、现代纺织、绿色建材、低碳冶金、现代金融、现代物流、研发设计和科技服务、商务服务等10个五千亿级优势产业（万亿级支柱产业的配套与支撑）以及培育壮大10个先进制造业集群和10个战略性新兴产业集群共20个千亿级特色产业集群。最后，地理位置优越，基础设施完善。长江作为中国最重要的水路交通干线之一，为湖北省的发展提供了得天独厚的优势，为其物流、贸易以及产业转型升级提供了强大的支撑。湖北省的高速公路、铁路、航运等交通网络日益完善；5G基站、算力以及大数据中心等新基建正在大量建设，为产业升级和新质生产力的发展提供了有力支撑。

（二）湖北省发展新质生产力的劣势

湖北省在发展新质生产力上虽然有诸多的优势，但也存在一些不足和短板。首先，需进一步提升创新环境，为新质生产力的发展营造良好的创新氛围。根据《中国区域创新能力评价报告2023》，湖北省创新基础设施、市场环境、劳动者素质和金融环境等综合指标的排名比较靠后。其中，移动互联网人均接入流量指标排名第30位，本地区上市公司平均市值指标和平均每个科技企业孵化器创业导师人数分别排名第26位和第15位，创新环境的不足制约了新质生产力的发展。其次，从科研投入来看，湖北省的科研经费投入体量还不足。研发投入很大程度上决定了科技创新，尤其是颠覆性原创性的技术研究和基础研究，更需要研发经费的支持。根据统计，2022年湖北省的研究与试验发展经费为1254.7亿元，经费投入强度为2.33%，低于北京（6.83%）、上海（4.44%）、重庆（2.36%）、浙江（3.11%）和江苏（3.12）等地区。最后，湖北省民营企业的发展能级不够。企业是科技创新的主体，民营企业在科技创新和科研投入上扮演着重要角色。在2023年中国民营企业500强中，湖北省只有16家民营企业入选，远远低于浙江（108）、江苏（89）、山东（52）。

（三）湖北省发展新质生产力的机遇

湖北省是我国中部地区的经济大省，具有得天独厚的地理位置和强大的产业基础，在新质生产力的发展中蕴藏着丰富的发展机遇和潜力。首先，国际力量对比深刻调整，我国国际影响力、感召力、塑造力明显增强，为湖北省加快"走出去"参与全球价值链和市场布局提供了机遇。参与全球价值链和市场布局可以使湖北省充分利用全球资源和市场，提升其产品和服务的国际竞争力。通过在全球范围内寻找最优的生产和销售环境，企业能够降低生产成本、提高产品质量，从而更好地满足国际市场的需求，获得更大的市场份额。其次，新一轮科技革命和产业革命为发展新质生产力提供了技术支撑和产业支撑。湖北省拥有众多高等院校和科研机构，科技人才辈出，科研实力雄厚。通过抓住新一轮科技革命和产业革命的发展机遇，加强产学研合作、推动科技成果转化，可以进一步释放科技创新的潜力，推动新质生产力的发展。最后，区位优势为发展新质生产力提供了广阔的合作空间。长江经济带是中国经济最活跃的地区之一，拥有发达的交通运输网络和丰富的资源，这为湖北省发展新质生产力提供了广阔的市场和资源支持。

（四）湖北省发展新质生产力的挑战

湖北省作为中国的重要省份，尽管有着发展新质生产力的重要机遇，但同时也面临着一系列挑战。首先，传统产业面临升级压力。湖北省传统产业相对发达，但在新一轮产业革命、技术进步和发展模式转换的背景下，许多传统产业面临着转型升级的压力。这些产业可能面临着生产工艺陈旧、技术水平滞后等问题，需要大力改造和升级以适应新的市场需求和国际竞争压力。其次，技术创新仍然不足。尽管湖北省在科技创新方面取得了一定成绩，但与发达地区相比，仍存在着技术创新不足的问题。缺乏核心技术、高端人才匮乏等问题制约了新质生产力的发展。湖北省需要进一步加强科技创新投入，提升自主创新能力，推动科技成果转化为生产力。最后，面临区域竞争的挑战。随着人工智能、大数据、6G等新一轮高新技术的发展，各地已经根据自身优势提前布局新赛道，尤其是像北京、上海等传统产业占比小，科技、资源、人才密集，更易于布局新兴产业和未来产业。湖北省目前是以传统产业改造升级、新兴产业培育和未来产业前瞻布局三线并进，但重点还是在前两者，这导致在未来产业的发展上会慢于发达地区，将面临越来越激烈的竞争。

三、湖北省发展新质生产力的差异化路径

结合在发展新质生产力上的优势、劣势、机遇和挑战，湖北省探索差异化的新质生产力路径，应该立足自身产业集群和产业链优势，着力新兴产业的培育和未来产业前瞻布局。

（一）具体方向与产业

结合当前的发展状况以及发展新质生产力的优势，湖北省未来应从加快传统产业改造升级、加快新兴产业培育壮大、加快未来产业前瞻布局3个方向培育新质生产力。

加快传统产业改造升级。深入实施制造业重大技术改造升级和大规模设备更新工程，启动新一轮万企万亿技改，突出打好汽车、钢铁、化工产业转型"三大战役"。加快实施"数化湖北"行动，推动算力、存力、运力、绿色电力"四力"倍增，创建国家算力枢纽节点。深入实施供应链体系建设三年行动，强化供应链物流公共信息平台功能，做大做强重点领域供应链平台。加快一、二、三产业融合发展，搭建农业农村供应链平台，打造30个"两业融合"标杆产业集群。

加快新兴产业培育壮大。健全"链长+链主+链创"机制，突破性发展五大优势产业，引领"51020"现代产业集群加速崛起。加快光电子、汽车等领域重大

项目建设，更大力度推进医养结合和中医药现代化，以工业母机、绿色智能船舶和商业航天为重点，巩固升级"芯、星、端、网、用"全产业链。深入实施"人工智能+"行动，以智能芯片为引领、以大模型为驱动、以先进算力为支撑，加快建设国家人工智能创新核心区和应用先导区。加快软件和信息服务、智能终端、节能环保、数字创意、新材料等新兴特色产业上量提质、聚链成群，打造一批五千亿级产业集群。培育壮大低空经济与空天技术、生物制造等千亿级核爆点，构建接续有力、相互支撑的新兴产业发展梯队。

加快未来产业前瞻布局。人形机器人实现突破，坚持以整带零、以零强整，加快突破"大脑、小脑、感知、躯干、四肢"关键技术，尽快实现"从0到1"的突破。6G实现创新发展，同步推进5G-A规模化应用和6G技术攻关，加快突破6G通信、感知、空天地一体等十大关键技术。高端AI芯片得到提升，面向人工智能发展需求，重点发展存储芯片、硅光芯片、物联网芯片、第三代半导体材料。量子科技攻破难关，突破量子精密测量、量子通信、量子计算等核心技术，培育布局"量子+"产业。脑机接口实现融合，加强植入式脑机接口、类脑芯片等关键技术攻关，加速拓展临床应用场景和产品上市。合成生物实现引领，加快突破多酶催化、菌种选育、发酵工艺放大等关键技术。基因和细胞治疗形成策源，加强基因编辑、免疫治疗、生物育种等技术和产品开发。氢能与新型储能产业奠定基础，加强制氢、储氢、运氢技术研发，实现新型储能全链条商业化应用。

（二）产业生态与支撑

在人才聚集上，以创新价值、能力、贡献为指向，全面推进国家科技人才综合评价改革试点，推动职务科技成果赋权改革省属高校科研院所全覆盖。面向新兴产业和未来产业的重点发展方向，统筹实施战略科技人才引领、青年拔尖人才成长、卓越工程师集聚、工匠培育四大专项计划。牢固确立人才引领发展的战略地位，贯彻尊重劳动、尊重知识、尊重人才、尊重创造方针，深化人才发展体制机制改革，围绕产业发展全方位培养、引进、用好人才，加快构筑创新创业人才高地。

在研究主体上，以东湖国家自主创新示范区为核心，瞄准科技前沿，以大科学装置、顶尖研究型大学和高水平科研机构和创新团队为依托，建成一批前沿交叉研发平台，深度融入全球创新网络，建设具有全球影响力的科技创新策源地，将"中国光谷"打造成"世界光谷"。统筹高校、科研院所和企业优势科研力量，建设一批湖北实验室，实现更多"从0到1"的突破。

在创新研发上，加快建设具有全国影响力的武汉科技创新中心，争创东湖综合性国家科学中心。全力打造光谷科技创新大走廊、"汉孝随襄十"汽车产业创新大走廊、"宜荆荆"化工新材料产业创新大走廊。深入实施"尖刀"技术攻关工程，加快突破基础软硬件、基础零部件、关键基础材料、关键仪器设备和试剂等"卡脖子"技术瓶颈，构建优势领域"核心技术池"。坚持以"用"为导向、以企业为主体、以项目为载体推进科创供应链平台建设。

在金融支持上，面向新兴技术和未来技术，加大资金支持力度，实施科技金融服务"滴灌行动"，建立全链条、全周期的科技金融服务体系。加大天使投资力度，设立省级天使投资母基金，引导社会资本组建天使投资基金群，强化对创新成果在种子期、初创期的投入。完善和落实创业投资优惠政策，吸引更多创投机构落地湖北，投资湖北科技企业和科技成果转化项目。扩大科技金融信贷投放，加强"政投贷担保"协同，为科技型企业提供增值增信和融资服务。创新金融支持方式，探索为企业技术创新和成果转化提供股权债权相结合的融资服务模式。

在国际合作上，要加强国际科技产业合作，深入实施"一带一路"科技创新行动计划，鼓励本土企业、高校院所在海外设立研发平台，支持外商在湖北投资设立研发中心，打造更具竞争力的内陆开放新高地。加快建设长江中游航运中心，争创中欧班列中部集结中心，创建花湖机场国际自由贸易航空港，高标准建设湖北自贸试验区，加快建设国际贸易数字化平台，布局建设海外仓，推动企业抱团出海，推动新兴产业和未来产业的高水平国际合作。

第六节　湖南省

一、湖南省发展新质生产力的基本情况

湖南省，简称"湘"，省会长沙市。东临江西省，西接重庆市、贵州省，南毗广东省、广西壮族自治区，北连湖北省。截至2023年6月，湖南省下辖13个地级市、1个自治州，总面积21.18万平方千米。截至2023年末，湖南省常住人口6568万人。

在综合实力上，湖南省发展态势回稳向好。湖南省2023年地区生产总值50012.9亿元，比上年增长4.6%。地方一般公共预算收入增长8.3%。全体居民人均可支配收入增长5.5%，持续跑赢经济增速。规模以上工业增加值增长5.1%，高于全国0.5个百分点。工业投资增长8.1%，"四个十大"项目年度投资任务全面完成。社会消费品零售总额突破2万亿元，增长6.1%。各项贷款余额增长10.9%，新增社会融资规模突破1.1万亿元，新上市及过会企业达14家。在全国的经济体系中，湖南以其坚实的工业基础和蓬勃发展的服务业，逐渐成为中南地区的经济中心。[①]

在产业结构上，湖南省发展质效持续提高。第一产业增加值4621.3亿元，增长3.5%；第二产业增加值18822.8亿元，增长4.6%；第三产业增加值26568.8亿元，增长4.8%。人均地区生产总值75938元，增长5.0%。三次产业构成比为9.3∶37.6∶53.1。工业增加值比上年增长4.8%，占地区生产总值的比重为29.1%；高新技术产业占地区生产总值的比重为22.8%。第一、二、三产业增加值对经济增长的贡献率分别为7.8%、38.1%和54.1%。其中，工业对经济增长的贡献率为31.2%，生产性服务业对经济增长的贡献率为25.7%。

---

① 数据来源：《湖南省2023年国民经济和社会发展统计公报》。

在创新能力上，湖南省发展动能稳步增强。湖南省全社会研发经费投入增长14.2%，增速居全国第5位。"智赋万企"全面起势，国家级跨行业跨领域"双跨"平台数量居全国第7位，省级工业互联网平台达92个，上云上平台企业新增14.6万家，工业企业数字化研发设计普及率达81.1%。国家新型工业化产业示范基地达19个，居中部首位。国家级专精特新"小巨人"企业新增116家，高新技术企业净增2000家以上，科技型中小企业突破3万家。

在人才支撑上，湖南省发展内驱力持续增强。湖南省全省人才总量超过780万人，拥有在湘两院院士93人，其中近10年入选院士21人，入选国家和省级重大人才计划专家分别逾3000人和4000人。特别是湖南省紧盯打造轨道交通、工程机械、中小航空发动机及航空航天装备三大世界级产业集群，电子信息、新材料、新能源与节能3个国家级产业集群，实施"一链一才"产业人才计划，"十三五"期间引进高精尖紧缺人才数千名。截至2020年底，全省拥有技能人才近500万人，其中高技能人才150余万人。

在发展模式上，湖南省发展基础持续夯实。高速成网、高铁成环、枢纽成型的效应放大，长沙四小时航空经济圈、省内两小时高铁通勤圈基本形成。5G基站总数达13.3万个、居全国第8位，总算力超5200PF、增长30%。新增电力装机1245万千瓦，其中新型储能装机达266万千瓦、居全国第2位，成功应对夏季4165万千瓦历史最大负荷考验。

二、湖南省发展新质生产力的SWOT分析

发展新质生产力是一个系统工程，对湖南省而言，发展新质生产力在具有较大优势和机遇的同时，也面临一定的劣势和挑战。

（一）湖南省发展新质生产力的优势

在发展新质生产力的优势上，湖南省在一系列领域都拥有较多的显著优势。首先是区位优势。湖南省处在中部崛起、长江经济带、粤港澳大湾区等重大区域发展战略叠加实施区，是建设中部地区崛起重要增长极的主力军，是全国经济高质量发展的战略接续区，也是培育中部地区新质生产力的主战场。其次是交

通优势。湖南省具有新型交通产业发展基础,例如新型交通装备制造产业集群"雄起",工程机械、轨道交通装备和航空动力形成三大世界级产业集群。工程机械的三一重工、中联重科、铁建重工、山河智能4家全球工程机械主机50强企业,全行业营收占全国30%以上,连续12年居全国之首。轨道交通装备的中车株机,形成了国内规模最大的产业集群,产值占全国行业比重超过30%,产品和服务覆盖70多个国家。中小航空发动机产业规模和竞争力全国第一,主导产品占有国内市场75%以上。最后是重大科技成果国内外影响力较强。近年来,湖南省涌现了像超高产杂交稻、超级计算机、超高速列车和深海"海牛"钻机、深地广域电磁勘探装备、深空北斗卫星导航系统等"三超""三深"重大科技成果。"湘字号"硬核创新成果,是湖南新质生产力发展的重要支撑。

(二)湖南省发展新质生产力的劣势

相比于湖南省发展新质生产力的优势,湖南在新质生产力的发展上,也具有一定的劣势。首先是产业结构问题。湖南是传统制造业大省,传统制造业在制造业结构中占比超过80%,由于长期受到"重生产,轻流通"生产经营理念的影响,作为一种思维定式和路径依赖,"重工业、轻服务"的问题仍然存在,尚未形成健全高效的新质生产力发展的产业体制机制。其次是人才竞争问题。由于受到长三角、珠三角等东部沿海发达地区的人才"虹吸效应"影响,湖南省"引不进、用不起、管不好、留不住"等"用工难"的尴尬境地短期内难以有效缓解,人才素质远远满足不了新质生产力发展的需要。最后是区域科技创新能力不平衡,难以形成有效合力发展新质生产力。虽然近几年在各级政府的高度重视下,各地级市的教育观念与投入有了较大的提升,但湘西地区教育观念比其他市区要弱,且教育投入较少,文化教育支出占全省财政支出的比重较低,地方高等院校、职业院校较少。并且,从目前湖南省各市的科技投入状况来看,湘西地区的研发费用的投入一直处于低位,创新能力远不如省内其他地区。

(三)湖南省发展新质生产力的机遇

在发展新质生产力的机遇上,湖南也拥有众多机遇。首先,中部崛起战略给予湖南省发展新质生产力无限可能。2016年12月，国务院常务会议审议通过了《促进中部地区崛起规划（2016—2025年）》，提出"一中心、四区"的战略定位：全国重要先进制造业中心、全国新型城镇化重点区、全国现代农业发展核心区、全国生态文明建设示范区、全方位开放重要支撑区。其次，湖南省大力实施"三高四新"战略给予发展新质生产力宝贵的机遇。2020年9月习近平总书记在湖南考察时，勉励湖南着力打造国家重要先进制造业、具有核心竞争力的科技创新、内陆地区改革开放的高地，在高质量发展上闯出新路子，在构建新发展格局中展现新作为，在推动中部地区崛起和长江经济带发展中彰显新担当，奋力谱写新时代坚持和发展中国特色社会主义的湖南新篇章。最后，湖南省高水平对外开放赢得了新质生产力发展的主动权。湖南省向东，从城陵矶港通江达海，连接长三角；向南，连接粤港澳大湾区、海南自由贸易港，组建全国第一条以对接非洲为特色的湘粤非铁海联运通道；向西，布局怀化国际陆港，加速融入西部陆海新通道；向北，中欧班列（长沙）跑出内陆开放加速度。

（四）湖南省发展新质生产力的挑战

发展新质生产力并非易事，在发展新质生产力的过程中，湖南省也面临诸多挑战。首先，科技投入严重不足，财政科技支出总量偏低、投入机制不健全，全社会科技投入与全国平均水平差距较大，难以推动全社会创新创业向纵深发展。产业创新实力不强，优势产业核心技术受制于人的局面没有得到根本性改变，前沿性和战略性技术研发能力不足，产业创新链尚未形成，产学研结合不紧密，成果转化机制不健全，技术链难以延伸、产业链难以壮大、价值链难以提升。其次，科技创新基础不牢，高层次研发人才不足，国家级创新团队和创新联盟仍然较少，国家级和省级重点实验室、工程（技术）研究中心、企业技术中心等科技创新创业平台建设标准不高，开放共享度不大，高新区、科技园区等实力总体偏弱。最后，科技体制机制不优，创新链、产业链、资金链、政策链相互之间的衔接不顺畅。科技资源部门分割、条块分割问题尚未得到有效解决，集聚度与共享度不高，闲置与紧缺并存，重点不突出与普惠不明显并存。以科技创新质量、贡献、绩效为导向的评价体系不健全，以增加知识价值为导向的分配政策尚未建立，研发费用加计扣除、科研人员成果转化收益分享等政策落地还需破解障碍。

三、湖南省发展新质生产力的差异化路径分析

结合在发展新质生产力上的优势、劣势、机遇和挑战，湖南省探索差异化的新质生产力路径，应该以先进制造业为主导，改造提升四大传统产业，巩固延伸四大优势产业，培育壮大四大新兴产业，前瞻布局四大未来产业，构建湖南新质生产力的"四梁八柱"。

（一）具体方向与产业

以先进制造业高地三大标志性工程为牵引，推动产品向高端进军、产业基地向高地迈进。

改造提升传统产业。加快技术改造和设备更新，实现扩能提质增效。现代石化产业重点聚焦石油、盐氟等基础材料，合理优化园区布局，加快头部企业培育招引。绿色矿业重点围绕有色金属、精品钢材、绿色建造等，推动产品结构调整和高端化发展。食品加工产业重点发展农副产品精深加工、食品制造、酒饮茶等，打造"湘字号"知名品牌。轻工纺织产业重点围绕电器制造、智能家居、纺织服装等领域，培育一批"三品"标杆企业、外贸特色产业集群和加工贸易梯度转移重点承接地。推进烟花爆竹产业转型发展。

巩固延伸优势产业。强化产业链上下游配套，打造彰显湖南特色优势的国内外一流产业集群。工程机械产业重在围绕特种工程机械、特色农机装备产业，强化零部件配套，大力发展再制造，提升主导优势产品国际竞争力。轨道交通产业重在推动国铁、城轨、磁浮、智轨"四轨一体"发展，大力发展高端整车，推动磁浮交通应用和产业化，打造世界一流的轨道交通装备研发中心。现代农业重在大力推进种业振兴，推动农业优势特色产业全链条发展。文化旅游产业重在发展文化创意、全域旅游，优化文化旅游产品供给，推动文旅深度融合。

培育壮大新兴产业。加快融合化集群化发展，打造一批根植湖南、竞争力凸显的新兴产业集群。数字产业紧扣发展先进计算、新一代半导体、新型显示、智能终端，加快打造全国重要的先进计算产业基地。新能源产业紧扣新能源汽车、

新能源装备、新型储能发展，密切跟踪氢能、固态动力电池产业发展趋势，促进新能源产业链上下游融合，力争在新赛道上取得新优势。大健康产业紧扣中医药、现代医药、医疗器械、美妆、健康服务等领域，加快成长为重要支柱产业。空天海洋产业紧扣航空装备、北斗产业、商业航天、通用航空、海洋装备等发展方向，积极配合实施航空发动机和燃气轮机"两机"专项，加快打造世界一流的空天海洋产业集群。

前瞻布局未来产业。加强集成电路、工业母机、基础软件等关键技术突破，抢占新一轮科技革命和产业变革制高点。人工智能产业聚焦推进工业机器人、服务机器人等关键软硬件研发与制造，拓展重点领域应用，形成一批应用标杆案例。生命工程产业着力推动人工生物设计、脑机接口、类脑芯片等领域研发创新，发展生物制造产业。量子科技产业强化在先进计算、智能制造、检测计量等领域的应用场景建设。前沿材料产业重点围绕3D打印材料、超导材料、纳米材料等领域开展技术攻关。

加快推进新型工业化。推动工业化、信息化"两化融合"，加快"智赋万企"进企业、进车间、进班组步伐，新增智能制造标杆企业10家、标杆车间40家以上，数字经济增长15%。推动先进制造业、现代服务业"两业共融"，推进服务型制造，大力发展金融、物流、工业设计、检验检测认证等专业化服务，力争生产性服务业占服务业比重超过42%。推动原地倍增、招引新增"两增并举"，实施存量企业扩能工程，支持优势企业就地扩能升级，精准开展产业链、基金链和以商招商，提高招商引资质量和能级。

（二）产业生态与支撑

加快科技创新高地五大标志性工程建设，培育发展新质生产力。

打造高能级创新平台。强化长株潭国家自主创新示范区机制创新和试点示范，推进湘江科学城重点项目建设，支持长沙加快建设全球研发中心城市。扎实推进"4+4科创工程"，推动岳麓山实验室全面建成投用，岳麓山工业创新中心完善科研基础和创新网络体系，湘江实验室"四算一体"攻关取得突破，芙蓉实验室创新医疗技术研发；实现国家超算（长沙）中心服务用户1000个以上，大飞机地面动力学试验平台开展试验运行、研发成果转化和配套产业孵化，力能实验装置、航空发动机冰风洞装置尽快开展科研试验。支持有条件的地区创建国家创新型城市、国家高新区。

推进高水平科研攻关。全社会研发经费投入增长12%以上。结合国家所需、发展所急、湖南所能，紧盯35个领域需攻克的"卡脖子"技术清单，力争在集成电路、半导体、先进装备等领域取得一批原创性成果。大力推进楚天科技医用高端机器人、中车株机混合动力机车、湖南石化特种环氧树脂、湖南农科院耐盐碱水稻、湖南高创翔宇新型飞行器核心部件、株洲太空星际北斗多源融合时空增强、株洲中车时代半导体IGCT功率器件、宇环数控高精度平面磨床、湖南林科院高品质油茶新品种、航空航天3D打印装备等十大技术攻关项目。布局建设关键零部件、关键材料、关键设备等产业备份基地。推动"大校、大院、大企业"协同创新，开展校企合作"双进双转"，加强高新区与高等院校常态化对接，建好用好潇湘科技要素大市场，建设一批中试平台（基地）和孵化器，深化高校科技成果转化。推进知识产权强省建设，加强知识产权全链条保护。强化企业科技创新主体地位，支持骨干龙头企业牵头组建创新联合体、新型研发机构，落实"五首"产品奖励支持政策，推进规模以上工业企业创新研发全覆盖，净增高新技术企业1000家以上。

建立高素质人才队伍。加快推动教育、科技、人才一体化布局。积极引育人才，持续实施"芙蓉计划"和"三尖"创新人才工程，培育更多战略科学家、领军人才、创新团队和高技能人才队伍。放手激励人才，落实"两个70%"激励政策，健全以创新价值、能力、贡献为导向的科技人才评价体系，完善以增加知识价值为导向的分配制度。诚心留住人才，积极为科技工作者排忧解难，让广大人才潜心科研、安心创业、顺心发展。

第四章
西部地区发展新质生产力的路径

习近平总书记指出，西部地区在全国改革发展稳定大局中举足轻重。实际上，无论是缩小区域发展差距，还是统筹发展和安全，西部地区都有其他地区难以比拟的重要作用。然而，相比于东部和中部地区，西部地区的发展基础相对较弱，各类发展条件并不占优，尤其是相对欠发达的地区数量仍然较多，是我国实现高质量发展目标的薄弱地区。因此，未来继续加大对西部地区的支持力度，培育具有竞争力和内生能力的产业体系，是西部大开发战略的重点目标。从这一点分析，发展新质生产力，在推动传统产业转型升级的同时，继续培育新兴产业，同样是西部地区的历史重任。

第一节　内蒙古自治区

一、内蒙古发展新质生产力的基础情况

内蒙古自治区，简称"内蒙古"，首府呼和浩特市。地处中国北部，东北部与黑龙江、吉林、辽宁、河北交界，南部与山西、陕西、宁夏相邻，西南部与甘肃毗连，北部与俄罗斯、蒙古国接壤，下辖12个地级行政区，总面积118.3万平方千米。2023年末，常住人口2396.0万人。

在综合实力上，内蒙古2023年地区生产总值24627亿元，位居全国第21位，处于全国第四梯队，比上年增长7.3%，增速高于全国水平。内蒙古2023年人均地区生产总值达到102677元，位于全国第7位。2023年完成一般公共预算收入3083.4亿元，税收收入2331.0亿元，占一般公共预算收入的比重为75.6%。[①]

在产业结构上，内蒙古仍处于工业化阶段，第二产业增加值高于第一产业和第三产业。2023年，内蒙古三次产业构成比为11.1∶47.5∶41.4，第三产业的比重远低于全国水平。其中，第一产业增加值2737亿元，第二产业增加值11704亿元，第三产业增加值10186亿元。进一步看，内蒙古2023年规模以上工业中，战略性新兴产业增加值比上年增长13.5%；非煤产业增加值比上年增长12.1%，占规模以上工业增加值的比重为60.7%；高技术制造业增加值增长11.4%；新能源装备制造业增加值增长11.4%。发展后劲持续增强。高技术产业投资比上年增长84.5%，其中高技术制造业投资增长123.7%，高技术服务业投资增长36.6%。新能源产业投资比上年增长70.1%。

[①] 数据来源：《内蒙古自治区2023年国民经济和社会发展统计公报》。

在创新能力上,内蒙古是全国创新资源和创新能力较弱的省份之一。2023年,内蒙古专利授权量22249件,相较去年下降0.5%。每万人口发明专利拥有量5.2件。登记技术合同2219项,其中区内技术合同登记1817项;全年全区技术合同成交金额61.7亿元,其中区内技术合同成交金额56.3亿元。2023年,科技重大专项新立项26项,自然科学基金共安排855项,重点研发和成果转化计划共安排582项。科技成果转化专项资金总规模5.2亿元。科技企业孵化器53家,众创空间177家。

在人才支撑上,内蒙古的人力资本相对较为缺乏。技能人才支撑力进一步增强,截至2023年底,内蒙古自治区技能人才总量达到392.6万人,高技能人才总量达到116.4万人。全区累计建成29个国家级高技能人才培训基地、50个国家级技能大师工作室,600多所职业院校和培训机构承担政府补贴性培训任务,但与广东、河北、福建等东中部发展较好省份还存在较大差距。国有单位专业技术人才58.8万人,其中工程技术人员8.6万人、农业技术人员1.7万人、科学研究人员0.4万人、卫生技术人员8.9万人。

在发展模式上,内蒙古全面贯彻落实绿色发展理念,在调结构、转动能、提质量上迈出了坚实步伐。尽管煤炭产业只增长1.4%,但非煤产业快速增长,达到12.1%,制造业、高技术制造业、战略性新兴产业、科技研究和技术服务业、软件和信息服务业均实现两位数增长。工业投资增长32.9%、居全国第2位,制造业投资增长46.4%,新能源装备制造业投资增长1.2倍。

二、内蒙古发展新质生产力的SWOT分析

发展新质生产力是一个系统工程,对内蒙古而言,发展新质生产力在具有较大优势和机遇的同时,也面临一定的劣势和挑战。

(一)内蒙古发展新质生产力的优势

在发展新质生产力的优势上,内蒙古在一系列领域都拥有较多的显著优势。首先,自然资源丰富。2023年,内蒙古煤炭产量12.2亿吨,完成9.45亿吨保供煤任务,电力总装机超过2亿千瓦,实现煤炭保供量及外送量、电力总

装机及新增装机、新能源总装机及新增装机、总发电量及外送电量、新能源发电量、煤制气产能"10个全国第一",保障了29个省份能源需求。粮食播种面积、单产、总产"三增长",粮食产量791.6亿斤,实现二十连丰,稳居全国第6位;主要肉类产量285.4万吨,牛奶产量792.6万吨,均创新高。其次,生态环境保护治理较好。内蒙古林业建设、草原建设和沙化土地治理面积均居全国第一,森林覆盖率和草原综合植被盖度分别达到23%和45%,荒漠化和沙化土地面积实现"双减少",库布齐沙漠治理获得联合国环境奖,《联合国防治荒漠化公约》第十三次缔约方大会在内蒙古召开,建成一批绿色矿山、绿色园区、绿色工厂,森林公园、湿地公园、地质公园等达到372个。最后,区位优势。内蒙古北边同俄罗斯、蒙古国接壤,有4200多千米的边境线,有20个对外开放口岸,其中满洲里是国内最大的陆路边境口岸,和东北3个省、华北2个省、西北3个省接壤,横跨三北,这样的区位优势有利于内蒙古扩大对内对外的开放,随着"一带一路"建设,内蒙古出口增速较快,2021年和2022年出口同比增长分别高达37.1%和31.9%。

(二)内蒙古发展新质生产力的劣势

相比于发展新质生产力的优势,内蒙古在新质生产力的发展上也具有一定的劣势。首先,产业结构需要进一步优化。第三产业比重代表着经济发展的活力和潜力,一般而言第三产业发育得好,就意味着民营经济发育程度好、就业充分、居民消费活跃。内蒙古第三产业占比过低,以居民消费活力为例,内蒙古居民消费水平呈现下降态势,2013年至2022年十年间,内蒙古人均消费支出占人均可支配收入比重从2013年的79.6%下降至2022年的62.1%。其次,财政科技投入严重不足。2022年,自治区财政科技支出42.99亿元,占全国财政科学技术支出的比重仅为0.39%。财政科技支出占财政支出比重0.73%,远低于全国平均水平(4.27%)。内蒙古研究与试验发展经费投入强度远低于全国平均水平。2022年,内蒙古研发经费投入强度为0.90%(全国平均水平为2.54%),位居全国第27位;全年共投入研发经费209.5亿元,位居全国第22位,占全国研发经费比重仅为0.67%。最后,科技创新环境有待优化。内蒙古创新环境近年来逐渐得到改善，但仍需进一步优化，《中国城市科技创新发展报告（2022）》显示，内蒙古仅有呼和浩特、鄂尔多斯、包头3个市的科技创新发展指数高于全国平均值。同时，科技创新活动还面临着资金来源单一、社会投融资环境发展不充分的困境，限制了创新活动潜力的释放。

（三）内蒙古发展新质生产力的机遇

在发展新质生产力的机遇上，内蒙古也拥有得天独厚的时机。首先，战略前景广阔。内蒙古是我国唯一同时享有西部大开发、东北全面振兴、黄河流域生态保护和高质量发展三大国家区域协调发展政策的省份。2023年6月，习近平总书记在内蒙古考察时强调，内蒙古在建设"两个屏障""两个基地""一个桥头堡"上展现新作为。随后国务院出台了《国务院关于推动内蒙古高质量发展奋力书写中国式现代化新篇章的意见》，为内蒙古高质量发展指明了方向，擘画了内蒙古现代化建设的蓝图，为内蒙古进一步发挥区域优势、发展形成新质生产力提供了战略指引。其次，优势特色产业处于增长窗口期。内蒙古具有聚焦新能源、稀土新材料、煤基新材料、石墨烯、氢能、生物制药、生物育种、草业等优势领域产业。2023年，新能源全产业链增加值增长16.1%，风光氢储装备制造业产值达到2762亿元，现代煤化工产业增加值增长15.4%，煤制乙二醇、煤制烯烃产能均居全国第2位。稀土产业增加值增长21%，农畜产品加工业增加值增长11.6%，建成全球最大乳酸菌种质库、国家羊遗传评估中心。

（四）内蒙古发展新质生产力的挑战

发展新质生产力并非易事，在发展新质生产力的过程中，内蒙古也面临诸多挑战。首先，内蒙古人口压力较大。内蒙古人口自然增长率较低，且存在人口流失问题，人口呈现长期负增长趋势。2010年，内蒙古常住人口达到2472.2万人的顶峰，之后就持续负增长。2011年至2021年，常住人口增速持续低于全国人口增速。一方面，人口自然增长率较低，长期低于全国平均水平。2022年人口自然增长率-2.25‰，在31个省区市中排名倒数第6位。另一方面，2010年至2020年内蒙古处于人口迁出状态，人口净流出143万人，是全国排名第10位的人口流出大省。其次，农业和畜牧业资源优势发挥不足，现代化程度不高，转化能力需要进一步加强。内蒙古农畜产品加工业发展较快，但规模不大、转化能力不强，仍处于增加投入、扩大生产的初级加工或粗放加工增长阶段。农畜产品加工业发展滞后，转化增值能力差。内蒙古粮食产量位居全国第6位，但农业总产值却排名第18位。内蒙古牛羊肉产量居全国第1位，牧业总产值却排名全国第10位。最后，区位优势发挥不足。内蒙古地理区位较好，但是出口相对较弱，全国海关总署在31个省区市设有42个直属海关，其中内蒙古坐拥呼和浩特海关和满洲里海关，是为数不多有2个直属海关的省份，仅次于广东省7个直属海关。但是，2022年满洲里海关和呼和浩特海关出口金额分别为40.71亿美元和36.05亿美元，在42个海关中分别排在第33位和第36位。根据内蒙古自治区统计局数据，2022年内蒙古出口占GDP比重仅为2.72%，在全国31个省区市中排第27位。

三、内蒙古发展新质生产力的差异化路径

结合在发展新质生产力上的优势、劣势、机遇和挑战，内蒙古探索差异化的新质生产力路径，应该立足自身强大创新能力，着力推动原始创新能力的增强和未来产业的发展。

（一）具体方向与产业

结合内蒙古当前的发展状况以及发展新质生产力的优势，内蒙古未来应将战略性新兴产业和未来产业作为发展新质生产力的主要方向，具体包括现代装备制造业、新材料、生物医药、节能环保、通用航空等产业。

发展现代装备制造业。以呼包鄂为重点，培育发展北奔、北重等新能源重卡汽车，打造动力电池、电机、电控系统、动力总成、配套零部件及整车研发生产的新能源汽车全产业链。积极发展风电设备制造，加快建设通辽、乌兰察布、包头、巴彦淖尔风电装备制造基地。加快发展高端医疗设备、机器人制造、3D打印及应用产业，建设高档伺服系统、高精密减速器、驱动器等关键零部件及系统集成设计制造基地。

发展新材料产业。做大石墨电极、碳纤维等碳基材料规模，建设乌兰察布等石墨（烯）新材料生产基地，适度在呼和浩特、包头等地区布局多晶硅、单晶硅及配套延伸加工产业，鼓励发展电子级晶硅，建设我国重要的光伏材料生产基地。以鄂尔多斯、乌海等地区为重点，推动化工产业延链补链，衍生新材料产业，推动传统化工耦合发展，补齐煤基等新材料短板。以包头、通辽铝产业为基础，延伸发展稀土铝特种合金、高品质铝合金焊丝、双零铝箔、高强高韧铝合金等高附加值产品。

发展生物医药产业。依托自治区生物疫苗创新中心，推动原料药、医药中间体向高品质成品药和制剂转变。加快发展绿色生物农药兽药，培育一批全球抗生素类原料药企业。完善蒙医药标准体系，打造国家级中医药（蒙医药）研发基地和国际中医药（蒙医药）创新中心。实施振兴蒙医药行动计划，以通辽市、兴安盟、呼和浩特市、赤峰市、呼伦贝尔市等为重点，加快建设一批现代化中医药（蒙医药）生产基地，打造道地药材种植—生产—销售—临床应用于一体的中医药（蒙医药）产业链。

发展节能环保产业。促进环保产业向园区集聚、环保服务向中心城市集中、工业园区向生态园区转变，加快建设静脉产业基地和"城市矿产"示范基地。重点建设呼包鄂全区产业研发中心和装备、产品与综合服务业生产基地，建设乌兰察布、包头大宗固体废弃物综合利用、废旧装备清洁回收处理、城镇废弃物回收处理及资源再生利用产业园区，加快建设绿色建材生产基地、农牧业节能节水技术综合利用基地。发展农作物秸秆饲料、颗粒燃料及秸秆有机肥资源循环利用。

发展通用航空产业。探索呼伦贝尔、阿拉善空域资源优势利用模式。创新通用机场管控模式，探索建立一体化运行管理平台。推进低空飞行保障体系建设，建立低空空域网络。逐步建立通用航空维修体系，与中国民航飞行学院筹建飞行培训基地。支持呼和浩特、赤峰、鄂尔多斯、呼伦贝尔临空经济发展。

（二）产业生态与支撑

基于内蒙古发展新质生产力的目标，要加快构建未来产业创新发展生态，为发展新质生产力提供要素支撑。

在人才集聚上，制定未来产业发展推进方案，围绕低碳能源等领域，聚焦新型储能、氢能、高性能复合材料等方向，积极引进顶级专家、创新团队开展研发，全力做好技术攻关、产业培育、人才培养等工作。集中实施"新时代专业技术人才选拔培养项目"、"草原英才"工程青年创新创业人才培养计划、少数民族地区专业技术人才特培计划等自治区级人才计划。加快推进呼包鄂乌、赤峰通辽"双子星座"人才集聚区建设，重点推进呼和浩特成为北方重要的人才科创中心，推进鄂尔多斯建设"风光氢储"等高能级平台，打造区域人才中心。推动艰苦边远地区津贴标准的调整兑现。落实自治区党委"海外高层次人才引进计划"行动要求和《内蒙古自治区高等院校常态化联系服务院士工作机制专项方案》。

在研究主体上，推进技术创新中心建设，在新能源、稀土新材料、煤基新材料、石墨烯、氢能、新型储能、生物医药、高性能复合材料等内蒙古优势特色领域布局建设一批内蒙古技术创新中心。做强做优大豆、生物育种等种业技术创新中心。建立产学研协同创新平台，实施关键核心技术攻关行动，增强产业发展技术供给。以企业为主体，以前沿技术和关键共性技术为导向，促进技术成果转化，疏通成果转化渠道，更多地把高校、科研机构的基础研究成果转化为产品并推广应用，力争到2025年布局建设国家技术创新中心2家、自治区技术创新中心20家。

在创新研发上，打造"科技兴蒙"2.0版，发展新质生产力，出台实施科技"突围"工程工作方案。保持科技投入刚性增长，自治区本级科技支出增长20%以上。推进三大示范区建设，持续推动国家乳业技术创新中心成果转化落地，打造稀土、草业高能级科技创新平台，争取怀柔实验室内蒙古基地获得批复、省部共建草原家畜生殖调控与繁育国家重点实验室进入全国重点实验室序列。

在财政金融支持上，优化财政科技资源配置，发挥产业基础再造和制造业高质量发展专项资金作用，促进产业结构优化升级。统筹现有专项资金，加大军转民、民参军以及军民融合科技成果转化项目支持力度。建立健全金融科技赋能机制,加大对小微企业和"三农三牧"主体的融资增信支持力度,丰富金融产品,推动金融行业向数字化转型。充分用足用好国家融资担保政策,推动内蒙古融资担保机构与国家融资担保基金开展业务合作。指导符合要求的担保公司按照国家融资担保基金合作准入要求,建立合作工作机制。

第二节 广西壮族自治区

一、广西发展新质生产力的基础情况

广西壮族自治区,简称"桂",首府南宁市。地处中国地势第二台阶中的云贵高原东南边缘,两广丘陵西部;主要分布有山地、丘陵、台地、平原等类型地貌,中部和南部多丘陵平地,呈盆地状,有"广西盆地"之称;行政区域土地面积23.76万平方千米。截至2023年末,广西壮族自治区常住人口5027万人。

在综合实力上,2023年广西生产总值27202.39亿元,一般公共预算收入1783.80亿元,其中税收收入1081.99亿元,占一般公共预算收入的比重为60.7%。一般公共预算支出6102.58亿元,其中民生重点领域支出4848.82亿元,占一般公共预算支出的比重为79.5%。[①]

在产业结构上,第一产业增加值4468.18亿元,第二产业增加值8924.13亿元,第三产业增加值13810.08亿元。第一、二、三产业增加值占地区生产总值的比重分别为16.4%、32.8%和50.8%,对经济增长的贡献率分别为19.5%、24.9%和55.6%。装备制造业、高技术制造业增加值分别增长5.3%、8.3%。战略性新兴产业增加值占规模以上工业比重提高到20%左右。设施农业占农业总产值比重超1/3。规模以上高技术服务业营业收入增长19.4%。

在创新能力上,实施科技"尖锋"行动重大项目170项。有效发明专利3.72

---

① 数据来源:《2023年广西壮族自治区国民经济和社会发展统计公报》。

万件，增长18.1%。入选国家中小企业特色产业集群9个，排西部第2名。工业经营主体突破11万家，龙头企业、链主企业分别增加212家、30家，新增高新技术企业1255家、国家级知识产权示范和优势企业133家。国家级专精特新"小巨人"企业累计达101家，自治区级专精特新中小企业737家、"瞪羚"企业180家。组建新能源汽车等3家自治区实验室。制造业数字化转型指数由2021年的81.2升至2023年的91.3，是全国进步最快的5个省份之一，实现规模以上工业企业全覆盖。新增智能工厂示范企业243家、数字化车间197家。

在人才支撑上，2022年广西享受政府特殊津贴专家累计1634人，自治区特聘专家158人，国家级专业技术人员继续教育基地5家，国家级专家服务基地4家，自治区级专家服务基地25家。有博士后科研工作站53个，博士后科研流动站25个，博士后创新实践基地74家，自治区级人才小高地76个，自治区级专业技术人员继续教育基地33家。

在发展模式上，广西向海产业发展驶入快车道。传统产业提质增效，4个国家级海洋牧场建设提速。临港临海产业不断壮大，广西在北部湾区域已形成以绿色化工新材料、高端金属新材料、电子信息、装备制造等为重点的临港临海产业集群。近年来，广西已初步形成以北部湾港为出海口，铁路、高速公路多通道共担，连接西南、西北，面向东盟的国际大通道。截至2023年，推进在建项目超700个、计划投资额超万亿元，中越智慧口岸、中国—东盟水果交易中心等项目落地实施，与15家央企签署合作协议18项。北部湾港新开国际集装箱航线6条，实现东南亚主要港口全覆盖，集装箱吞吐量增长14.3%，北海铁山东港区开港运营。

二、广西发展新质生产力的SWOT分析

发展新质生产力是一个系统工程，对广西而言，发展新质生产力在具有较大优势和机遇的同时，也面临一定的劣势和挑战。

（一）广西发展新质生产力的优势分析

在发展新质生产力的优势上，广西拥有较多的显著优势。首先，区位优势

明显。广西是我国唯一既沿海又沿边、沿江的少数民族自治区和西部省区，区位具有"三重地位"的特点，即东部中的西部、西部中的东部、中部中的南部，在西部大开发格局中具有承东启西的独特区位优势。同时，广西沿海地区还处于中国与东盟两大板块的接合部，是西南最便捷的出海大通道，是我国走向东南亚的前沿阵地，在地理位置上最适合充当中国—东盟自由贸易区的桥头堡。其次，战略性新兴产业优势显著。当前，广西新增新材料、新能源汽车、新能源电池、新能源4个500亿级以上的新产业，成为全国重要的动力电池正负极材料生产基地和全球最大的锰基新材料基地，并建成国内重要的新能源汽车制造基地。最后，粤桂创新合作为广西新质生产力发展提供无限可能。习近平总书记强调，欠发达地区可以通过东西部联动和对口支援等机制来增加科技创新力量，以创新的思维和坚定的信心探索创新驱动发展新路。广东长期位于全国科技创新第一方阵，拥有一大批国家级高水平创新平台，这为广西承接科技创新外溢效应创造了良好的条件。如防城港国际医学开放试验区、粤桂合作特别试验区、广西东融先行示范区（贺州）、"两湾"产业融合发展先行试验区（广西·玉林）等，均助力广西加快融入国内外创新网络，持续激发创新创造活力。

（二）广西发展新质生产力的劣势分析

在新质生产力的发展上，产业是广西最大的短板，工业是最大的弱项，创新能力不足是最大的制约。首先，产业结构不够优。广西第一产业比重较大，第二产业比重较轻且生产方式粗放、产业规模效益小，第三产业虽然比重相对合理，但产业内部层次低，以批发业和零售业、餐饮业等传统服务行业为主，高新科技产业、金融业、保险业等相对高层次的产业发展依旧落后。其次，工业占比低但能耗高。2005年至2023年，广西第二产业增加值占地区生产总值的比重都要低于全国平均水平，广西工业主要依靠的是高耗能行业，且六大高耗能行业的能源消费总量还在持续上升，从高能耗的传统产业向未来产业转型道阻且长。最后，创新资源利用率低。近年来，广西对创新的投资力度在持续加大，但创新成果转换率相对较低的情况仍然没有彻底扭转。

（三）广西发展新质生产力的机遇分析

《区域全面经济伙伴关系协定》（RCEP）正式签署，西部陆海新通道上升为国家战略，中国（广西）自由贸易试验区加快建设，西部大开发、珠江—西江经济带、北部湾经济区、左右江革命老区等国家战略深入推进，主动对接长江经济带发展、粤港澳大湾区建设等国家重大战略，加快推进面向东盟科技创新合作区规划建设，为广西融入国内国际双循环、全方位深化科技创新开放合作带来重大机遇。2023年12月，习近平总书记在广西考察时强调，要把广西打造成为粤港澳大湾区的重要战略腹地。广西认真抓好落实，2024年2月，广西党政代表团专程赴广东对接深化东西部协作和粤桂合作，双方签订《打造粤港澳大湾区重要战略腹地进一步全面深化粤桂合作框架协议》，全力推进南宁（深圳）东盟产业合作区等产业园区建设，当好大湾区交通物流衔接地、产业发展辐射地、科技创新接续地、资源要素响应地、生态环境涵养地，更好服务和融入大湾区高质量发展。习近平总书记在广西考察时还强调，广西要持续扩大对内对外开放。2024年1月，中央印发文件支持广西加快打造国内国际双循环市场经营便利地。西部陆海新通道、广西自贸试验区、中国—东盟博览会和商务与投资峰会、中国—东盟自贸区南宁国际商事法庭等平台的落实，以及首个中越跨境智慧口岸建设，与国际高标准经贸规则对标，为广西新质生产力的发展提供了机遇。

（四）广西发展新质生产力的挑战分析

广西正处于转型升级、爬坡过坎的关键阶段，存在企业创新主体地位不突出、高水平创新平台极缺、高端创新人才严重不足、科技与产业发展结合不够紧密、创新体制机制不够灵活等问题，创新能力不足以支撑产业高质量发展。影响广西发展新质生产力的主要因素有三个方面。首先，政府间合作机制不完善，广西和其他省份之间的经贸科技合作尚未大规模开展，没有形成互动的态势。其次，以企业特别是民营企业为主体的经贸科技合作机制不完善。由于广西民营企业发展还处于初级阶段，使得广西和其他省份企业之间经贸科技合作成效不够明显。最后，经贸科技分工和合作机制缺失。发达地区科研院所的科技力量、企业的科技力量均较强，在资源利用和深度开发、增加产品附加值方面有更强的实力，而广西虽有丰富的资源优势，但在资源深加工、产品附加值增加等方面缺乏优势，应在科技分工方面进一步明确并加强合作利用资源，提高资源的利用率。同时，区域科技竞争更加激烈，存在强者越强、弱者越弱态势，广西科技建设整体水平与国内先进地区相比处于落后位置，即便是与同为西部省份的陕西和四川相比，广西科技实力和发展水平略显落后。广西面临"不进则退、慢进亦退"的严峻挑战。

三、广西发展新质生产力的差异化路径

（一）具体方向与产业

结合广西当前的发展状况以及发展新质生产力的优势，未来应围绕产业链部署创新链，围绕创新链布局产业链，聚焦广西传统产业升级、特色产业发展、新兴产业培育、"蛙跳产业"培育，支持重大科技攻关、重大新产品开发和重大成果转化，实施产业链创新链融合工程，面向重要产业需求统筹应用基础研究、技术攻关、成果转化及产业化等体系化布局，推动全产业链优化升级，一体推进创新驱动发展与现代产业体系构建。

加快重点产业关键核心技术攻关。围绕产业数字化、高端化、绿色化发展方向，聚力打好重要产业关键核心技术攻坚战，按照"成熟一项、启动一项"的原则，瞄准汽车、机械、电子信息、高端金属新材料、绿色高端石化、高端绿色家居六大重点支柱产业链以及生物医药、新能源汽车、第五代移动通信技术（5G）通信设备及应用、高端装备制造、前沿新材料五大战略性新兴产业链重大需求，分批组织实施科技重大专项，率先启动新能源及智能网联汽车、机械制造与高端装备、新一代人工智能、高端金属新材料及新型功能材料、生物医药创制等科技重大专项，梳理重点产业链上下游核心关联企业清单、创新资源清单、关键核心技术攻关清单"三张清单"，突破一批关键核心技术，开发一批产品附加值高、市场需求量大、产业带动性强的重大战略产品，有效提升产业科技创新能力，引领带动产业蛙跳式发展。

主动布局前沿领域技术创新。紧盯全球未来产业发展趋势，瞄准第三代半导

体、生物工程、生物育种、氢能与储能、深地深海等前沿领域超前布局，争取具有前瞻性、战略性的国家重大科技项目，突破一批具有战略意义的关键技术，取得一批重大科技成果，加速构筑引领未来产业发展的先发优势。

加强面向重大需求的基础研究和应用基础研究。坚持应用牵引、问题导向，面向广西重大战略需求和产业发展需要，以应用研究倒逼基础研究、以基础研究引领应用研究，解决制约产业发展的基础科学问题。制定实施基础研究十年行动方案，实施源头创新引领工程，在人工智能、生物工程、生物育种等关系广西长远发展的前沿领域部署基础研究，面向汽车、机械、新一代信息技术等重点产业发展需求部署应用基础研究，培养造就一批优秀基础研究工作者和科研团队，取得一批重要原创性成果，提升创新源头供给能力。

（二）产业生态与支撑

基于广西发展新质生产力的目标，要加快构建产业创新发展生态，为发展新质生产力提供要素支撑。

在人才队伍上，深入实施人才强桂战略，优化人才"引育留用"生态，实行更加开放的人才政策，突出"产才融合"，壮大人才总量、提高人才质量，集聚培养一批战略科学家、科技领军人才和创新团队、青年科技人才等，形成结构合理、有机衔接、支撑有力的人才"金字塔"。

在研究主体上，重点发展一批研发设计、检验检测认证、知识产权、技术转移、科技咨询、人力资源服务等科技服务机构，培育专业化、网络化、规模化、国际化的科技服务市场主体。引导高校、科研院所设立技术转移机构，培育认定一批自治区级技术转移示范机构，创建一批国家技术转移示范机构。

在创新研发上，提升科技创业孵化效能。完善"众创空间—孵化器—加速器—产业园"孵化链条，引导创业孵化载体向专业化、集成化、品牌化方向发展，构建大众创业、万众创新生态体系。推进孵化器和众创空间提质增效，建立科技企业孵化器综合评价体系，引导孵化器向重视服务绩效、可持续发展能力方向升级，争创一批国家级科技企业孵化器。

在金融支持上，建立以财政资金为引导、金融机构支持、社会资本广泛参与的多层次科技金融服务体系，鼓励发展天使投资、创业投资，为科技成果转化和创新创业提供全生命周期金融服务。更好发挥各类投资基金作用，做大做强广西创新驱动发展投资基金，按照市场化原则培育发展科技创新投资基金集群。

在国际合作上，以"南向"开放为重点，实行更大范围的开放合作，深度参与"一带一路"科技创新行动计划，加强创新载体、技术转移转化和科技人文等方面的交流合作，打造面向东盟更好服务"一带一路"的开放创新高地。

第三节 重庆市

一、重庆市发展新质生产力的基础情况

重庆市，简称"渝"，别称"山城""江城"，是直辖市、国家中心城市、超大城市、国务院批复的国家重要中心城市之一、长江上游地区经济中心、国际消费中心城市，全国先进制造业基地、西部金融中心、西部科技创新中心、国际性综合交通枢纽城市和对外开放门户。截至2023年末，重庆市共辖38个区县，总面积8.24万平方千米，2023年末重庆市常住人口3191.43万人，常住人口城镇化率为71.67%。

在综合实力上，重庆市2023年地区生产总值30145.79亿元，位居全国第17位，在城市体系中排名第5位。重庆市2023年人均地区生产总值达到94135元。2023年完成一般公共预算收入2440.8亿元，其中税收收入为1476.1亿元。[①]

在产业结构上，重庆市刚进入后工业化阶段，第三产业的比重高于第一产业和第二产业之和。2023年，重庆市的三次产业构成比为6.9∶38.8∶54.3。其中，第一产业增加值2074.68亿元，第二产业增加值11699.14亿元，第三产业增加值16371.97亿元。进一步看，2023年，重庆市发展新动能不断壮大，新能源汽

[①] 数据来源：《2023年重庆市国民经济和社会发展统计公报》。

车产业、新材料产业、节能环保产业、高端装备制造产业增加值分别比上年增长20.6%、17.2%、10.4%和8.8%。全年规模以上工业战略性新兴产业增加值和高技术制造业增加值占规模以上工业增加值的比重分别为32.2%和18.3%。高技术产业投资比上年增长12.7%，占固定资产投资的比重为10.6%。①

在创新能力上，重庆市深入实施科技创新战略。2023年，重庆市新增国际标准5项，新增国家级企业技术中心4家，累计创建国家级专精特新"小巨人"企业286家、单项冠军企业13家，新增市级专精特新中小企业1366家、累计3694家。重组建成全国重点实验室10个，新增国家创新型县2个、国家农业科技园区2个。新增国家生物样本库1个、总数8个，新增国家临床医学研究中心分中心1个、总数14个。2023年，重庆市科技型企业、高新技术企业数量分别增长36.1%、19.2%。新增国家级创新型产业集群5个、累计8个，新获批国家级科技企业孵化器3家、累计29家，新增4个学科进入ESI学科前1‰、累计6个，新增16个学科进入ESI学科前1%、累计69个。加快关键核心技术突破，实施人工智能、高端器件与芯片等13个专项，安排重点技术攻关项目137项，超级智能汽车平台、18兆瓦集成海上风电机组等一批重大关键核心技术攻关和成果产业化实现突破，重庆造"天目一号"气象星座在轨组网运行，这一系列科技成果都说明重庆市的创新实力不容小觑。②

在人才支撑上，重庆市着力汇聚高层次科技人才。2023年，重庆市举办国际人才交流大会，引进人才3401人、引进项目283个。启动"渝跃行动"和新重庆引才计划，加大人才培养引进力度，做好两院院士增选推荐和服务工作，新当选中国工程院院士2人，新引进市外人才7.4万人、增长19.4%，新招收博士后1290人、增长21%，出站留渝率升至90%，新认定高层次人才895人，研发人员总量预计达到24万人，人才总量达到634.7万人。加快形成一流创新生态，印发实施《重庆市完善科技激励机制的若干措施》，最大限度激发科技人员创新活力、释放发展潜力。③

---

① 数据来源：《2023年重庆市国民经济和社会发展统计公报》。
② 数据来源：《关于重庆市2023年国民经济和社会发展计划执行情况及2024年计划草案的报告》。
③ 数据来源：《关于重庆市2023年国民经济和社会发展计划执行情况及2024年计划草案的报告》。

在发展模式上，重庆市扎实推进绿色低碳转型。2023年，重庆市万元地区生产总值能耗比上年下降3.0%。水电、风电、太阳能发电等清洁能源发电量为271.30亿千瓦时，增长11.8%。天然气产量160.24亿立方米，增长13.3%。推进绿色金融改革创新试验区建设，绿色贷款余额超6800亿元。出台《重庆市碳排放权交易管理办法（试行）》，碳市场累计交易碳配额4753万吨、10.6亿元，推进两江新区国家气候投融资试点，建成气候投融资项目库，意向融资超过4500亿元。[①]

二、重庆市发展新质生产力的SWOT分析

发展新质生产力是一个系统工程，对重庆市而言，发展新质生产力在具有较大优势和机遇的同时，也面临一定的劣势和挑战。

（一）重庆市发展新质生产力的优势

在发展新质生产力的优势上，重庆市在一系列领域都拥有较多的显著优势。首先，科技综合实力强，有助于新质生产力的顺利形成。科技创新已成为重庆市发展新质生产力的"主攻方向"，一大批"硬核科技"产品不断问世。神舟十八号飞船的蒙皮、锻环等关键铝合金材料大部分来自西南铝业；飞船上的抗辐射双路运算放大器、三端稳压器等重要器件，来自位于西永微电园的中国电科芯片技术研究院；为飞船发射提供配套的遥测地面设备，由重庆航天电子公司研制生产。上述成果充分证明，重庆市的科技创新能力已经处于较高水平。其次，制造业基础好。作为我国重要老工业基地，重庆市拥有全国41个工业大类中的39个，笔电、手机、汽车产量还在全国占有相当比重。2023年，重庆市先进材料增加值同比增长12.3%，功率半导体及集成电路、传感器及仪器仪表增加值分别同比增长15%、11.2%，液晶面板产能产量跃居全国前列，全球近五成笔记本电脑"重庆造"。[②]先进制造业的良好发展也给重庆市的新质生产力发展带来了巨大

[①] 数据来源：《关于重庆市2023年国民经济和社会发展计划执行情况及2024年计划草案的报告》。

[②] 《三个维度看重庆发展新质生产力》，重庆瞭望微信公众号，2024年4月9日。

优势。最后，高层次人才数量多。劳动力是生产力的三大组成要素之一，劳动力素质的提升是生产力发生变化从而顺利转为新质生产力的根本前提。2023年，重庆全市人才资源总量突破630万人，人才密度居西部第一。2023年共引进市外人才7.4万人，同比增长19.4%；助力"满天星"行动计划引进软信人才7786人[1]，这也为重庆市的新质生产力发展提供了人才支撑。

（二）重庆市发展新质生产力的劣势

相比于发展新质生产力的优势，重庆市在新质生产力的发展上也具有一定的劣势。首先，传统产业转型升级任务重。现阶段重庆市的产业结构是第三产业占主导，但制造业尤其是汽车、电子、钢铁等重工业仍占很大比重。由于第二产业多年来依赖重工业，挤压了重庆市产业转型的空间，这对重庆市新质生产力的发展会产生一定的阻碍作用。其次，民营企业的发展能级不够。与其他一线城市相比，重庆市的民营企业尤其是科技型的民营企业数量偏少。2023年中国民营企业500强中，浙江省入围企业108家，江苏省入围企业89家，重庆市入围企业仅9家[2]，数量要远低于这些地区。最后，新兴产业有待进一步发展。如2023年，重庆市规模以上工业战略性新兴产业增加值占规模以上工业的比重为32.2%，而同时期上海市的比重达到43.9%[3]；截至2023年末，重庆市高新技术企业7565家[4]，而同时期北京市国家高新技术企业2.83万家，重庆市高新技术企业数量不足北京市三分之一。这些问题在一定程度上也制约了新质生产力的顺利发展。

（三）重庆市发展新质生产力的机遇

在发展新质生产力的机遇上，重庆市也拥有得天独厚的时机。首先，重庆市具备独特的战略机遇，处于共建"一带一路"、长江经济带发展、西部大开发等实施集合地，为重庆市高质量发展赋予了全新优势、创造了更为有利的条件。成

---

[1] 《围绕四大工作导向不断增进民生福祉——重庆人社以"五个强化"保障民生工作纪实》，《重庆日报》2024年4月22日。
[2] 数据来源：《2023中国民营企业500强》。
[3] 数据来源：《2024年上海市政府工作报告》。
[4] 《重庆高新技术企业、科技企业扩容提质》，《重庆日报》2024年4月23日。

渝地区双城经济圈建设加快推进,使重庆市战略地位凸显、战略空间拓展、战略潜能释放,带来诸多政策利好、投资利好、项目利好,极大提振市场预期、社会预期。其次,成渝地区双城经济圈建设也将为重庆市发展新质生产力带来前所未有的机遇。成渝地区双城经济圈建设,是习近平总书记亲自谋划、亲自部署、亲自推动的重大战略决策。2024年4月,习近平总书记在重庆考察时强调,积极推进成渝地区双城经济圈建设,更好发挥全国高质量发展的重要增长极和新的动力源作用。这是党中央赋予成渝地区的全新历史使命,这也意味着成渝地区双城经济圈建设即将进入新的历史阶段,这无疑会为重庆市的发展带来新的历史机遇。最后,重庆市积极推进国家自主创新示范区建设。2016年7月,国务院同意重庆高新技术产业开发区建设国家自主创新示范区。这对于重庆进一步完善科技创新的体制机制,加快发展战略性新兴产业,推进创新驱动发展,加快转变经济发展方式等发挥重要的引领、辐射、带动作用,也将极大促进新质生产力的发展。

(四)重庆市发展新质生产力的挑战

发展新质生产力并非易事,在发展新质生产力的过程中,重庆市也面临诸多挑战。首先,部分产业链存在短板。如重庆汽车、笔电等主机产品整体处于中低端水平,附加值不高,知名品牌不多,供给侧与需求侧匹配度还需加强;产业链完整性不强,33条重点产业链合计441个主要环节,存在严重短缺和发展不足的分别占34%、40%;关键环节缺失较多,汽车、电子整体配套率虽然分别超过70%、85%,但高端芯片、高端传感器等核心零部件仍依赖进口。[①]这对重庆市发展新质生产力也会带来巨大挑战。其次,成渝地区内部产业发展同质化程度较为明显。整体来看,川渝两地产业基础较为类似,发展战略和发展规划中选取的重点产业也比较相似。对比四川省和重庆市的"十四五"规划可以发现,两地选取的战略性产业和重点发展的优势产业很多是一致的,如电子信息、汽车制造、机器人、节能环保装备、新能源汽车、新材料、生物医药等。而且两地形成了竞争关系,更倾向于发展类似产业,使得两地产业发展较为雷同,这种局面增加了发展新质生产力的难度。最后,重庆市也面临国内其他地区的激烈竞争。当前,整

---

① 《稳住产业链供应链,就是稳住发展基本盘》,《重庆日报》2022年2月9日。

个国家都在大力发展新质生产力，各个地区也围绕新质生产力展开激烈竞争，与其他一线城市相比，重庆市的新兴产业发展水平还不够高，在这种情形下，重庆市如何发展新质生产力面临着较大挑战。

三、重庆市发展新质生产力的差异化路径

结合在发展新质生产力上的优势、劣势、机遇和挑战，重庆市探索差异化的新质生产力路径，应该立足自身创新能力，着力推动原始创新能力的增强和未来产业的发展。

（一）具体方向与产业

结合当前的发展状况以及发展新质生产力的优势，重庆市未来应将未来产业作为发展新质生产力的主要方向，具体包括卫星互联网、生物制造、生命科学、元宇宙、前沿新材料、未来能源等产业。

在卫星互联网产业上，加快卫星通信网络建设，扩大网络覆盖范围；推动卫星通信技术、北斗技术等多技术融合，部署开展工业互联网、车联网等领域试点示范，孵化商业模式。在生物制造产业上，研究化工原料和过程的生物技术替代路径，加快可降解高分子材料、生物农药等生物化工产品发展；加强食品合成生物工程技术、食品生物高效转化技术等生物食品技术研发，抢占新型食物系统发展高地。在生命科学产业上，系统布局脑与类脑科学、细胞免疫、人体细胞重编程、基因组化学合成等领域研发力量，争取发现若干重大疾病预防与治疗新机制；以预防与治疗新机制为牵引，贯通基础研究、临床医学研究和产品研究，促进前沿医疗技术转化与临床应用，带动新型药物、人造器官等产业发展。在元宇宙产业上，加强人机交互、先进计算等技术研发，加快交互终端产品发展，突破人机交互瓶颈，增强人机交互体验；加强三维图形图像引擎、数字建模、数字设计等数字工具研发，做好IP培育和保护，繁荣数字内容。在前沿新材料产业上，加快气凝胶、石墨烯、金属有机框架材料等产业化、商业化步伐，促进超材料领域发展；加强第四代化合物半导体材料、智能材料、新型超导材料、新型储能材料等研发布局，争取形成一批具有广泛带动性的创新成果。在未来能源产业上，

加强新型高效低成本光伏发电、风电等研究，促进新型能源技术发展；积极布局绿色高效石化能源开发利用产业，探索布局光解水制氢、热化学循环分解水制氢等氢气制备"新赛道"。

（二）产业生态与支撑

基于重庆市发展新质生产力的目标，要加快构建未来产业创新发展生态，为发展新质生产力提供要素支撑。

围绕产业链部署创新链。强化企业创新主体地位，推动各类企业研发机构建设，加大企业研发总部引育力度，支持优势企业或转制院所牵头建立法人化运行的新型研发机构，培育更多产业科技创新节点。支持领军"链主"企业联合行业上下游、产学研力量建设技术创新中心、产业创新中心、制造业创新中心、联合实验室等创新平台，构建以重大科技攻关任务为导向的创新联合体，打造以企业为主体、沿产业链布局、产学研用深度融合的创新生态。以打造数智科技、生命健康、新材料、绿色低碳四大科创高地为引领，聚焦制造业基础领域和重点产业链关键环节，定期发布技术需求目录，针对性部署一批重大（重点）科技专项，推行定向委托、"揭榜挂帅""赛马"等方式，建立健全责任制和军令状制度，加快突破一批关键共性技术。

围绕创新链布局产业链。瞄准产业未来发展方向，超前部署前沿技术和颠覆性技术研发，支持优势企业加大基础研究和应用研究投入，"一条龙"推进原创性突破、应用性转化和规模化量产，从源头拓展产业新领域、开辟产业"新赛道"。加强全球科技成果捕捉，加快国家科技成果转移转化示范区建设，加强孵化器、众创空间、技术交易市场、专利导航服务基地、知识产权运营中心等技术创新服务机构引育，推动组建国家技术转移成渝中心，打造金凤科创园等科技服务业集聚区，构建"点、线、面、网"科技成果转化网络。做优做强重庆高新技术产业研究院，实施"产业研究院+产业基金+产业园区"科技成果转化路径试点示范。定期发布创新应用场景和城市机会清单，畅通"应用—反馈—迭代"成果转化循环，提升科技成果转化效率。

第四节　四川省

一、四川省发展新质生产力的基础情况

四川省，简称"川"或"蜀"，素有"天府之国"的美誉，省会成都市。截至2023年末，四川省共辖21个地级行政区，总面积48.6万平方千米，居全国第5位。2023年末，四川省户籍人口9071.4万人，常住人口8368.0万人，常住人口城镇化率59.49%。

在综合实力上，四川省2023年地区生产总值60132.9亿元，位居全国第5位。2023年人均地区生产总值达到71835元。2023年完成一般公共预算收入5529.1亿元，财政收入规模居全国第7位，仅次于北京；其中，税收收入为3700.7亿元。[1]

在产业结构上，四川省第三产业的比重高于第一产业和第二产业之和。2023年，四川省的三次产业构成比为10.1∶35.4∶54.5，三次产业对经济增长的贡献率分别为7.6%、29.9%和62.5%。其中，第一产业增加值6056.6亿元，第二产业增加值21306.7亿元，第三产业增加值32769.5亿元。全年高新技术产业实现营业收入2.8万亿元，比上年增长4.5%。[2]

在创新能力上，四川省坚持以科技创新推动新质生产力发展。2023年，四川省新增高新技术企业1500家，培育"瞪羚"企业50家。全省企业研发投入占全社会研发投入比重超过60%。PCT专利申请764件；专利授权113073件，其中发明专利授权33339件，拥有有效发明专利139907件。2023年末省级工程技术研究中心399个。有高新技术企业16898家，科技型中小企业21003家；国家级高新技术

---

[1]　数据来源：《2023年四川省国民经济和社会发展统计公报》。
[2]　数据来源：《2023年四川省国民经济和社会发展统计公报》。

产业开发区8个，省级高新技术产业园区20个；国家级农业科技园区11个；国家级科技企业孵化器50个，省级科技企业孵化器132个；国家级大学科技园7个，省级大学科技园13个；国家级星创天地83个；国家级国际科技合作基地22个，省级国际科技合作基地68个。全年共登记技术合同28395项，技术合同认定登记额1951.6亿元。完成省级科技成果登记4087项。①这一系列科技成就都说明四川省的创新实力不容小觑。

在人才支撑上，四川依托人才工程平台，高端人才充分汇聚。根据《四川人才发展报告（2021—2023）》，"十三五"期间四川省先后引进4100多名高端人才、2.3万余名海外人才来川工作，促成一批海内外青年学者和名校毕业生选择四川、扎根四川。②组织揭榜8项国家全面创新改革任务。全面深化职务科技成果权属混合所有制改革，完成职务科技成果分割确权2084项，带动企业投资近210亿元。推进成德眉资外国人来华工作许可互认试点，首批认定外籍高层次人才154人，获批国家引才引智示范基地2家。③

在发展模式上，四川省扎实推进绿色低碳发展。提速实施多能互补电源项目和互联互济电网工程，13个水电站、21个光伏项目、18个风电项目等加快建设，全球最大水光互补项目柯拉光伏电站并网发电，35项迎峰度夏和度冬电网工程建成投产，年度新增电网供电能力超1000万千瓦，能源电力供应平稳有序、保障有力。全省清洁能源装机容量达到1.1亿千瓦、占比86.7%，其中水电装机容量9759万千瓦、居全国第1位。新创建国家级绿色工厂、绿色工业园区、绿色供应链管理企业分别达38家、7家、1家。累计成交国家核证自愿减排量3828.7万吨，居全国第4位。④

二、四川省发展新质生产力的SWOT分析

发展新质生产力是一个系统工程，对四川省而言，发展新质生产力在具有较大优势和机遇的同时，也面临一定的劣势和挑战。

---

① 数据来源：《2023年四川省国民经济和社会发展统计公报》。
② 数据来源：《四川人才发展报告（2021—2023）》。
③ 数据来源：《关于四川省2023年国民经济和社会发展计划执行情况及2024年计划草案的报告》。
④ 数据来源：《2024年四川省人民政府工作报告》。

（一）四川省发展新质生产力的优势

在发展新质生产力上，四川省在一系列领域都拥有较多的显著优势。首先，科技创新实力较强。2023年，四川省区域创新能力提升2位、居全国第10位。此外，近年来10个国家大科学装置相继落地四川，数量居全国第3位；截至2023年末，累计完成成果确权2084项，孵化企业558家，带动社会投资近210亿元。[1]上述科技创新成就有助于新质生产力的顺利形成。其次，企业主体地位凸显。《2022年四川省科技经费投入统计公报》显示，2022年，四川省共投入研究与试验发展经费1215亿元，排名全国第8位；其中，企业研发投入占全社会研发投入比重提升至60.3%，首次突破六成。2023年，四川省国家高新技术企业达1.69万家，备案科技型中小企业达2.1万家，"瞪羚"企业达264家。[2]企业作为科技创新的主体，也给四川省的新质生产力发展带来了巨大优势。最后，高层次人才数量多。劳动力是生产力的三大组成要素之一，劳动力素质的提升是生产力发生变化从而顺利转为新质生产力的根本前提。截至2023年，四川省充分利用中国（成都）海外人才离岸创新创业基地，共引进各类海外高层次人才200余人、海外高层次人才项目67个，形成高端人才和创新成果高效聚集转化效应。[3]2023年入选国家高层次人才特殊支持计划9人，在川两院院士新增5位、达67位[4]，这也使得四川省的新质生产力发展具有了坚实支撑。

（二）四川省发展新质生产力的劣势

相比于发展新质生产力的优势，四川省在新质生产力的发展上也具有一定的劣势。首先，工业占比较低。从产业结构分析，2023年四川省工业增加值占地区生产总值比重为35.4%。新质生产力的主阵地是实体经济，与国内其他头部省份如广东、浙江、江苏相比，四川省的实体经济尤其是工业规模偏小，这也对四川省新质生产力的发展产生一定的阻碍作用。其次，民营企业的发展能级不够。在2023年中国民营企业500强中，浙江省入围企业108家，江苏省入围企业89家，四

---

[1] 《从三组数字看四川科技创新春潮何来》，《四川日报》2024年3月7日。
[2] 《从三组数字看四川科技创新春潮何来》，《四川日报》2024年3月7日。
[3] 数据来源：《四川人才发展报告（2021—2023）》。
[4] 数据来源：《关于四川省2023年国民经济和社会发展计划执行情况及2024年计划草案的报告》。

川省仅10家[①]，数量要远低于这些地区。最后，产业能级不高。2023年，四川省战略性新兴产业产值占规模以上工业总产值比重达到28%左右，而同时期上海市的比重达到43.9%。[②]战略性新兴产业是发展新质生产力的重要载体，产业能级不高将在一定程度上制约新质生产力的进一步发展。

（三）四川省发展新质生产力的机遇

在发展新质生产力的机遇上，四川省也拥有得天独厚的时机。首先，国家正在大力发展新质生产力，四川省享有政策扶持。2024年1月，工业和信息化部、教育部、科技部、交通运输部、文化和旅游部、国务院国资委、中国科学院等7部门联合印发《关于推动未来产业创新发展的实施意见》，提出积极培育未来产业，加快形成新质生产力，为强国建设提供有力支撑。在这种背景下，推动新质生产力发展，既是四川省发展战略的重点，也是四川省发展新质生产力的重大机遇。其次，成渝地区双城经济圈建设也将为四川省发展新质生产力带来前所未有的机遇。成渝地区双城经济圈建设，是习近平总书记亲自谋划、亲自部署、亲自推动的重大战略决策。2023年7月，习近平总书记在四川考察时强调，"要坚持'川渝一盘棋'，加强成渝区域协同发展，构筑向西开放战略高地和参与国际竞争新基地"。这是党中央赋予成渝地区的全新历史使命，这也意味着成渝地区双城经济圈建设即将进入新的历史阶段，这无疑会为四川的发展带来新的历史机遇。最后，四川省积极推进国家自主创新示范区建设。成都高新区于1991年获批全国首批国家级高新区，于2015年经国务院批准成为西部首个国家自主创新示范区。建设国家自主创新示范区对于四川省进一步完善科技创新的体制机制，加快发展战略性新兴产业，推进创新驱动发展，加快转变经济发展方式等方面发挥重要的引领、辐射、带动作用，这也将极大促进新质生产力的发展。

（四）四川省发展新质生产力的挑战

发展新质生产力并非易事，在发展新质生产力的过程中，四川省也面临诸多

---

① 数据来源：《2023中国民营企业500强》。
② 数据来源：《2024上海市政府工作报告》。

挑战。首先，产业链创新链仍存在短板。四川省在创新链方面存在着拥有基础创新成果的"原始森林"、缺少产业化应用多样性的"热带雨林"等不足，在产业链方面存在着新兴产业缺乏龙头企业、部分特色优势产业缺乏高附加值产品等短板。这对四川省发展新质生产力也会带来巨大挑战。其次，成渝地区内部产业发展同质化程度较为明显。整体来看，川渝两地产业基础较为类似，发展战略和发展规划中选取的重点产业也比较相似。对比四川省和重庆市的"十四五"规划可以发现，两地选取的战略性产业和重点发展的优势产业很多是一致的，如电子信息、汽车制造、机器人、节能环保装备、新能源汽车、新材料、生物医药等。并且两地长期形成了竞争关系，更倾向于发展类似产业，使得两地产业发展较为雷同，这种局面增加了发展新质生产力的难度。最后，四川省也面临国内其他地区的激烈竞争。当前，整个国家都在大力发展新质生产力，各个地区也围绕新质生产力展开激烈竞争，与其他一线城市相比，四川省的新型工业化程度有待进一步提升。

三、四川省发展新质生产力的差异化路径

结合在发展新质生产力上的优势、劣势、机遇和挑战，四川省探索差异化的新质生产力路径，应该立足自身创新能力，着力推动原始创新能力的增强和高新技术产业的发展。

（一）具体方向与产业

结合当前的发展状况以及发展新质生产力的优势，四川省未来应将高新技术产业作为发展新质生产力的主要方向，具体包括电子信息、航空航天、装备制造、先进材料、绿色低碳、生物医药、数字经济等产业。

在电子信息产业上，重点布局集成电路、新型显示、信息安全、新一代网络、先进计算、软件与信息服务、量子科技7个细分领域。在航空航天产业上，重点布局航空与燃机、民用航空、特种通用飞机及无人机3个细分领域。在装备制造产业上，重点布局轨道交通、智能装备、新能源与智能汽车3个细分领域。在先进材料产业上，重点布局先进基础材料、关键战略材料、前沿新材料、钒钛

稀土材料4个细分领域。在绿色低碳产业上，重点布局清洁能源、绿色化工、节能环保、智能电网4个细分领域。在生物医药产业上，重点布局重大疾病防控疫苗、生物药、化学药、特色中药和民族药、高端医疗器械及设备5个细分领域。在数字经济产业上，重点布局大数据、物联网、新一代人工智能、扩展现实、区块链5个细分领域。

（二）产业生态与支撑

基于发展新质生产力的目标，四川省要加快构建高新技术产业创新发展生态，为发展新质生产力提供要素支撑。

在基础研究能力提升上，要聚焦新一轮科技革命的前沿方向，构建引领科技创新、支撑产业发展的基础研究布局，前瞻部署太赫兹通信技术、光电技术、量子互联网、类脑智能等引领性前沿技术，为变革性、颠覆性技术突破提供源泉，重点加强支撑新兴产业和四川支柱产业发展的基础研究，为培育发展新产业新业态新模式提供战略储备。

在关键核心技术攻关上，要立足四川省现代产业体系和社会民生发展重大需求，紧扣最核心"卡脖子"技术关键点，聚焦以工业软件、集成电路、人工智能等为代表的电子信息领域，以航空与燃机、轨道交通、智能装备为代表的航空航天与装备制造领域，以创新药物研发、重大疾病防控疫苗、医疗器械创制等为代表的生物医药领域，以钒钛稀土为代表的先进材料领域，以清洁能源、晶硅光伏和数据存储为代表的绿色低碳领域，以生物育种和川猪养殖为代表的农业农村领域等，组织实施重大科技专项等科技计划项目，开展关键核心共性技术攻关，培育重大标志性成果，着力开发一批具有自主知识产权、国际先进/国内领先的重大创新产品，提升高新技术产业基础创新能力和核心竞争力。

在企业创新主体培育上，要结合自身优势，增强企业创新动能，引育高技术人才、培育科技型企业、孵育新兴产业。强化创新资源优化配置，实施高新技术企业"扩容倍增"计划，促进高新技术企业培育政策体系基本完善；实施科技型中小企业"铺天盖地"计划，推进支持中小企业发展政策举措有效落实，壮大科技型中小企业规模；培育创新领军型企业，完善培育扶持体系，为"瞪羚"企业培育提供更加精准和及时的服务支持。

在科技创新平台建设上，要遵循聚焦关键、分类指导、开放共享、协同创新的原则，高质量建设国家川藏铁路技术创新中心，推动国家高端航空装备和网络安全等技术创新中心、精准医学等产业创新中心、工业云制造等制造业创新中心建设，打通"科技研发—工程化—产业化"创新链条，突破行业关键共性技术。建设一批创新能力强、转化效果好、产业带动作用明显的工程（技术）研究中心、临床医学研究中心等，连接高端创新资源，打造产学研用深度融合的新型创新体系，加快形成产业自主创新原动力。

在创新人才队伍培育上，要进一步建立全方位、多层次科技人才引进、培养、使用体系，完善"高精尖缺"科技人才支持激励政策。组织实施海内外高层次人才引进计划等重大人才引进专项，加快引才引智基地、高校学科创新引智基地等建设，加大科技创新人才引进力度。加强青年科技人才后备队伍建设，支持建设高水平创新团队。健全科技人才评价激励制度，着力建立和完善科技人才评价激励保障机制，充分激发科技人才活力，提升人才服务保障水平。

第五节　贵州省

一、贵州省发展新质生产力的基础情况

贵州省，简称"黔"或"贵"，省会贵阳市。地处西南内陆地区腹地，境内地势西高东低，自中部向北、东、南三面倾斜，素有"八山一水一分田"之说。贵州是中国古人类的发祥地和中国古文化的发源地之一，代表文化为"黔贵文化"。贵州省是西南地区交通枢纽、长江经济带重要组成部分，是全国首个国家级大数据综合试验区、世界知名山地旅游目的地和山地旅游大省，是国家生态文明试验区、内陆开放型经济试验区。总面积17.62万平方千米，下设6个地级市、

3个自治州。2023年末，贵州省常住人口3865万人。

在综合实力上，全省地区生产总值20913.25亿元，比上年增长4.9%，居全国第22名，属于比较靠后的位置。人均地区生产总值为5.42万元，位居第28名。2023年完成一般公共预算收入2078.37亿元，居全国第22名；其中，税收收入1221.87亿元，增长19.6%。[①]总体来看，贵州省的发展水平和经济实力在全国处于比较靠后的位置，有很大的进步空间。

在产业结构上，2023年全省三次产业增加值分别为2894.28亿元、7311.44亿元、10707.53亿元，比例关系为13.8∶35.0∶51.2，第三产业的增长速度最高为5.5%。规模以上工业增加值比上年增长5.9%，数字经济占比42%左右、增速保持全国前列，软件和信息技术服务业收入增长20.7%。产业投资方面，高技术产业投资比上年增长11.9%，其中信息服务业投资增长59.3%，航空航天器及设备制造业投资增长32.3%。

在创新能力上，根据《中国区域创新能力评价报告2023》，2023年，贵州省创新能力综合指标得分21.00，排全国第22位，较去年下降2位。贵州省有效发明专利22058件，每万人有效发明专利5.71件。高价值发明专利7484件，每万人高价值发明专利1.94件。全社会研发投入强度达到0.99%，较上年增长0.06个百分点，为"十四五"以来最大增幅。成功重组特种化学电源全国重点实验室。国家（全国）重点实验室达到7家，新增2家国家企业技术中心、3家国家级科技企业孵化器，创新平台建设进一步增效。49家省级以上科技企业孵化器在孵企业1283家。新增百亿级企业1户、十亿级企业20户，认定创新型中小企业915户，新增省级专精特新中小企业422户、达788户。新增国家级"小巨人"企业9户、达73户。全年高新技术产业产值达7600亿元、同比增长15%，技术合同成交额达550亿元，高技术制造业投资增速达到20.8%，新增科技贷款171亿元。贵州省科技金融工作成效得到中央科技委办公室肯定。

在人才支撑上，近年来贵州先后印发《关于优化整合贵州省百千万人才引进计划的指导意见》《贵州省关于加强青年科技人才培养和使用的若干措施（试行）》《贵州省科学家工作站管理办法（试行）》等系列文件，在体制机制建

---

① 数据来源：《贵州省2023年国民经济和社会发展统计公报》。

设、人才引育留用等方面持续发力。2023年，贵州全职引进66名领军及以上层次人才、97名拔尖人才、229名优秀青年人才、668名创业人才、3名技能大师、25名优秀技能人才，遴选培养高层次创新型人才381人，建设科技创新人才团队16个，全省科技人力资源总量持续增长。

在发展模式上，持续推动绿色低碳发展，生态环境优势进一步巩固。绿色经济占地区生产总值比重达46%左右，提高0.5个百分点，森林覆盖率达63%，单位地区生产总值能耗下降2.8%，降幅居全国前列，节能降碳成效明显。创建国家级绿色工厂35家、绿色工业园区4个。完成480万千瓦现役煤电机组改造升级。开展生态产品价值实现机制试点、林业碳汇（碳票）试点。

二、贵州省发展新质生产力的SWOT分析

（一）贵州发展新质生产力的优势

贵州省虽然综合实力并不排在全国前列，但是由于特殊的地理位置和产业基础，同样具有其他省份不具备的优势。首先，贵州省具有智算规模和数据要素优势。根据贵州省大数据局数据，截至2024年5月，贵州总算力规模为31.76EFLOPS，综合算力位居全国前列，其中智算规模达到28.83EFLOPS，占比超90%，成为全国国产化智算资源最多、能力最强的地区之一。同时，全省在建及投运重点数据中心47个，其中大型及以上数据中心25个，其中包括与华为、腾讯等合作的大型数据中心，这些数据中心的建设和扩产上量为智算提供了强大的物理基础。其次，具有农业特色产业优势。地无三尺平的贵州遵循山地经济规律，立足资源禀赋，着力在特色上做文章，在高效上下功夫，找准了农业发展的方向。近年来，贵州省围绕12个农业特色优势产业稳步推进农业现代化，集中连片的特色产业基地和具有全国影响力的乡村特色产业集群逐渐形成，为发展农业新质生产力提供了坚实的基础。再次，具有资源能源优势。贵州省拥有丰富的矿产资源，其中50个矿种储量位居全国前十，21个矿种位列全国前三，为资源精深加工提供了坚实的物质基础。同时，贵州省还是能源大省，具有水火互济、多能互补的独特优势，未来贵州省的重点工作是将能源资源优势转化为发展优势，尤其

是新质生产力的发展。最后，具有生态环境优势。优良生态环境是贵州省最大的发展优势和竞争优势。贵州省作为国家生态文明试验区，探索了新发展方向，通过实施一系列生态保护和修复项目，生态环境质量持续保持优良，生态优势进一步提升。贵州省森林覆盖率达到61.51%，远高于全国平均水平，2023年贵州省绿色经济占地区生产总值的比重达到42%，并且计划到2025年提高至50%，体现了生态优势向经济优势的转化。

（二）贵州省发展新质生产力的劣势

贵州省在发展新质生产力中的劣势同样不容忽略，需要花大力气扭转不利局面。首先，经济社会发展水平总体滞后。贵州省的经济水平常年处于比较靠后的位置，同时由于省内多山的地貌特点，交通网络建设难度大，限制了人流、物流的效率，影响了产业的发展和区域经济的互联互通。贵州省的教育和医疗等社会事业的发展水平相对滞后，影响了人才培养和引进，制约了新质生产力发展对高素质人才的需求。其次，创新能力有待提升。目前，贵州省在原始创新、基础创新、应用创新、集成创新以及关键共性技术创新方面依然较为薄弱，大量国家级、省部共建重点实验室等平台中地方企业参与度较低；部分创新平台服务效能发挥不好，产业链资源整合有限，创新辐射能力有限，工业互联网等新基建建设缓慢。最后，市场化程度不足。贵州省市场主体数量相对较少，且整体实力较弱，产业产品结构不够优化，这限制了市场的竞争力和创新能力，同时一些行业和领域仍存在较高的市场准入门槛，限制了新企业进入，影响了市场竞争和创新活力的激发。

（三）贵州发展新质生产力的机遇

当今世界正经历百年未有之大变局，新一轮科技革命和产业变革深入发展，贵州省面临一系列的战略机遇，对此应当顺应时代发展潮流，紧抓机遇发展自我。首先是"东数西算"工程。算力作为数字经济的核心生产力，成为全球战略竞争的新焦点。2022年，国家发改委等部门联合印发通知，同意在包括贵州省在内的8地启动建设国家算力枢纽节点，并规划了10个国家数据中心集群。贵州省应紧紧抓住这一重大机遇，发挥气候和电力优势，继续"筑巢引凤"，让大数据产业聚木成林。其次是人工智能迎来重大机遇。中央经济工作会议明确提出，"发展数字经济"，"加快推动人工智能发展"。人工智能已经成为经济社会发展的驱动力量，加快发展新一代人工智能是赢得全球科技竞争主动权的重要战略抓手。2023年，贵州省数字经济占比42%左右，增速保持全国前列。依托华为云构建"云服务"生态圈，贵阳大数据科创城集聚企业800家以上，软件和信息技术服务业收入增长20.7%。人工智能行业的发展使贵州省的发展走上了快车道，成为未来其经济和新质生产力发展的重要增长极和推动力。最后是西部陆海新通道加快建设。加快建设西部陆海新通道，是党的二十大提出的重大任务。2021年春节前夕，习近平总书记在贵州考察时强调，要积极参与西部陆海新通道建设，主动融入粤港澳大湾区发展，加快沿着"一带一路"走出去，以开放促改革、促发展。2022年2月，《国务院关于支持贵州在新时代西部大开发上闯新路的意见》提出，巩固提升贵州在西部陆海新通道中的地位。因此，作为西部陆海新通道的重要节点城市，借力西部陆海新通道建设，贵州省正迎来对外开放提速发展新机遇。

（四）贵州省发展新质生产力的挑战

贵州省在紧抓新质生产力发展机遇的同时，也面临来自人才支撑、资金投入等多方面的挑战。首先，贵州省在高技术相关领域缺乏高端或技能型人才。由于高技术行业涉及多个领域的融合，需要既了解传统行业技术又精通信息技术的复合型人才。然而，在本地培养这样的人才相对困难，并且吸引和留住相关专业人才也存在一定困难。此外，其他发达省份优厚待遇和科研环境的虹吸效应导致贵州省面临着人才流失问题。其次，研究与试验发展经费投入强度不足。《2022年全国科技经费投入统计公报》显示，2022年贵州省研究与试验发展经费为199.3亿元，研发投入强度0.99%，位于全国第26名，远低于2.54%的全国平均水平。研发投入的不足可能导致创新能力提升缓慢，难以产生突破性的科技成果，而科技创新是推动产业结构优化升级的关键，研发经费不足可能阻碍产业结构的调整和升级。这些都将严重制约新质生产力的发展。最后，制造业发展不充分，有"产业空心化"的危险。前文提到，贵州省第一产业增加值占比为13.8%，第二产业增加值占比为35.0%，农业就业比重偏高，制造业增加值比重偏低，显示出贵州省制造业发展不充分、工业欠发达的现状。加之近年来，贵州省部分地区和部门在项目的选择上脱离地方资源、区位实际，盲目追捧行业发展潮流、趋势和一线阵营，有制造业产业选择向"脱实向虚""空心化"发展的趋势。

三、贵州省发展新质生产力的差异化路径

（一）具体方向与产业

新质生产力的生成和发展要以具体产业为依托和载体，结合自身传统优势和区位特色，贵州省应发挥智算规模和数据要素优势，加快发展数据标注、模型训练等人工智能基础产业，着力突破旅游等行业大模型产业，大力发展北斗、元宇宙、平台经济、渲染、电竞、动漫等新产业。

人工智能和大数据产业。2014年，贵州省在全国率先举起大数据发展旗帜。2016年，国家批复贵州建设全国首个国家大数据综合试验区，目前贵州省大数据产业发展实现了从1到N的裂变。未来贵州省建设数字经济发展创新区，以数据驱动创新发展、以算力赋能百业，重点抓住"数据"和"算力"两个"牛鼻子"，加快打造国家数据生产要素流通核心枢纽，建设面向全国的算力保障基地，充分激活数据潜能、释放数据价值，将汇聚的海量数据优势转化为数字经济高质量发展的优势，打造大数据发展的2.0升级版。

行业大模型产业。依托省内的大数据产业优势，打造行业大模型产业集群，形成产业链上下游的协同发展，提升产业集聚效应。在旅游、酿酒、能源等省内重点行业中开展行业大模型的示范应用，成功后进行推广，以实际成效带动产业发展。整合省内各类数据资源，建立统一的数据管理平台，为大模型训练和应用提供丰富的数据基础。

北斗产业。高站位组建机构，承担统筹建设职责，有序推进北斗基础设施建设。推动融合应用，支持数字经济，依托贵州省北斗卫星大数据基础设施，建设贵州省北斗卫星导航定位时空大数据中心，实现北斗与互联网、物联网、5G、大

数据等深度融合，在具备条件的都市圈推广"北斗+5G"协同精密定位和位置服务应用示范，推动北斗大数据融合应用，推进贵州省大数据战略实施。

元宇宙产业。以贵阳大数据科创城建设为依托，探索打造元宇宙场景应用体验中心、示范基地，优先推动本土元宇宙技术成果转化，提供元宇宙沉浸式体验；要聚力发展元宇宙算力，加快全国一体化算力网络国家（贵州）枢纽节点建设，发展元宇宙算力平台；培育发展元宇宙软件与信息服务业，引进和培育元宇宙专精特新软件企业，推进关键技术攻关和创新。

电竞动漫产业。电子竞技和动漫等产业已然成为中国开启新业态的钥匙。贵州省作为全国集聚超大型数据中心最多的地区之一，应当以现有的超强算力为依托，积极谋划电子竞技区域性、全国性比赛，发展电竞产业"数字+体育+文化"的新业态，将电竞作为数字经济重要抓手，在经济和文化两个领域发挥效力。

（二）产业生态与支撑

在人才支撑上，健全完善科技人才培养发现机制和共享机制，成立高校联盟，建设优质科技人才聚合载体。以国家和区域重大战略需求为导向，加快构建与新质生产力相匹配的高水平学科专业体系，探索开设或改造升级一批与新技术、新业态、新模式相适应的专业。大力推进贵州省"双一流"高校和学科、国家重点实验室、国家级高新区、国际知名大企业等平台建设，为吸引和集聚高端人才提供平台支撑。探索科技人才赋权负面清单管理机制，优化科技创新管理流程，对清单以外的科技创新活动相关决策权限"应放尽放"。

在研究主体上，构建大企业与中小企业协同创新、共享资源、融合发展的产业生态体系。加快构建优质企业梯度培育体系，壮大占据产业链中高端的龙头企业，打造一批具有较强竞争力的百亿级、千亿级行业领军企业，精准引进、培育形成一批"隐形冠军""单项冠军"和"独角兽"企业。积极推进大中小企业融通发展，充分发挥龙头企业"头雁"作用，带动中小企业聚焦特定细分市场，专注发展核心业务，走专业化、精细化、特色化和新颖化发展道路。

在创新研发上，建设高能级科技创新平台，推进5个国家重点实验室参与全国重点实验室重组，加快推进航空动力领域国家实验室贵州创新中心建设，争取建设国家技术创新中心、国家制造业创新中心；对重大科技项目实施"揭榜挂帅"，制定重点工业产业科技创新图谱，组织实施一批重大科技攻关项目，加快在先进装备制造、大数据电子信息、现代能源等产业核心技术方面实现突破。

在金融支持上，要加大力度推动融资平台市场化、实体化转型发展。开展企业上市行动，提升直接融资占比。优化政府产业基金运行模式，丰富投资方式，提高运行效率，发挥放大作用，更好引导重点产业发展。常态化开展政金企融资对接，加强融资担保和增信体系建设，做强做实市县级融资担保机构，完善政府性融资担保机构风险补偿机制，推广应用贵州省大数据综合金融服务平台，着力缓解中小微企业融资难、融资贵问题。要加快构建天使投资、风险投资、股权投资基金支持链，更好发挥基金投资激发创新创造和产业发展的带动力。

在国际合作上，要加快沿着"一带一路"走出去，更好运用国际市场、国际资源，拓展发展新空间。要围绕重点产业、目标企业引进外资，探索在香港设立贸易投资及旅游推广机构，办好"贵州·香港投资贸易活动周"等活动。继续深化国际贸易"单一窗口"建设，不断优化通关环境，提升投资贸易便利化水平。

第六节　云南省

一、云南省发展新质生产力的基础情况

云南省，简称"云"或"滇"，省会昆明市。云南省地势西北高、东南低，为山地高原地形，山地面积占全省总面积的88.64%。云南省历史文化悠久，自然风光绚丽，是人类文明重要发祥地之一。云南省的动植物种类数为全国之冠，素有"动植物王国"之称。矿藏丰富，被誉为"有色金属王国"。目前，云南省下辖16个地级行政区，其中8个地级市、8个自治州，总面积39.41万平方千米。2023年末常住人口4673万人。

在综合实力上，2023年云南省地区生产总值30021.12亿元，位居全国第18位，城镇化率51.72%，低于全国66.16%的平均水平。2023年人均地区生产总值为64107元，位居全国第23位，低于89292元的全国平均水平。2023年，全省地方一般公共预算收入完成2149.44亿元，排名全国第21位，其中税收收入1387.76亿元，增长15.9%。[①]

在产业结构上，2023年云南省三次产业增加值分别为4206.63亿元、10256.34亿元、15558.15亿元，三次产业对经济增长的贡献率分别为13.6%、18.2%、68.2%，三次产业构成比为14.0∶34.2∶51.8，可以看出第一产业的比重仍旧较高。具体来看，全部工业增加值7202.83亿元，其中高技术制造业增长21.2%，装备制造业增长25.4%。2022年全省数字经济核心产业实现营业收入3110亿元，同比增长52.6%，2023年的营收增长15%以上。

在创新能力上，根据《中国区域创新能力评价报告2023》，云南省创新绩效综合指标得分为20.54，排在全国第25名，相较2022年下降6名，下降幅度最大，创新转型面临较大困难。截至2023年末，云南省共有国家批准组建的工程技术研究中心4个、国家级重点实验室9个，省级技术研究中心123个、省重点实验室138个。已建立国家级高新技术产业开发区3个、省级高新技术产业开发区4个。全年获专利授权32718件；认定登记技术合同14179项，成交额269.36亿元。2023年获批新建全国重点实验室3个，高新技术企业数量增长25%、总量突破3000户，培育专精特新"小巨人"企业74户、国家级制造业单项冠军6户。2023年，全省专利授权3.27万件，发明专利有效量2.76万件，每万人口高价值发明专利拥有量1.97件，较上年同期分别增长25.54%和23.9%。商标有效注册量69.26万件，同比增长10.34%，在全国的排名上升1位，至第17位。

在人才支撑上，截至2021年6月，云南省高等学校共计83所，其中普通高等学校82所，含本科院校32所、高职（专科）院校50所。根据《云南省人才发展报告》，截至2022年底，云南省人才资源总量达670.57万人，比2017年增长34.8%，人才贡献率达30.63%。每万劳动力中研发人员数为17.2人年/万人，比2017年增长38.37%。近年来，云南省人才资本投入逐年增长。2022年，全省人

---

① 数据来源：《云南省2023年国民经济和社会发展统计公报》。

力资本投资3498.95亿元，比2017年增长49.04%；全社会研发支出313.53亿元，比2017年增长98.72%；研发经费投入强度为1.08%，比2017年增长13.68%。2022年，"兴滇英才支持计划"引进培养重点产业领域人才共661人，省委联系专家中重点产业人才占34.65%，促进产学研用深度融合。截至2022年底，全省规模以上工业企业中，有研发活动的企业达1232家、企业办研发机构552个，全省12个重点产业人才资源总量达174.58万人。截至2024年5月，云南省技能人才总量541.28万人，其中高技能人才155.8万人，提前完成"技能云南"行动提出的2025年目标任务。3人获何梁何利基金科学与技术创新奖，1人获腾讯新基石研究员项目资助，3人获全国创新争先奖。

在发展模式上，云南省全面加强资源节约集约循环高效利用，加快形成绿色生产生活方式。绿美云南建设全面提速，完成营造林418万亩，新增绿化面积13.73万亩，新建成绿美乡镇100个、绿美村庄200个、绿美河湖296个。新增5个国家生态文明建设示范区和2个"绿水青山就是金山银山"实践创新基地。建成10个绿色低碳示范产业园区。清洁发电量占比为83.6%，非化石能源消费占能源消费总量比重为43%左右。

二、云南省发展新质生产力的SWOT分析

（一）云南省发展新质生产力的优势

云南省毗邻东南亚诸国，同时还具有丰富的绿色能源和自然资源以及适合发展特色农业的气候条件，为发展新质生产力奠定了良好的能源资源基础。首先，能源与资源优势。云南省拥有丰富的水资源，总量为2256亿立方米，占全国的8.4%，居全国第3位；水能资源蕴藏量10364万千瓦，占全国总蕴藏量的15.3%，同样居全国第3位，这为云南省建设清洁能源基地提供了天然优势。云南地质现象种类繁多，成矿条件优越，矿产资源极为丰富，尤以有色金属及磷矿著称，是闻名遐迩的"有色金属王国"。此外，化工、能源、黑色金属和建材非金属矿产在全国也占有重要地位，贵金属矿产资源潜力巨大。其次，对外交往的区位优势。云南有8个州（市），25个县与缅甸、老挝、越南接壤，国境线总长4060千

米，是中国通往东南亚、南亚的窗口和门户。拥有国家一类口岸12个，出境公路20多条，边民互市通道80多条。近年来，在建设中国—东盟自由贸易区的新形势下，云南逐渐完善了公路、铁路、航空和水运交通网络，形成了通往东南亚、南亚国家的3条便捷的国际大通道，彰显了云南具有开展周边贸易和国际交往的区位优势。最后，劳动力要素优势。据统计，2023年6月末，云南外出务工人数约670万，其中省内务工人数约378万人，出省务工人数约292万人，省内务工偏好明显。从第七次全国人口普查数据看，西双版纳、德宏等边境地区人口增长，也为沿边地区承接产业转移提供了较好的劳动力支撑。沿边地区还有部分外籍劳动力资源，对劳动密集型企业吸引力较大。沿边地区300千米范围内聚集了大量矿产、木材等资源，为跨境产业合作提供了有力的要素支撑。

（二）云南省发展新质生产力的劣势

云南省的综合发展水平排在全国中下游位置，经济实力相对单薄，在发展新质生产力时面临一些劣势。

首先，云南山地多，交通条件较差。云南地形以高原、山地为主，地势起伏大，喀斯特地貌分布广泛，这给交通基础设施的建设带来了很大的挑战，建设成本远高于平原地区。偏远山区的交通网络不够完善，一些地区交通通达性较差，交通基础设施建设相对滞后。复杂的地形条件限制了交通运输的效率，增加了运输时间和成本，影响了物流效率和区域经济发展。其次，产业结构不合理。云南省的三次产业中农业占比过高，制造业和服务业发展相对滞后，限制了高科技行业的发展以及关键核心技术的突破。最后，城镇化水平低。2023年末，云南省的城镇化率为52.92%，远低于66.16%的全国平均水平。城市规模偏小及城镇密度低影响多元经济增长点的形成，继而限制新质生产力的发展，云南城市化水平低说明经济还有很大的增长空间。同时城市化滞后于工业化制约着工业化快速发展，而新质生产力的发展在很大程度上有赖于工业科学技术的持续创新。

（三）云南省发展新质生产力的机遇

当前，云南省正处于经济转型升级的攻关期，叠加多个重大机遇，比如承接产业梯度转移、RCEP实施机遇、国家支持云南建设面向南亚东南亚辐射中心等，云南省要紧抓这些机遇大力发展新质生产力。首先，承接产业梯度转移的机遇。从经济发展和产业转移规律来看，东部地区受人口红利逐步弱化，土地、原材料等要素成本逐步升高等因素影响，产业逐步向中西部低成本要素比较优势凸显的地区迁移。发达地区产业转型升级倒逼区域产业分工变化和产业梯度转移，为云南调整优化产业结构、建设具有沿边特色的现代化产业体系、壮大资源经济、园区经济、口岸经济带来了重大发展机遇。其次，RCEP实施机遇。《区域全面经济伙伴关系协定》（RCEP）是2012年由东盟发起，历时8年，由中国、日本、韩国、澳大利亚、新西兰和东盟十国共15个成员制定的协定。RCEP中包含东盟十国，而云南在联通东南亚、南亚方面有明显的通道和口岸优势，因此云南应紧抓RCEP实施机遇，主动服务和融入国家发展战略，坚持内外统筹、双向开放，打造引领西部、融入全国、辐射南亚东南亚的现代化工业强省。最后，国家支持云南省建设面向南亚东南亚辐射中心。2019年，国家发展改革委印发《关于支持云南省加快建设面向南亚东南亚辐射中心的政策措施》，提出要充分发挥云南省在全面开放新格局和"一带一路"建设中的区位优势，加快建设面向南亚东南亚辐射中心。在这一政策措施的支持下，云南省获得农业、基础设施、产能、经贸、金融、人文交流等多方面的国家支持，迎来加速发展的良好契机。

（四）云南省发展新质生产力的挑战

新质生产力的发展需要科学合理的顶层设计、稳定的研发投入和完善的后勤保障等，云南省在发展新质生产力过程中也面临着来自上述这些方面的挑战。首先，研发投入严重不足。2023年，云南省全社会研发经费达313.53亿元，居全国第19位；研发投入强度为1.08%，居全国第23位，全省全社会研发投入强度增长速度跟不上地区生产总值增长速度，研发投入强度不到全国平均水平的一半。其次，创新主体不多不强，高新技术企业数量少，仅占全国总数的0.61%；多数企业仍处于产业链供应链底端，创新能力不强；规模以上工业企业研发经费支出与营业收入之比仅为0.89%，规模以上工业企业中有研发机构的企业比例仅为10.86%。最后，创新平台和创新人才不多不强。国家级重点实验室、工程技术研究中心、科技企业孵化器的数量，仅占全国的1%左右；高新区、农业科技园区等创新载体作用发挥有限；每万名就业人员中研发人员数量仅为全国平均水平的1/3；高水平创新人才缺乏，选人用人机制不健全，全省两院院士人数仅占全国总数的0.65%。

三、云南省发展新质生产力的差异化路径

（一）具体方向与产业

科技创新引领新质生产力的形成和发展，云南省根据自身定位和现有优势产业，可重点在新材料产业、生物医药产业、先进装备制造产业、绿色食品加工产业、电子信息产业、化工产业等方面进行布局，加快形成新质生产力。

新材料产业方面，依托云南矿产资源优势，突出价值链趋向高端、产品链趋向终端，推动原材料向新材料提升，重点在昆明、曲靖、玉溪、楚雄、红河、保山、昭通、文山、大理、丽江、临沧、怒江等州（市），布局高端产品、发展尖端技术、拓展末端产业链，做精钛、铟、锗等稀贵金属和液态金属新材料，做大新能源电池材料，引育发展稀土、化工等其他新材料，形成一批具有国际竞争优势的新材料品种。生物医药产业方面，依托丰富的生物资源，发挥昆明、曲靖、玉溪、楚雄、大理、文山、保山、西双版纳、普洱、临沧等州（市）产业基础优势，整合科研机构、高等院校、龙头企业，加快构建以现代中药（民族药）为主，以生物制药、化学制药、医疗器械等为辅的多元生物医药产业体系。先进装备制造产业方面，以滇中城市群园区为核心，重点在昆明、曲靖、玉溪、楚雄、红河等州（市）布局，着力培大育强、招大引强、延链强链、集群培育，大力发展先进装备制造产业，构建由零部件配套、基础制造到整机成套装备的产业发展梯队。绿色食品加工产业方面，发挥各地比较优势，结合"一县一业"，统筹发展农产品初加工、精深加工、综合利用加工，促进产业差异化发展。电子信息产业方面，以昆明、曲靖、玉溪、楚雄、红河、文山、德宏、保山等州（市）为

主，大力发展集成电路、应用电子、物联网等新一代信息产业，加速电子信息核心关键零部件国产化进程，建成西南地区电子信息制造业发展高地。化工产业方面，突出专业特色差异化发展，推动石油化工、磷化工、煤化工、硅化工、精细化工等化工产业向化工园区集聚。

（二）产业生态与支撑

发展新质生产力需要打造健康良好稳定的产业生态，保证各类生产要素通畅流动，物尽其用。

在人才集聚上，加大人才引进力度，加强数字化发展重点领域人才需求调查，编制引才指导目录、建立人才数据库，实施高层次人才引进计划，对高层次人才实行人才梯队配套、科研条件配套、管理机制配套的特殊政策。落实科研人员"双聘制"，探索高端、紧缺科技人才"多点执业"。发挥创新创业孵化器作用，推进项目和人才一体化引进，增强高水平项目、科研平台等对高端人才的吸引力。支持科研院所在云南设立分院（所），积极培育新质生产力发展所需人才。

在研究主体上，实施领军企业创新能力提升工程、国有企业创新能力跃升行动、高新技术企业"三倍增"行动计划，加快科技型中小企业孵化、创新联合体建设，加速创新要素向企业集聚，培育壮大一批科技型企业。健全企业研发投入奖补机制，探索建立政府—企业基础研究联合基金，鼓励企业加大研发投入。鼓励企业建立研发机构，支持企业专注细分市场，研发专精特新产品。发挥企业家在技术创新中的重要作用，吸引更多企业家参与科技创新战略、规划、政策、标准制定和立项评估等工作，依法保护企业家在创新中的合法权益。

在创新研发上，优化高等学校创新平台布局，提高承担重大科技任务的组织化程度和集成攻关能力。鼓励建立投资主体多元化、管理制度现代化、运行机制市场化、用人机制灵活的独立法人新型研发机构，支持其融合开展基础研究、应用基础研究，产业关键共性技术研发、科技成果转移转化、企业孵化以及公共研发服务等。建立新型研发机构培育库、孵化器，引育一批国内领先、特色鲜明的新型研发机构。对于高水平新型研发机构，在政府项目申报、职称评审、人才培引、研发后补助、科研仪器设备共享等方面给予优惠政策。

在金融支持上，建立各级财政科技投入稳定增长机制，加大投入力度，建立规划实施与财政预算的衔接协调机制，积极探索多元化资金投入方式，结合规划目标要求和重点任务部署，优化投入结构。加强财政资金和金融手段的协同配合，充分发挥财政资金的杠杆作用，引导金融资本和社会资本进入创新领域，完善多元化、多渠道、多层次的科技投入体系。

在国际合作上，引导和支持云南省企业在全球主要创新资源集聚区布局建设海外科技创新中心、离岸创新创业中心。实施"海外高层次人才引进计划"，深化国际人才交流合作。围绕建设面向南亚东南亚的国际交通枢纽、国际能源枢纽、国际数字枢纽和国际物流枢纽等重大科技需求，开展联合攻关。加强中国—南亚技术转移中心、中国—东盟创新中心和金砖国家技术转移中心等国家级国际科技合作平台建设。实施"智汇云南"计划，选派国际科技特派员赴南亚东南亚和环印度洋国家开展科技服务，加强国际科技合作基地建设，组织云南国际人才交流会。

第七节　西藏自治区

一、西藏发展新质生产力的基础情况

西藏自治区，简称"藏"，首府拉萨市。位于我国西南地区、素有"世界屋脊"之称的青藏高原的西南部，平均海拔在4000米以上。面积120.28万平方千米，辖6个地级市、1个地区。截至2023年末，西藏自治区常住人口365万人。

在综合实力上，2023年，西藏全年生产总值2392.67亿元，人均地区生产总值65642元，全体居民人均可支配收入28983元，人均消费支出17220元，比上年增长8.4%。全年全部工业增加值252.33亿元，比上年增长11.5%，其中规模以上工业增加值增长8.7%。全年全区一般公共预算收入236.62亿元，比上年增长31.7%。其中，税收收入156.51亿元，增长47.5%。一般公共预算支出2809.02亿元，增长8.3%。[1]

在产业结构上，2023年，西藏第一、二、三产业增加值所占比重分别为9.0%、36.9%、54.1%。第二产业中，主要门类中制造业增加值增长34.0%，电力、热力、燃气及水的生产和供应业增加值增长17.6%，水泥产量创历史新高、增长51.2%，中成药产量增长14.4%。第三产业中，2023年全区服务业增加值比上年增长9.9%，文化、体育和娱乐业营收增长40%以上。

在创新能力上，"十三五"时期西藏首家省部共建青稞和牦牛种质资源与牦牛遗传改良国家重点实验室获批建设，已建成1个省部共建国家重点实验室、1个国家可持续发展实验区、4个国家农业科技园区、7个国家野外科学观测研究站以及37家自治区重点实验室和工程技术研究中心、4家自治区临床医学研究中心、3个自治区高新技术产业开发区、1个自治区可持续发展实验区、2个自治区农业科技园区，初步建成布局合理、定位清晰的科技创新平台体系。此外，科技型企业快速发展，有效期内高新技术企业达87家。

在人才支撑上，逐步建立了以项目为纽带、平台为依托的科技人才引进、培养、使用模式，在优势学科和特色领域培养了一批学科带头人、创新创业人才和创新团队。全区事业单位专业技术人员达到10万人，其中研究与试验发展人员2618人。14个对象入选国家创新人才推进计划，12人入选国家高层次人才特殊支持计划，6人荣获何梁何利基金科学与技术奖，2人获"全国最美科技工作者"荣誉称号，建成3个院士工作站。深入实施科技特派员制度和"三区"人才计划科技人员专项计划，科技特派员发展至10519人，率先在全国实现行政村科技特派员全覆盖，采取"一县一团"与"一产一团"相结合的选派方式，累计选派"三区"科技人才5300人次。

在发展模式上，特色产业提质增效。西藏建立重点产业链链长制。粮食、蔬菜、肉蛋奶产量分别达108万吨、95万吨、93万吨。"飞地种粮"喜获丰收，首批新米入藏上市。新增国家农民合作社示范社30家。高原炊具首年销售67万

---

[1] 数据来源：《2023年西藏自治区国民经济和社会发展统计公报》。

件，"炊具革命"闯出高原轻工新路径。电力装机突破700万千瓦，外送电量增长189%。旅游接待人次和收入历史性突破5500万人次和650亿元。通航产业高点起步，藏医药、边贸物流等产业持续发展。

二、西藏发展新质生产力的SWOT分析

发展新质生产力是一个系统工程，对西藏而言，发展新质生产力在具有较大优势和机遇的同时，也面临一定的劣势和挑战。

（一）西藏发展新质生产力的优势分析

在发展新质生产力方面，西藏可能尚不及发达地区，但仍有两方面优势。一方面，依托青藏高原的生态优势，目前全区已初步构建了涉及农牧业、生态、交通、医药卫生、能源、水利、林业、气象、信息等多学科、多领域的科研体系，各类科研机构已发展至33家。建成省部共建青稞和牦牛种质资源与遗传改良国家重点实验室和37家自治区级重点实验室、工程技术研究中心。党的十八大以来，195项科技成果获得自治区科学技术奖，"青藏高原青稞与牧草害虫绿色防控技术研发及应用"等6个项目获国家科学技术进步奖，"青藏高原冰芯高分辨率气候环境记录研究"等3个项目获国家自然科学奖。青稞育种、高寒高海拔牧草种质资源改良与利用、高原生态保护与修复等研究达到国内领先水平。另一方面，依托援藏科技合作的优势，"十三五"以来，科技部支持西藏科技事业发展项目118项、经费5.12亿元。各对口援藏省区市和全国科技系统共落实对口援藏科技项目104项、资金6399万元。一批又一批优秀援藏干部为西藏科技创新带来了先进的管理理念和管理模式，为西藏新质生产力发展发挥了重要的桥梁纽带作用。

（二）西藏发展新质生产力的劣势分析

西藏科技创新能力还不适应高质量发展需要，科技基础弱、底子薄的局面还未根本改变，制约科技创新的思想障碍和制度藩篱依然存在，科技发展模式亟待调整。首先，科技创新基地建设滞后，如科技创新公共服务中心、科研集群基地、孵化基地、科技园区等创新平台建设均严重落后，还没有形成强有力的体

系化布局，关键核心技术攻关的组织机制需要进一步完善。其次，科技人才和创新团队缺乏，高层次创新领军人才和青年拔尖人才培养不足。青藏高原科研院所产生了20多位院士，但是西藏本土院士只有1位，而且由于对创新人才吸引力不够，缺乏转化平台，不少科研成果没有转化为生产力。再次，激励全社会多元化科技投入的机制还不健全，科技投入渠道相对单一。目前，全区的企业数量较少，企业技术创新能力薄弱，企业的技术创新主体地位远未确立。最后，科技创新支撑能力相对薄弱，引领高质量发展的动能还不够强劲。目前，全区普通高校相对其他省份较少，国有独立科研机构和民营科研机构也相对匮乏，缺乏能够产生创新溢出效应的研究型科研机构。

（三）西藏发展新质生产力的机遇分析

西藏正处在迈向高质量发展的战略机遇期，在发展新质生产力的过程中政治优势、政策优势、资源优势、人口优势、后发优势等叠加释放。中央第七次西藏工作座谈会确立了新时代党的治藏方略，全面部署了新时期西藏长治久安和高质量发展的各项任务。习近平总书记指出，"要深入推进青藏高原科学考察工作，揭示环境变化机理，准确把握全球气候变化和人类活动对青藏高原的影响，研究提出保护、修复、治理的系统方案和工程举措"。随着"一带一路"建设、践行"双碳"目标、西部大开发、成渝地区双城经济圈、构建新发展格局等深入实施，以及川藏铁路、清洁能源基地、边境安全能力建设等国家战略的快速推进，谱写西藏长治久安和高质量发展新篇章为西藏新质生产力发展带来了新机遇。

（四）西藏发展新质生产力的挑战分析

西藏发展新质生产力面临着诸多挑战。首先，西藏发展科研经费相对有限，高新技术研发环境面临诸多阻碍，难以进一步吸引高精尖技术人才，区内在高端人才储备及培养方面的能力也极其有限。其次，市场化程度有待提升。相比于其他地区，西藏经济发展的市场化水平略显滞后。最后，西藏位于我国西南边疆地区，肩负着维护祖国统一、加强民族团结、反对分裂的重要使命，在发展新质生产力的过程中还需要兼顾社会稳定的挑战。

三、西藏发展新质生产力的差异化路径

（一）具体方向与产业

结合西藏当前的发展状况以及发展新质生产力的优势，未来应紧扣稳定、发展、生态、强边四件大事，聚焦重点领域和战略性产品，围绕关键环节补齐短板，加大前沿技术研发和关键核心技术攻关支持力度，以开放式、差异化创新推动西藏发展新质生产力。

要夯实平安西藏建设技术支撑。坚持总体国家安全观，紧扣维护稳定和强边固边需求，加强公共安全、防灾减灾、道路交通等领域的关键技术研发和转化应用，提升多维度技术支撑能力。

要构筑产业绿色发展技术体系。面向经济主战场，加强文化旅游、清洁能源、绿色工业、现代服务业、特色农牧业、数字经济、边贸物流等领域的共性关键核心技术攻关，为优化一产、壮大二产、提升三产提供全面技术支撑。

要构建乡村振兴科技支撑体系。面向乡村振兴战略实施总要求，加快现代农牧业、宜居村镇建设等公益性、战略性、基础性、前瞻性重大科学问题攻关，为全面推进乡村振兴提供科技支撑。

要健全生态文明建设技术体系。面向生态文明高地建设重大任务，重点开展环境治理、生态建设、碳达峰碳中和等方面的技术研究与应用，为把西藏打造成为全国乃至国际生态文明高地提供科技支撑。

要发展人民生命健康技术体系。按照全方位全周期保障人民健康的总体要求，系统部署藏医药、高原医学、食品安全等领域科技创新，为构建积极有效的健康保障体系提供有力支撑。

（二）产业生态与支撑

基于西藏发展新质生产力的目标，要加快构建产业创新发展生态，为发展新质生产力提供要素支撑。

在人才队伍上，充分用好各项引才政策，加大创新人才和创新团队引进力度。保障和落实科研院所、高等院校、企业等创新主体引才自主权，支持科研院

所和高等院校设立流动岗位，提供具有竞争力的科研条件和资助支持，吸引有创新实践经验的企业家和企业科研人才兼职创新。

在研究主体上，按照"少而精、精而特"的原则，围绕高原科学发展和独特资源禀赋，在科学前沿、交叉学科以及布局薄弱与空白领域，依托科研院所、高等院校和骨干企业，择优择需部署新建一批高水平科技创新基地。以国家和自治区重大战略需求为牵引，大力推进青藏高原科学研究中心、西藏藏医药研究中心等高水平研发机构建设，持续开展战略性、公益性、基础性重大科研任务，加强共性关键核心技术协同攻关。

在创新研发上，围绕自治区"一核一圈两带三区"发展新格局，分类打造创新驱动核心区、创新驱动示范区、创新驱动培育区，构建以重点区域和创新园区为支撑的区域创新发展新格局。着力打造拉萨创新驱动核心区，加大创新资源和政策支持力度，深入推进创新基地和创新园区建设，在研发投入、高新技术企业培育、成果转移转化以及基础研究、人才培养等方面丰富工作抓手，优化创新服务，聚集高端资源，培育具有竞争力的创新型企业和产业集群，提升创新型城市建设水平，打造高原科技创新策源地。

在金融支持上，推动科技与金融深度融合，支持鼓励高新技术企业上市融资，引导符合条件的科技创新企业充分利用新三板市场实现规范化发展，进一步强化政府创业引导基金、成果转化基金功能，加大对科技金融机构资本支持和风险补偿力度，开展贷款风险补偿试点，鼓励各类金融资本加大对企业技术研发和成果转化投入力度。落实研发资金加计扣除等税收优惠政策，鼓励企业加大研发投入。

在科技合作上，创新科技援藏机制，强化科技援藏工作统筹协调，探索科技"小组团"援藏模式，充分利用区外优势资源补齐西藏科技创新短板弱项。强化对外科技合作交流，积极主动融入"一带一路"建设、西部大开发等国家重大任务，参与川渝科技创新中心建设，促进科技创新开放合作。

第八节 陕西省

一、陕西省发展新质生产力的基础情况

陕西省，简称"陕"或"秦"，省会西安市。下辖10个地级市（其中省会西安为副省级市），总面积205624.3平方千米。2023年末，陕西省常住人口3952万人，城镇化率65.16%。

在综合实力上，陕西省2023年地区生产总值33786.07亿元，位居全国第14位。2023年人均地区生产总值达到85447.82元。2023年完成一般公共预算收入3437.36亿元，其中税收收入为2693.61亿元。[1]

在产业结构上，第二产业占比最大。2023年，陕西省的三次产业构成比为7.8∶47.6∶44.6。其中，第一产业增加值2649.75亿元，第二产业增加值16068.9亿元，第三产业增加值15067.42亿元。全年非公有制经济增加值17057.17亿元，占生产总值的50.5%。制造业、科学研究和技术服务业企业投资分别增长10.1%、46.2%，制造业重点产业链产值突破1万亿元、增长10.2%，乘用车（新能源）、太阳能光伏等9条产业链产值增速超过两位数。5家企业入选全国智能制造示范工厂揭榜单位，数字产品制造重点行业增加值增长18%。[2]

在创新能力上，陕西省坚持以科技创新推动新质生产力发展。2023年，陕西省以"三项改革"放大秦创原效能，创新平台帮助企业解决难题900余个，新增国家级科技孵化器10个，科研人员成立转化企业1051家，科技型中小企业、高新技术企业分别增长37%、33%，新增国家级专精特新"小巨人"企业40家。发明专利授权2.2万件、增长16.1%，有效发明专利拥有量突破10万件，专利质押融资

---

[1] 数据来源：《2023年陕西省国民经济和社会发展统计公报》。
[2] 数据来源：《2024年陕西省人民政府工作报告》。

1204项、54.7亿元,技术合同成交额达到4120亿元、增长34.9%,就地转化技术合同占比提高11个百分点。一体推进省级"两链"融合专项和"揭榜挂帅"项目,攻克关键核心技术363项,延长煤油气综合利用项目获中国工业大奖,隆基太阳能电池转换效率刷新世界纪录,宝石机械特深井自动化钻机等一批国际首台(套)装备成功研制并应用,国内首条千吨级高品质镁示范线建成投产。[1]这一系列科技成就都说明陕西省的创新实力不容小觑。

在人才支撑上,陕西省突出人才平台建设,充分汇聚高端人才。2021—2023年,陕西省依托"两园一基地"中国(西安)人力资源服务产业园、陕西省博士后创新创业园、国家级人力资源服务出口基地成功引进高层次人才8000余人,事业单位自主招聘急需紧缺人才1.5万人;新设博士后流动站、工作站、创新基地46个;建成国家级和省级高技能人才培训基地、大师工作室202个。截至2023年11月,陕西省共有专业技术人才221万人,高技能人才159.6万人,其中国务院特贴专家1965人、中华技能大奖10人;共有博士后科研平台407个,年均进站博士后1100人,平均年龄31岁。[2]

在发展模式上,陕西着力促进绿色转型发展。2023年,陕西省加快推进碳捕集利用与封存研究、示范应用项目,新能源交易163亿千瓦时、绿电交易22亿千瓦时,绿电供给占比达到26.8%。[3]截至2023年末,陕西省已基本形成煤制油、煤制乙二醇、煤基高端化工等现代煤化工产业链,其中煤制烯烃(芳烃)产业链产值规模已达上千亿元,产能规模位居全国前列。[4]

二、陕西省发展新质生产力的SWOT分析

发展新质生产力是一个系统工程,对陕西省而言,发展新质生产力在具有较大优势和机遇的同时,也面临一定的劣势和挑战。

---

[1] 数据来源:《2024年陕西省人民政府工作报告》。
[2] 数据来源:《陕西省人民政府新闻办公室举办新闻发布会省人社厅介绍人社工作服务保障全省创新驱动高质量发展有关情况》。
[3] 数据来源:《2024年陕西省人民政府工作报告》。
[4]《陕西推动发展方式绿色低碳转型》,《人民日报》2023年12月6日。

（一）陕西省发展新质生产力的优势

在发展新质生产力上，陕西省在一系列领域拥有显著优势。首先，科技人才资源丰富，有助于新质生产力的顺利形成。陕西省是全国航空、航天、机械、电子、农业等领域重要的科研和生产基地，也是全国高等教育的重要基地，8所高校入选国家"双一流"建设高校，8所高职院校入选全国"双高计划"建设院校，这使得陕西省有畅通教育、科技、人才良性循环的良好基础，利于加快推动新质生产力形成。其次，高新技术领域优势明显。陕西省在现代农业、电子信息、生物工程、空间技术、光机电一体化、新材料和高效节能等高新技术领域形成了独特的优势，"神舟"飞天、"嫦娥"探月、"蛟龙"潜海都有陕西科技的坚强支撑。西安高新区是中国首批向亚太经合组织开放的科技工业园区，杨凌示范区是国家唯一的农业高新技术产业示范区，均跻身于国家重要支持的五大高新区之列。2022年，陕西省研究与实验发展经费投入769.6亿元，投入强度2.35%，居西部地区第2位。[①]最后，矿产资源丰富。新质生产力赋能的新一代信息产业、生物产业、高端装备制造产业、节能环保产业、新材料产业、新能源产业等新兴产业发展均需要不同种类的关键矿产资源支撑。陕西省是我国矿产资源大省之一，在占国民经济重要价值的15种重要矿产中，石油保有储量排全国第3位，煤、天然气、水泥石灰岩均排第4位。这些矿产中，石油、天然气、石灰岩不仅储量可观，而且品级、质量较好，这也使得陕西省的新质生产力发展具有了坚实的能源支撑。

（二）陕西省发展新质生产力的劣势

相比于发展新质生产力的优势，陕西省在新质生产力的发展上也具有一定的劣势。首先，传统产业转型升级任务重。现阶段陕西省的产业结构是第二产业占主导，但制造业尤其是原煤、纺织业等传统制造业仍占很大比重。发展新质生产力需要摆脱传统经济增长方式、生产力发展路径。陕西省传统制造业比例过大，待转型的企业数量较多，这对陕西省新质生产力的发展会产生一定的阻碍作用。其次，新兴产业发展不足。虽然陕西省装备制造业实力强劲，但除了新能源汽车

---

① 数据来源：《2022年全国科技经费投入统计公报》。

和太阳能光伏较快增长外，其他领域没有起到引领性作用，领军和龙头企业数量不多，且存在"重研发，轻应用"短板，产业竞争力尚不足。最后，绿色发展质量有待提升。新质生产力本身就是绿色生产力。陕北地区水资源短缺，土地荒漠化和沙漠化现象严重，却违背自然规律安排大量耕地占补平衡项目。2012年以来，榆林市靖边县等县区开垦沙地、林草地约30万亩，部分项目甚至位于毛乌素沙漠腹地。靖边县开垦耕地导致农灌用水剧增，2020年超采地下水3578万立方米。

（三）陕西省发展新质生产力的机遇

在发展新质生产力上，陕西省也拥有得天独厚的时机。首先，国家正在大力发展新质生产力，陕西省享有政策扶持。2024年1月，工业和信息化部、教育部、科技部、交通运输部、文化和旅游部、国务院国资委、中国科学院等7部门联合印发《关于推动未来产业创新发展的实施意见》，提出积极培育未来产业，加快形成新质生产力，为强国建设提供有力支撑。在这种背景下，推动新质生产力发展，既是陕西省发展战略的重点，也是发展新质生产力的重大机遇。其次，西部大开发战略的深入实施也将为陕西省发展新质生产力带来前所未有的机遇。2024年4月，习近平总书记在主持召开新时代推动西部大开发座谈会时强调："因地制宜发展新质生产力，探索发展现代制造业和战略性新兴产业，布局建设未来产业，形成地区发展新动能。"这是党中央赋予西部地区的全新历史使命，这也意味着西部大开发战略即将进入新的历史阶段，这无疑会为陕西省的发展带来新的历史机遇。最后，陕西省人才教育得到强化。2020年5月，中共中央、国务院印发《关于新时代推进西部大开发形成新格局的指导意见》，提出"持续推动东西部地区教育对口支援，继续实施东部地区高校对口支援西部地区高校计划、国家支援中西部地区招生协作计划，实施东部地区职业院校对口西部职业院校计划。促进西部高校国际人才交流，相关人才引进平台建设向西部地区倾斜"。这能为陕西发展新质生产力提供人才保障。

（四）陕西省发展新质生产力的挑战

发展新质生产力并非易事，在发展新质生产力的过程中，陕西省也面临诸多挑战。首先，企业主体作用发挥还不够充分。截至2023年末，陕西省认定有效期内高新技术企业1.65万家[1]，而同时期北京市国家高新技术企业2.83万家，相比仍有差距。此外，2023年，深圳市科技型中小企业超过3万家，陕西省入库科技型中小企业2.18万家[2]，不及广东省一座城市科技型中小企业的数量。这对陕西省发展新质生产力带来巨大挑战。其次，区域经济格局有待优化。关中、陕南、陕北地区三大区域在人口、经济布局、产业发展路径等方面差异显著。关中地区是全省综合城镇化水平最高的地区，基础设施建设推进迅速，交通运输体系日臻完善，汇集了全省绝大多数科技资源，面积仅占全省总面积的27.1%，却有超过全省一半的人口和生产总值。区域发展不协调也会增加发展新质生产力的难度。最后，面临国内其他地区的激烈竞争。当前，整个国家都在大力发展新质生产力，各个地区也围绕新质生产力展开激烈竞争，与其他一线城市相比，陕西省的实体经济和制造能力偏弱。在这种情形下，陕西省如何发展新质生产力也面临较大挑战。

三、陕西省发展新质生产力的差异化路径

结合在发展新质生产力上的优势、劣势、机遇和挑战，陕西省探索差异化的新质生产力路径，应该立足自身创新能力，着力推动原始创新能力的增强和高新技术产业的发展。

（一）具体方向与产业

结合当前的发展状况以及发展新质生产力的优势，陕西省未来应将现代新兴产业作为发展新质生产力的主要方向，具体包括人工智能、云计算与大数据、物联网、增材制造、光子、量子信息、空天信息等产业。

在人工智能产业上，依托原创新驱动平台和高校人工智能创新资源，加大在

---

[1] 数据来源：《2023年陕西省国民经济和社会发展统计公报》。
[2] 《去年陕西入库科技型中小企业超两万家》，《陕西日报》2024年1月13日。

前沿基础理论、专用芯片研发、深度学习框架等开源算法平台构建、智能感知处理、智能交互与理解、智能系统应用、人工智能处理器和智能传感器等领域研发投入力度，突破一批关键核心技术。

在云计算与大数据产业上，推动国家级大数据工程实验室和其他校企共建研发机构，支持云计算和大数据领域关键技术研究和基础软硬件研发，提高云计算和大数据服务能力。加快数据资源开放共享，推动面向工业、医疗、交通、物流及公共事业等领域的大数据解决方案广泛应用，促进政府、企业、社会数据融合，构建和推广大数据典型应用场景。

在物联网产业上，上游重点扶持和培育各类智能传感器设计、制造和封装产业化，加强智能传感器核心芯片研发，推动新型传感器科技成果转化。中游重点加强物联网通信模组、终端的产业化引导支持，大力引导和支持省内企业物联网无线通信模组、物联网智能终端研发成果的产业化。下游大力发展物联网软件与系统集成产业，着力发展传感网络软件、嵌入式软件、机器对机器（M2M）平台软件和行业应用软件以及基础性软件，拓展行业系统集成方案供给能力。

在增材制造产业上，上游重点开展金属、非金属、复合材料等增材制造专用材料特性研究，推进金属材料、智能材料、合成生物材料等增材制造专用材料产业化。中游着力改进金属和非金属材料增材制造工艺技术，加快推动航空发动机叶片快速成型、铸造砂型模具直接成形、激光立体成形、树脂快速成形等关键技术装备突破。下游大力拓展在航空航天、电子工业、工业设计、汽车工业等行业应用场景。

在光子产业上，聚焦先进激光与光子制造、光子材料与芯片、光子传感三大重点领域，打造国家光子产业发展主阵地和全球具有影响力的光子产业生态高地。

在量子信息产业上，强化量子通信研究和应用，突破量子实用化核心技术，开发量子通信在政务、金融、电力、通信等领域的规模化应用，以及在车联网、自动驾驶、工业互联网等新兴领域应用。

在空天信息产业上，依托陕西空天动力研究院等科研院所，深度挖掘空天信息领域技术、市场、人才等优势资源，推动空天信息与实体经济深度融合，加快卫星互联网、北斗及空间信息服务等空天技术产品和服务产业化、规模化、商业化，打造多元、立体的空天信息产业生态。

同时，积极布局类脑智能、未来网络、细胞治疗、基因技术等前沿科技和产业变革领域，加强前沿技术多路径探索、交叉融合和颠覆性技术供给，探索未来技术应用前景，前瞻谋划一批未来产业。

新兴产业重点依托西安创新资源优势，推动西安在人工智能、云计算与大数据、增材制造、光子、量子信息、空天信息等方面的布局。支持渭南、咸阳、汉中加快提升在增材制造方面优势，推动增材制造产业发展。支持延安以建成具有全国领先水平的超大型数据中心为基础，加快提升云计算和大数据产业竞争力。支持宝鸡布局增材制造、光子、空天信息等产业。支持铜川数字经济产业园等项目建设，布局建设一批具备超算能力、模块化分析能力的绿色新型数据中心。

（二）产业生态与支撑

基于发展新质生产力的目标，陕西省要加快构建新兴产业创新发展生态，为发展新质生产力提供要素支撑。

在完善人才队伍方面，加大柔性引才力度，采取周末工程师、"卡脖子"领域关键人才一事一议等方式，给予人才在职称评定、科研立项、创业投资等方面特殊待遇，促进人才高效流动。深入实施"三秦学者"创新团队支持计划，充分调动高校院所的积极性，围绕服务平台建设、关键核心技术攻关、成果转化应用需求等，培育一批青年科技创新人才、跨领域复合型人才和创新团队。

在增强创新能力方面，推动秦创原创新驱动平台创新发展，加快秦创原创新驱动平台建设。围绕产业链部署创新链，推动企业联合高等院校、科研院所组建创新联合体，开展产业链关键核心技术研发攻关与创新突破。

在强化创新主体方面，围绕高端装备、半导体及集成电路、高性能特种材料、精细化工等重点领域部署创新链，加快创建一批国家级和省级制造业创新中心、企业技术中心，引导企业建设国家重点实验室等高能级创新基础设施，打造国家、省、市三级企业技术中心体系。

在加大资金支持方面，用好各类财政专项资金，采取股权投资、以奖代补或后补助、贴息、风险补偿、政府购买服务等方式，重点支持制造业关键技术突破、企业技术改造、重大技术装备首台（套）应用、公共服务平台建设，以及科技含量高、市场前景好、带动能力强的制造业项目建设和企业发展，引导企业转型升级和产业高质量发展。

在扩大双向开放方面，扩大现代新兴产业国际合作，增强陕西省对全球资金、技术、人才、信息等要素的吸引力。以建链、强链、延链为重点，聚焦产业链断点和薄弱环节，加大国际招商力度，创新引资方式，精准引进一批技术水平高、投资规模大、带动作用强的现代新兴产业落户，助推陕西省外向型产业集聚发展。

第九节　甘肃省

一、甘肃省发展新质生产力的基础情况

甘肃省，简称"甘"或"陇"，省会兰州市。位于西北地区，东通陕西，西达新疆，南瞰四川、青海，北扼宁夏、内蒙古，西北端与蒙古国接壤，总面积42.58万平方千米。甘肃的地理形状恰如一柄精美的玉如意，镶嵌在中国中部的黄土高原、青藏高原和内蒙古高原上，使得甘肃拥有亚热带季风气候、温带季风气候、温带大陆性气候和高原山地气候等四种气候类型，是我国气候类型最多的省份。同时也具有独特的旅游资源，除了海洋和岛礁外，拥有全中国所有的地况地貌，如喀斯特地貌、丹霞地貌、雅丹地貌、陇中黄土梯田、祁连山地、甘南草原、陇南山地等，自然景观丰富多样。截至2023年6月，甘肃省下辖12个地级市、2个自治州。2023年末，甘肃省常住人口2465.48万人。

在综合实力上，2023年甘肃省地区生产总值11863.8亿元、增长6.4%，高于预期目标0.4个百分点，增速居全国第6位。规模以上工业增加值、固定资产

投资、社会消费品零售总额分别增长7.6%、5.9%、10.4%，增速分别居全国第4位、第7位、第6位。一般公共预算收入增长10.6%，其中税收收入增长19.9%。全年全省全部工业增加值3389.6亿元，比上年增长6.8%。规模以上工业增加值增长7.6%，全体居民人均可支配收入增长7.5%，增速居全国第2位，比上年前移8位。①

在产业结构上，2023年全省三次产业构成比为13.83：34.39：51.76。其中，第一产业增加值1641.3亿元，增长5.9%；第二产业增加值4080.8亿元，增长6.5%；第三产业增加值6141.8亿元，增长6.4%。第一产业增加值占地区生产总值比重为13.8%，第二产业增加值占比为34.4%，第三产业增加值占比为51.8%。全年全省十大生态产业增加值3882.96亿元，占全省地区生产总值的32.7%。

在创新能力上，2023年，甘肃省9家全国重点实验室重组成功。新获批国家和省部级创新平台15个，新增企业创新联合体2家。无氧铜制备等一批关键核心技术取得重大突破。培育国家级专精特新"小巨人"企业5户，认定省级专精特新中小企业207户。建成科技成果转化综合服务平台，技术合同成交额增长38.3%，科技进步贡献率首次达到60%。1名科学家当选中国工程院院士，1人1团队荣获"国家工程师奖"。实施"三化"改造项目300个，酒钢集团炼钢焦炉、金川集团铜阳极泥、白银集团白银炉等重点项目完成改造。兰州石化年产120万吨乙烯改造项目预可研报告获得批复。白银集团20万吨高导新材料生产线一期建成投产。金昌镍铜钴新材料、白银废弃资源综合利用被认定为全国中小企业特色产业集群，金川集团镍盐公司入选"创建世界一流专精特新示范企业"。

在人才支撑上，甘肃省2024年省属高校、科研院所和医疗卫生机构引进高层次和急需紧缺人才1200余名，省属重点企业引进本科以上人才6000余名，均超出年度计划的20%以上。精心组织开展"组团式"帮扶工作，指导各地引进用好370名教育人才，选派400名左右本地人才赴北京师范大学等高校开展培训，有效提升重点帮扶县教育质量。甘肃省人社厅、省科协指导新建院士专家工作站、协同创新基地、博士后"两站一基地"21个，新引进院士专家14人、新进站博士后280人。

---

① 数据来源：《2023年甘肃省国民经济和社会发展统计公报》。

在发展模式上，甘肃省能源开发多点突破，潜力优势加速释放。煤炭产能达到1.17亿吨、产量6160万吨，分别较上年增加2865万吨和285万吨。环县发现储量超亿吨级整装大油田。原油产量、加工量分别达到1165.6万吨、1466.5万吨。发电总装机突破8000万千瓦，发电量2112.9亿千瓦时。新增新能源装机1200万千瓦，总量突破5000万千瓦，占总装机比重61.3%，居全国第2位。开工8个抽水蓄能项目，数量和规模均居全国第3位。风光大省加快迈向风光强省。

二、甘肃省发展新质生产力的SWOT分析

发展新质生产力是一个系统工程，对甘肃省而言，发展新质生产力在具有较大优势和机遇的同时，也面临一定的劣势和挑战。

（一）甘肃省发展新质生产力的优势分析

在发展新质生产力上，甘肃省拥有显著优势。首先，区位优势。甘肃自古以来就是丝绸之路的咽喉要道和商埠重地，是国家"一带一路"向西开放的重要平台。甘肃省可以利用好区位优势不断引进新能源综合利用、装备制造等延链补链强链项目以及涉及数字及平台经济、生物医药等领域的前沿技术企业，加快推进产业转型升级和发展新质生产力。其次，富集的资源优势。甘肃省能源资源富集，矿产资源储量排在全国前列，中药材资源品质优越，文化资源丰度排在全国第5位，旅游资源的多样性、独特性并存。风能、太阳能资源的开发潜力巨大。最后，产业体系完备。甘肃省被誉为"石化工业摇篮"和"有色金属之乡"，石油化工、冶金有色、装备制造、煤炭电力等传统产业实力雄厚，新能源、新材料、生物医药、数字经济等战略性的新兴产业异军突起。甘肃省可以以新能源开发带动相关装备制造产业快速发展，从而促进新质生产力发展。

（二）甘肃省发展新质生产力的劣势分析

虽然甘肃在发展新质生产力上有着一系列显著的优势，但其劣势也相当明显。首先，科技创新投入不足，企业研发经费投入偏低，科技与金融结合不够紧密，科技创新缺乏坚实稳定的资金支持。其次，高质量科技供给不足，科技成果

转移转化效率不高，支撑高质量发展的动能不够强劲。目前，甘肃省国家重大创新平台布局不足，现有省级创新平台存在重复建设和创新资源聚焦不够的现象，既分散了有限的创新资源，也不利于集中力量破解产业发展的关键技术难题。再次，创新主体培育不足，战略性新兴产业和高新技术产业规模偏小。作为科技成果转化及中小型科技企业发展助推器的科技企业孵化器，其数量和质量尚不能满足提高科技自主创新能力与经济健康发展的需要，普遍存在孵育手段不多、人员不足、设施不全、孵育制度不完善的问题。并且，甘肃省科技人才总量不足，部分领域科技领军人才、高端人才短缺，高校院所高层次人才"引育难"、科研人员成果转化积极性不高，人才外流势头未能得到遏制，甚至出现了科研机构整体外迁的现象。最后，创新治理能力不足，市场配置创新资源的决定性作用尚未充分发挥，跨部门、跨学科、跨行业的科技创新统筹协调机制不够顺畅。近年来，甘肃省持续加大对企业创新的支持力度，但企业与高校院所尚未形成体系化、任务型的协同创新模式。

（三）甘肃省发展新质生产力的机遇分析

在发展新质生产力方面，甘肃省也有着前所未有的机遇。随着"一带一路"建设、新时代西部大开发、黄河流域生态保护和高质量发展、碳达峰碳中和等国家战略的深入推进，甘肃省在党和国家大局中作为生态屏障、能源基地、战略通道、开放枢纽的功能定位更加清晰，资源禀赋优势、工业基础优势、地理区位优势越来越凸显。近年来，甘肃省全面贯彻落实创新驱动发展战略，先后制定出台了《关于提升甘肃省科技创新综合实力若干措施》《甘肃省"十四五"科技创新规划》《甘肃省强科技行动实施方案（2022—2025年）》等政策文件，旨在充分发挥科技创新对推动甘肃高质量发展的支撑与引领作用。特别是创建甘肃省特色区域创新高地，如兰白自创区和兰白试验区、黄河流域（甘肃段）生态保护和高质量发展创新带、丝绸之路科技走廊、兰州—西宁城市群、现代产业创新集群、科技创新示范区等建设，共同打造助力甘肃省新质生产力发展新优势。

（四）甘肃省发展新质生产力的挑战分析

发展新质生产力并非易事，在发展新质生产力的过程中，甘肃省需要应对内生动力不足和外部竞争加剧带来的双重挑战。甘肃省产业发展层次较低，科技含量高、附加值高的产业相对发达地区较少，新能源、生物医药产业具有资源优势，但没有形成制造业产业链集聚集群发展优势，工业战略性新兴产业占全部工业的8.0%，比全国平均水平低7.2个百分点，高技术产业占规上工业的5.3%，比全国平均水平低10.2个百分点。企业总部较少，产业链延伸不够，产业集聚集群发展水平不高。随着国际科技合作的进一步加强，如新能源合作，涉及的国家越来越多，涉及的领域也越来越广，甘肃省缺少对合作国家政治、经济、文化、外交情况的全面深入研究，缺乏扎实系统的国别研究，导致企业很难准确判断当前的投资环境。各部门在参与"一带一路"科技合作管理和协调中存在定位不明、认识不同的情况，部分企业在参与海外科技合作时面临融资难题。

三、甘肃省发展新质生产力的差异化路径

（一）具体方向与产业

结合当前的发展状况以及发展新质生产力的优势，甘肃省未来应聚焦数据信息、生物医药、新能源、新材料等新兴产业，突破产业关键共性技术、瓶颈技术和前沿跨领域技术，加强重点企业培育和重点产品开发，引领战略性新兴产业向高端化、规模化、集群化发展，打造未来发展新优势。

数据信息产业。完善集成电路产业链，带动大数据、软件与信息技术服务、智能终端等产业发展，加大人工智能、信息光子、先进计算、数字孪生等新一代信息技术的推广应用力度，促进信息技术向各行业广泛渗透与深度融合，提供数字转型、智能升级、融合创新等服务。

生物医药产业。打造西北医药产业聚集区，完善现代中药、化学制药、生物制药等产业链，推动创新药物、高端制剂、高性能医疗器械研发与应用，提高生物医药产业科技含量和产品附加值，做大做强生物医药产业，提升陇医陇药整体水平。

新能源产业。实施风光核清洁能源技术攻坚行动，构建新能源绿色供给技术体系，推进"风光水火储"一体化发展，大幅提高清洁能源的生产和利用比例，建立新能源送出、消纳、储存技术支撑体系，形成风电、太阳能发电、地热能、核能、氢能、生物质能等多种新型清洁能源互补融合发展格局。

新材料产业。开展新材料验证性示范应用研究基地建设，加强新材料的应用基础研究，完善有色金属新材料、先进基础材料、特种功能材料等新材料产业链，加快发展新能源材料、新型功能材料等新产品研发和成果转化应用。

先进制造产业。打造高端制造基地，完善石油化工装备、新能源装备、真空装备、电工电器、高档数控机床等产业链，加快网络化制造技术、工业物联网等在制造业中的深度应用，推进先进制造工艺技术研究和应用，开发一批具备自主知识产权的产品和成套设备。

节能环保产业。加快推进节能减排、污染防治和废弃物资源综合利用，开展循环经济关键技术与装备研发，重点攻克高效节能、生态环保、污染治理等关键共性技术，形成源头控制、过程减量、末端治理的技术体系，促进节能环保关键技术、设备、产品广泛应用，提高节能环保产业竞争力。

（二）产业生态与支撑

基于发展新质生产力的目标，甘肃省要加快构建产业创新发展生态，为发展新质生产力提供要素支撑。

在人才队伍上，实施高效精准引才政策，靶向引进一批能够突破关键技术、发展高新技术产业、带动新兴学科的战略科学家和创新创业领军人才及团队。实施交叉融合型科技人才培养行动，在省级科技计划中重点设计和支持交叉融合型研发任务，以任务带动多学科多领域人才发现和团队建设。实施知识更新工程、技能提升行动，壮大高水平工程师队伍。向国家争取设立西部人才专项和科技人才试验区试点。

在金融支持上，发挥各级政府财政资金的引导和杠杆作用，激发企业投入潜能，撬动金融资本、民间资本和社会资本投入科技创新，形成财政资金、企业资金、金融资本等多元投入新格局。鼓励企业建立研发准备金制度，自主立项先行投入开展研发活动，扩大科技创新券使用范围，落实企业研发加计扣除、税收优惠等普惠性财税支持政策。依法依规支持风险投资资金进入种子期和初创期科技型中小企业，鼓励符合条件的银行、保险、担保等金融机构，开发知识产权质押、科技保险、融资担保、投贷联动等产品。

在国际合作上，坚持"引进来"和"走出去"并重，面向国内外组织集聚创新资源，促进科技合作向纵深发展。立足"一带一路"区位优势，深化国际科技合作，构建"巩固东联、向西为主、深耕南向、促进北拓"的创新开放格局。支持兰白"两区"与其他自主创新示范区、高新技术产业开发区、经济技术开发区等开展科技经贸合作，构建产业对接体系，推动协同创新。推进省部会商、院地合作，加强与中央在甘科研机构在承担国家区域科技创新战略、国家重大科技计划项目等方面的合作。

在军民协同上，围绕军民融合发展战略，把国防科技工业和驻甘部队科技创新纳入全省创新体系，加强军民协同创新、资源共享、服务保障机制建设，在推动军民融合体制机制创新、建立高效完备军民融合服务体系、深化国防工业体制改革和加强战略合作等方面取得新突破，加快形成军民科技创新深度融合格局。统筹军民科研力量和资源优势，开展联合攻关，加强基础技术、前沿技术、关键技术研究，推进军民技术双向转移转化。

第十节　青海省

一、青海省发展新质生产力的基础情况

青海省，简称"青"，省会西宁市。位于西北内陆，雄踞世界屋脊青藏高原的东北部，因境内有中国最大的内陆咸水湖——青海湖而得名。青海省是长江、黄河、澜沧江的发源地，故被称为"江河源头"，又称"三江源"，素有"中华

水塔"之美誉，是联结西藏自治区、新疆维吾尔自治区与内地的纽带。特殊的地理优势让这里成为中华文明的重要源头。青海省总面积72.23万平方千米，下辖2个地级市、6个自治州。截至2023年末，全省常住人口594万人。

在综合实力上，青海省2023年地区生产总值为3799.1亿元，位列全国第30名，较上年增长5.3%；人均地区生产总值为6.39万元，位列全国第24名。2023年完成地方一般公共预算收入381.3亿元，排名全国第30名，增长15.9%，其中税收收入282.94亿元。全年居民人均可支配收入28587元，比上年增长5.9%，城乡居民人均收入比值（以农村居民人均收入为1）为2.59。[①]

在产业结构上，青海省2023年三次产业增加值分别为387.0亿元、1612.8亿元、1799.2亿元，三次产业构成比为10.2∶42.4∶47.4。具体来看，2023年全省规模以上工业增加值比上年增长5.6%，高技术制造业增加值增长62.2%，装备制造业增加值增长45.3%，占规模以上工业增加值的比重分别为26.1%和26.3%。2022年，优势产业中新材料产业总产值1036.27亿元，装备制造业725.61亿元，新能源产业466.20亿元，根据《工业战略性新兴产业目录（2018）》所界定的工业战略性新兴产业总产值896.75亿元。另外，数字经济产业规模超过1100亿元，核心产业增加值增长20%，以全国最快速度建成国家级互联网骨干直联点并开通运行。

在创新能力上，根据《中国区域创新能力评价报告2023》，青海省创新绩效综合指标得分为20.77，排在全国第24名。根据青海省统计局数据，2022年青海省研究与试验发展人员9788人，同比增长3.7%；研究与试验发展经费投入达到28.84亿元，同比增长7.7%，保持持续增长态势，研发经费投入强度0.8%。另根据青海省科技厅数据，2023年末，青海省科技型企业数量累计达到698家，较"十三五"末增长53%，平均增长率达17.67%，呈现快速增长态势；高新技术企业数量达到280家，较2022年增加14家，国家级专精特新"小巨人"企业达到13家。2023年全省高新技术企业实现营业收入1373.33亿元，同比增长21.60%；营业收入超过1亿元的企业达76家，同比增长15.15%；拥有研究开发人员11126人，同比增长13.80%；期末拥有有效专利数7182件，同比增长8.2%；企业研发费用合

---

① 数据来源：《青海省2023年国民经济和社会发展统计公报》。

计43.5亿元，同比增长13.64%。科研成果方面，2023年取得省部级以上科技成果588项，比上年增加41项，其中基础理论成果163项、应用技术成果415项、软科学成果10项。专利授权3987件，其中发明专利授权561件。签订技术合同1515项，比上年增加382项；技术合同成交金额19.30亿元，增长20.4%。

在人才支撑上，根据《2022年青海人才工作创新发展调查报告》，截至2020年底，青海省人才资源总量达到50.09万人，其中专业技术人才总量为18.05万人；截至2022年4月，全省高层次人才为3611人，总量远低于广东、江苏等发达省份，技能人才为37.7万人，仍存在约50万人的缺口。

在发展模式上，青海省牢记习近平总书记嘱托，正走出一条具有地方特色的高质量发展之路。目前，青海省建成海南藏族自治州、海西蒙古族藏族自治州两个千万千瓦级可再生能源基地，投运全国首个100%清洁能源绿色大数据中心，绿电实践活动屡次刷新世界纪录。截至2023年底，青海省清洁能源装机规模达到5107.94万千瓦，占总装机的92.92%；新能源装机规模达到3803.43万千瓦，占总装机的69.19%，占比均为全国最高。新能源最大日发电量突破2亿千瓦时，全年新能源发电量首次超过水电成为省内第一大电源，在全国率先实现新能源装机和发电量占比"双主体"。同时，青海省积极引导传统产业加大技术改造和创新驱动，建设世界级盐湖产业基地取得了亮眼成绩。目前已经形成钾、钠、镁、锂、氯五大产业集群，建成全国最大的钾肥生产基地，2022年钾肥产量占全国总产量的83%，锂电池产量占全国十分之一。

二、青海省发展新质生产力的SWOT分析

（一）青海省发展新质生产力的优势

青海省深居内陆，远离海洋，地处青藏高原，是长江、黄河、澜沧江的发源地，"水丰、光富、风好、地广"的自然禀赋得天独厚，培育和发展新质生产力有良好的基础，主要体现在生态优势、能源优势和产业基础3个方面。首先，生态优势。青海省是"三江之源"和"中华水塔"，具有重要的生态地位；是世界上高海拔地区生物、物种、基因、遗传多样性最集中的地区之一，拥有中国最大、

全球海拔最高的世界自然遗产地。其次，资源优势。青海省能源资源富集，是国家能源安全战略要地。全省水能资源理论蕴藏量位居全国第五，太阳能年总辐射量位居全国第二，是我国第四大风场，可用于新能源开发的荒漠化土地超过10万平方千米，地热能、页岩气储量丰富，被誉为"地热之城""干热岩之都"。此外，青海省拥有丰富的盐湖资源，盐湖矿床70多处，盐湖资源累计探明储量约4000亿吨。镁、钾、锂盐储量在全国已探明储量中占比极高，且资源品位高、类型全、开采条件优越，为发展现代化工业提供了天然基地。最后，产业基础优势。三次产业正在逐步实现从机械赋能到智慧赋能的转型。农业方面，现代农牧业标准体系不断完善，现代设施装备、先进科学技术支撑农牧业发展的格局初步形成。工业方面，新型材料、清洁能源、装备制造、特色生物加工、矿物资源循环利用等特色产业蓬勃发展，以数控机床、环卫设备等为核心的特色装备制造业体系初步形成。服务业方面，生态旅游精品线路加快打造，一批国家级生态旅游示范区、全域旅游示范区布局建设，创新实践生态旅游补偿机制、特许经营准入机制，生态产业化发展稳步推进。

（二）青海省发展新质生产力的劣势

良好的生态环境和丰富的资源能源带来巨大发展潜能的同时，也给青海省带来了一些劣势。首先，环境保护压力大。青海最大的价值在生态、最大的责任在生态、最大的潜力也在生态，保护好三江源，保护好"中华水塔"，是青海义不容辞的重大责任。因此青海省在推进新质生产力发展的同时，也面临着较大的环境保护压力，需要在发展与保护之间找到平衡，这无疑给青海省发展新质生产力增添了难度。其次，人才供给严重不足。新质生产力对高素质人才供给有很高的要求，青海省在研发和应用新技术、引进高水平人才方面有较大的提升空间。2023年末，青海省人口总量只有594万人，在全国31个省级辖区中排名倒数第二，仅高于西藏，甚至比不上一个东部大城市，且近年来人口还出现了下降趋势，因此面临巨大的人才需求缺口。最后，地理位置不利。青海省地处西部内陆，距离国内主要经济中心较远，区位优势不明显，这对吸引投资和拓展市场构成了一定的制约。

（三）青海省发展新质生产力的机遇

近年来，青海省的发展得到了中央的充分肯定，发展新质生产力的良好机遇已然显现。首先，多项国家重大战略叠加。新时代西部大开发、黄河流域生态保护和高质量发展、长江经济带发展、对口援青和东西部协作、支持藏族聚居地区发展等重大战略深入实施，为青海省带来诸多政策利好。随着"一带一路"建设的持续推进，青海省成为我国扩大向西开放的重要区域，具有连南接北、承东启西的战略地位。这些国家战略的实施为青海省发展新质生产力提供了难得的机遇。其次，中央对青海省产业"四地"建设的支持。2021年，习近平总书记参加十三届全国人大四次会议青海代表团审议和在青海考察时，对青海作出"加快建设世界级盐湖产业基地，打造国家清洁能源产业高地、国际生态旅游目的地、绿色有机农畜产品输出地"的重要指示。产业"四地"建设充分考虑了青海省的资源禀赋、发展优势和区域特征，为青海省未来的发展指明了方向。最后，高原资源能源优势彰显的时代机遇。青海省构建绿色低碳循环现代化经济体系、发展新质生产力条件得天独厚，高原资源能源潜力正在加快释放，盐湖综合利用、生态旅游、绿色有机农牧、数字经济等发展势头强劲。应对全球气候变化带来新机遇，"双碳"行动进一步提速，对青海巩固扩大清洁能源资源优势注入了新动力，在抢占全国绿色发展制高点上具有率先起跑的资源基础、区位条件和通道优势。

（四）青海省发展新质生产力的挑战

青海省在培育和发展新质生产力过程中也面临不小的挑战。首先，创新驱动能力偏弱。青海省的研发投入强度较低，2022年研发经费投入强度0.8%，远低于2.55%的全国平均水平；青海省企业科技创新投入仍以政府及国企投资为主导，私营企业投入积极性不高，创新意识薄弱，社会投资意愿明显偏弱，自主创新能力和研发投入不足；青海省高新技术企业数量较少、核心竞争力不强，科技成果产出不能有效满足市场需求，导致创新供给能力较弱。其次，新旧动能接续不畅。当前，青海省传统产业多处于产业链中上游，产品附加值低，两头在外特征明显，产业质量效益偏低，转型升级进程较慢。青海省长期以来形成的投资驱动型增长方式尚未有效转变，消费需求对经济增长的基础性作用发挥不充分，市场发育程度较低，影响了资源的有效配置和经济的活力，不利于新质生产力的生成和发展。最后，发展要素制约明显。受经济基础、外部环境、疫情冲击等因素制约，青海省招商引资难度加大，资金来源渠道单一，以政府投资居多，民间投资意愿减弱，社会资本融资不足。数字经济和平台经济作为培育新质生产力的重要支撑，发展基础薄弱。中小企业缺乏数据价值意识，加之受资金及技术制约，数字化转型意愿不足，大企业和中小企业间产业链协同水平不足，制约了传统产业数字化转型，也间接制约着新质生产力的发展。

三、青海省发展新质生产力的差异化路径

（一）具体方向与产业

青海省资源丰富，特色优势明显，应该因地制宜地发展具有青海特点的新质生产力，在清洁能源、盐湖化工、绿色有机农牧业、新材料、有色冶金、数字经济以及生态旅游、生物医药、高原康养等特色产业上发力。

清洁能源方面，要用足用好与国家能源局的共建机制，加快构建清洁能源发展规划、政策、基地、项目、企业一体化推进格局，围绕柴达木沙漠基地、海南戈壁基地开发，推进电网互联互通，"用好第一条、布局第二条、谋划第三条"特高压。坚持以重大项目为抓手，加快建成一批惠当前、利长远的水电、抽水蓄能、风电、新能源制造、东数西算等高效能项目。盐湖化工产业方面，该产业是青海省目前的支柱产业，在后续发展中要强化科技赋能，持续提升青海盐湖资源综合开发利用效率，推动盐湖产业向高端化、智能化、绿色化迈进，加快建设世界级盐湖产业基地。绿色有机农牧业方面，要围绕打造绿色有机农畜产品输出地的重大战略，积极推进农牧业品种培优、品质提升、品牌打造和标准化生产，实现从种植到销售的全产业链智慧化过程，激活发展向"新"力。新材料产业方面，要以实现全省新材料产业高端化发展为导向，重点开展钛基、镁基、铝基等先进合金材料高纯制备关键技术研发，稳步推动碳化硼、碳纤维材料生产制备以及特殊钢冶炼铸造技术实现突破。积极推进半导体用多晶硅、N型单晶硅用料、

半导体用硅基特气、纳米级白炭黑等材料生产制备及应用技术研发。有色冶金方面，要做精有色冶金产业，开展有色冶金就地转换行动，发展铜箔、铝箔、高镍正极材料等功能型产品，推进原材料精深加工，促进产业高值化。

（二）产业生态与支撑

要从人才聚集、创新主体、资金投入、要素需求、国际合作等多方面发力塑造健康良好的产业生态，为新质生产力的发展提供要素支撑。

在人才集聚上，要深入实施人才强省战略，建立多层次分渠道的人才培养体系，完善创新型科研人才发现、培养、激励机制。健全"人才+项目"柔性引才用才机制，制定更加开放有效的人才引进政策，突出"高精尖缺"导向，实施急需紧缺人才集聚工程，持续开展"校园引才"活动。支持企业、高校、科研院所引进重点领域创新型人才和创业团队。用好东西部协作和对口支援平台，对接支援方选派高端人才来青开展团队式服务，探索建立"双招双引"模式，构建"科技在内、人才可以在外"的人才工作新机制。

在创新主体上，开展高新技术企业、科技型企业、科技"小巨人"企业"量质双升"行动，扶持带动性强、技术先进的骨干企业，培育青海科技创新专板企业，鼓励中小企业参与产业关键技术研究开发，实施科技型初创企业培育工程，培育若干具有创新能力的专精特新企业。支持企业在国内创新资源富集地区建设科创飞地。完善鼓励企业建立研发机构的政策，健全企业研发机构创新能力评价体系。推动企业联合高校、科研院所和行业上下游建设创新共同体，培育发展创新链与产业链对接的新型研发机构。

在资金投入上，加强财政资源统筹，优化支出结构，支持工业经济高端化智能化绿色化发展。用好省级工业转型升级专项资金，积极争取国家专项资金，引导省高质量发展政府投资基金投向重点产业和企业，带动金融和民间资本参与。省级支持各地引进符合全省重点产业领域先进制造业重大项目。引导金融机构为企业提供差异化金融服务。加大对工业的信贷资金投放，集中优质信贷资源支持工业经济发展，鼓励金融机构对重点项目在授信额度和融资成本方面予以适度倾斜。

在要素需求上，继续实施国家新时代推进西部大开发差别化用地政策。坚持建设用地计划指标跟随项目走，优先保障重大工业项目用地。推行上下游、高低能耗强度项目"打包"审查，把能耗指标向产值高、效益好且能明显拉低全省能耗强度水平的优质项目倾斜配置。全省75%以上能耗指标优先用于工业。强化生态环境准入引导，优化完善污染物排放总量指标管理，统筹总量指标支持工业项目建设。对投资规模大、带动作用强、用电负荷高的产业链项目，省级在要素配置上予以支持。

在国际合作上，依托国家公园论坛、"一带一路"清洁能源论坛、中国生态环保大会等平台，开展与"一带一路"共建国家和地区在绿色发展、应对气候变化等领域的深度合作。推动盐湖化工、有色金属、清洁能源等竞争优势明显的企业"走出去"，培育形成国际经济合作新优势。加强与蒙古、俄罗斯等国家在有机畜牧、特色种植、矿产资源开发等领域产业协作。紧抓签订《区域全面经济伙伴关系协定》（RCEP）的机遇，加强与东亚、东南亚国家在文化旅游、生物资源、生态环保等领域合作交流。搭建广域经贸合作平台，全面提升青洽会、国际生态博览会、环湖赛等展会赛事的国际影响力，推动兰洽会、青洽会联合办会，扩大国家公园论坛、"一带一路"清洁能源论坛的知名度。

第十一节　宁夏回族自治区

一、宁夏发展新质生产力的基础状况

宁夏回族自治区，简称"宁"，首府银川市。位于中国西北内陆地区，东邻陕西省，西、北接内蒙古自治区，南连甘肃省，位于西北地区。地势南高北低，呈阶梯状下降，全区属温带大陆性干旱、半干旱气候。下辖5个地级市，总面积6.64万平方千米。截至2023年末，宁夏常住人口729万人。

在综合实力上，宁夏2023年全区实现地区生产总值5314.95亿元，位居全国第29位。宁夏2023年人均地区生产总值为72957元，位于全国第18位。2023年完成一般公共预算收入502.26亿元，其中税收收入353.16亿元。①

在产业结构上，宁夏仍在优化转型阶段，第二产业的比重仍高于第三产业。2023年，宁夏的三次产业构成比为8.1∶46.8∶45.1，其中第一产业增加值428.10亿元，第二产业增加值2487.24亿元，第三产业增加值2399.61亿元。进一步看，宁夏2023年全区工业增加值2130.13亿元，全年全区规模以上工业中，高技术制造业增加值比上年增长44.5%，占规模以上工业增加值的比重为10.0%；装备制造业增加值增长38.6%，占规模以上工业增加值的比重为12.6%。全年全区规模以上工业企业利润377.4亿元，比上年下降8.7%。

在创新能力上，宁夏持续夯实基础支撑，科技创新成果丰硕。2023年末，宁夏全区拥有国家级工程技术研究中心3个，自治区级工程技术研究中心106个；国家级重点实验室3个，自治区级重点实验室45个；自治区级产业技术协同创新中心5个，自治区临床医学研究中心33个，自治区技术创新中心549个；国家级企业（集团）技术中心（含分中心）9个，自治区级企业（集团）技术中心101个；自治区工程研究中心64个。2023年，新建六盘山实验室、宁夏人工智能重点实验室、宁夏高性能钛研究中心等32个科研机构。新培育国家高新技术企业、科技型中小企业、专精特新"小巨人"企业共计1231家。全国首台超大型采煤输送装备、首套特大型风电轴承装备、首条氮化铝全产业链、首批高产长寿奶牛等一批关键核心技术取得突破。全球首次发现的耐碱基因研究成果，入选全国十大科技新闻；全球最大的工业级铸造砂型3D打印机，荣获全国铸造装备创新奖；400万吨煤制油成套技术创新开发及产业化团队，荣获首届"国家卓越工程师团队"称号，创新创造为高质量发展注入了强劲动能。

在人才支撑上，宁夏着力加强基础教育，教育质量明显提高。全区教育经费投入占地区生产总值比例达5.4%，超过全国平均水平。新扩建幼儿园、中小学校舍130所，新增基础教育学位3万个，培育特色高中10所。"双减"工作满意率达97%以上。全面加强高等院校建设，新建现代产业学院18所，并启动高技能人才

---

① 数据来源：《宁夏回族自治区2023年国民经济和社会发展统计公报》。

培育计划，出台人才柔性引进政策，全民科学素养持续提升。

在发展模式上，宁夏生态环境治理步伐加快，绿色低碳发展扎实推进。全面启动黄河"几字弯"宁夏攻坚战，造林种草及荒漠化治理等380万亩；加快推进"一河三山"工程；构建碳达峰"1+N+X"政策体系，创建绿色园区、工厂、矿山和绿电园区等172个，开发区亩均效益提升25%以上。宁夏全区新能源装机占比达51%、利用率达97%，成为全国单位面积新能源开发强度最大、人均装机最高的省区。

二、宁夏发展新质生产力的SWOT分析

宁夏在发展新质生产力的过程中，需要充分利用其优势，克服劣势，抓住机遇，应对威胁，因地制宜发展新质生产力，以实现经济的高质量发展。

（一）宁夏发展新质生产力的优势

宁夏在发展新质生产力方面拥有一系列显著优势，这些优势为地区的经济转型和产业升级提供了坚实的基础和广阔的发展空间。首先，宁夏地区生产总值增长迅速，增速在全国排名中位居前列，这表明宁夏经济发展势头向好，潜力仍有较大发掘空间，为新质生产力的发展提供了良好的宏观经济环境。其次，宁夏在现代煤化工、新能源、新材料等产业领域已经在全国占据了一席之地。这些产业不仅为宁夏的经济发展提供了重要支撑，而且通过不断的技术创新和产业升级，为新质生产力的培育和发展奠定了坚实的产业基础。另外，重视科技创新是宁夏发展新质生产力的另一大优势。宁夏高度重视科技创新，通过加大科研投入、优化创新环境、激励企业创新等措施，有效促进了科技与经济的深度融合，推动了新质生产力的快速发展。特别是在智能制造、数字经济等领域，宁夏算力资源环境指数、互联网光纤接入端口占比均居全国第一，为经济高质量发展注入了新动能。最后，宁夏还拥有丰富的煤炭资源，这为发展现代煤化工产业提供了原材料保障。宁夏通过延伸产业链、加速装备制造转型升级等方式再造旧的优势产业，稳住经济发展"基本盘"，并通过创新发展战略性新兴产业，推动了能源化工行业的脱碳、零碳变革。

（二）宁夏发展新质生产力的劣势

宁夏在发展新质生产力的过程中也面临着一些劣势，这些劣势在一定程度上制约了地区经济的高质量发展。首先，宁夏长期面临高层次人才、科技人才、专业技能人才的严重短缺问题。人才是创新的第一资源，人才短缺不仅限制了科技创新能力的提升，也影响了新质生产力的培育和发展。其次，宁夏的产业结构仍以资源型、重型化为主，新材料、先进装备制造等战略性新兴产业的规模比重相对较低。产业结构单一化限制了经济的多元化发展，阻碍了新质生产力的形成。再次，资源环境受到较大约束。宁夏的水资源、土地资源相对紧张，加之以要素投入为主的低成本竞争型发展模式难以为继，资源环境约束趋紧成为制约宁夏经济发展的重要因素。同时，宁夏高耗能产业比重较高，单位GDP能耗居高不下，节能压力持续加大。这不仅影响了宁夏的环境质量，也制约了经济的绿色可持续发展。然后，投资结构有待进一步优化。宁夏的新兴产业投资规模较小，无法填补传统行业的投资空白，导致宁夏处在投资"换挡减速"状态。最后，尽管宁夏在科技创新方面取得了一定进展，但与发达地区相比，创新能力仍然不强。创新是新质生产力的核心，创新能力不足限制了新质生产力的快速发展。

（三）宁夏发展新质生产力的机遇

宁夏在发展新质生产力的过程中，面临着多方面的机遇，这些机遇有助于推动地区经济的转型升级和可持续发展。首先，宁夏作为黄河流域生态保护和高质量发展战略的重要省份，获得了国家层面的政策支持和资源配置，为新质生产力的发展提供了有利的外部环境。国家发改委于2022年印发《支持宁夏建设黄河流域生态保护和高质量发展先行区实施方案》，提出要高水平建设新能源综合示范区，加快推进沙漠、戈壁、荒漠地区大型风电、光伏基地项目建设，支持新能源就地消纳，探索新能源发电自发自用和就近交易新模式，推动构建新型电力系统，开展储能先进技术商业化应用和规模化推广等。其次，数字经济蓬勃发展，为宁夏推动区域经济高质量发展带来了新机遇、开拓了新空间。宁夏拥有中阿博览会等一批开展对外开放、发展数字经济的平台，建成亚马逊、蚂蚁金服、奇虎360等知名互联网企业入驻的中卫西部云基地，具备数字经济发展的基础与条件。同时，宁夏作为全国一体化算力网络国家枢纽节点，拥有发展数字经济的独特优势，可以通过建设智能工厂、数字化车间，推动工业经济提质增效。

（四）宁夏发展新质生产力的挑战

宁夏在发展新质生产力的过程中，同样面临一些挑战，这些挑战需要通过政策引导、技术创新和市场机制等手段加以克服。首先，宁夏全区经济总产值较低，综合实力排名靠后。尽管宁夏的经济增速较快，势头较好，但基数较小仍然是不争的事实，一定程度上削弱了经济发展的竞争力，成为宁夏发展新质生产力的挑战。其次，宁夏面临较重的环境保护压力。宁夏仍在产业结构优化的进程中，资源型产业的比重较高，转型难度大。随着国家对生态文明建设的重视，宁夏需要在发展经济的同时，处理好资源开发与环境保护之间的关系，需要进一步调整和优化能源消费结构，减少对传统能源的依赖，发展清洁能源，以应对节能减排和环境保护的要求，实现绿色可持续发展。再次，创新能力不足、发展质效有待提升仍然是宁夏发展新质生产力面临的重大挑战。尽管宁夏正努力提升其创新能力，但与发达地区相比，宁夏的科技创新能力仍然不强，且发展质效总体偏低，需要进一步提升产业的科技含量和附加值，以实现高质量发展。最后，即使有良好的政策支持，政策的执行和落地也存在难度。宁夏需要加大政策的执行力度，确保政策能够真正转化为推动新质生产力发展的实效。

三、宁夏发展新质生产力的差异化路径分析

结合在发展新质生产力上的优势、劣势、机遇和挑战，宁夏探索差异化的新质生产力路径，立足区情实际、坚持创新驱动、树立统筹思维、发扬斗争精神，准确识变、科学应变、主动求变，全力谱写宁夏经济发展新蓝图。

（一）具体方向与产业

发展新质生产力，宁夏应立足全区经济发展基础和区域主体功能定位，统筹规划全区经济空间布局，推动特色化、差异化、协同化发展，打造"一带一核一节点多区联动"的发展格局。

打造沿黄河流域数字经济高质量发展示范带。立足黄河流域生态保护和高质量发展先行区建设，加强区内各地级市在数字经济发展方面的协调联动，结合自身产业特色和资源禀赋，加快构建数字经济高质量发展的空间布局体系、产业体系和制度体系，在共同抓好大保护、协同推进大治理的生态框架下，以数字经济优化经济发展结构，强化生态保护和高质量发展的整体协调联动，逐步形成对黄河流域尤其是黄河"几字湾"区域数字化发展的辐射带动效应，打造以黄河干流为主轴的数字经济高质量发展示范带。

建设数字经济创新总部核心。发挥银川市的首府作用，全面推进产业数字化和数字产业化发展。加快高端企业集聚，引进具有市场发展潜力和产业规模优势的国内外数字经济企业设立地区总部和功能总部，重点培育一批发展层次高、带动作用强的本土数字经济企业。塑造传统产业数字化转型样板，推进能源化工、装备制造等领域智能制造，推进数字技术在医疗、物流、商贸、文旅等服务业融合应用。打造数字经济核心产业集群，壮大智能终端、电子元件、电子新材料等重点产业，开展北斗、云计算、区块链、数据服务等新兴技术应用试点示范，引领全区数字化服务业发展。

建设全国一体化算力网络国家枢纽节点。依托中卫现有数据中心基础条件，高质量建设全国一体化算力网络国家枢纽节点。实施"东数西算"工程，加快建设国家（中卫）新型互联网交换中心，推进高质量直连网络建设。加快建设集约化、绿色化的数据中心集群，降低数据中心电源使用效率（PUE），提升绿色能源使用率，强化区域算力调度水平，强化国家（中卫）数据中心集群内各数据中心服务提供商协同，持续拓展数据中心服务能力和规模。积极承接全国范围需后台加工、离线分析、存储备份等非实时算力需求，打造面向全国的非实时性算力保障基地。加快引入一批数据存储服务、数据中心运维等服务企业，探索引进一批服务器维修、组装、回收等企业，完善数据中心配套产业链。

培育数字经济特色联动区。统筹考虑全区经济社会发展的整体性布局，鼓励各地级市充分立足自身数字经济发展实际，积极主动融入全区数字经济发展。以银川、中卫为双轮驱动，加速对石嘴山、吴忠、固原的创新能力、数据能力输出，构建在"互联网+先进制造"、智慧农业生产、智慧生态环境保护、数字化文化旅游、智慧园区等领域的数字化创新联动格局，形成可复制、可推广的创新模式，打造围绕"一核一节点"特色场景应用创新联动的产业生态。

（二）产业生态与支撑

结合当前发展新质生产力的需求，宁夏应加快制造业数字赋能升级，推进农业智能化转型发展，加速服务业现代化新提升，促进数字产业化创新发展，建设泛在智能新型基础设施。

加快制造业数字赋能升级。深化新一代信息技术与制造业融合发展，加快发展智能制造，大力发展工业互联网，探索建设虚拟产业园，推动全区制造业数字化、网络化、智能化转型，重塑制造业新优势。

推进农业智能化转型发展。加快新一代信息技术与农业生产全过程集成应用，以数字化技术赋能现代农业生产体系、经营体系、管理服务体系建设，推动特色农业领域智能化转型发展。

加速服务业现代化新提升。持续推进"互联网+"，加快生产性服务业和生活性服务业领域数字化转型，培育壮大服务业新业态新模式，全面提升服务业便利化、智能化水平。

促进数字产业化创新发展。按照优先发展、重点支持、着力培育的发展思路，壮大电子信息制造业，释放云计算和大数据产业优势，加快推进数字技术应用开发，同时探索发展新兴数字技术产业，推进电子信息产业高质量发展，打造西部电子信息产业高地。

建设泛在智能新型基础设施。坚持共建、共享、共用原则，统筹推动信息基础设施、融合基础设施和创新基础设施建设，夯实新质生产力发展支撑基础。

第十二节　新疆维吾尔自治区

一、新疆发展新质生产力的基础情况

新疆维吾尔自治区，简称"新"，首府乌鲁木齐市。位于我国西北地区，面积166.49万平方千米。陆地边界线长5700多千米，约占全国陆地边界线的四分之一，是我国陆地面积最大、交界邻国最多、陆地边界线最长的省级行政区。截至2023年1月，新疆辖4个地级市、5个地区、5个自治州、12个自治区直辖县级市。截至2023年末，新疆常住人口为2598万人，其中城镇常住人口1539万人。城镇化率为59.24%，比上年末提高1.35个百分点。

在综合实力上，新疆2023年地区生产总值19125.91亿元，比上年增长6.8%，位于全国第23位。全年人均地区生产总值73774元，比上年增长6.6%，位于全国第15位。全年一般公共预算收入2179.7亿元，比上年增长15.3%。其中：税收收入1369.1亿元，增长12.0%；非税收入810.6亿元，增长21.4%。一般公共预算支出6049.6亿元，增长5.9%。[①]

在产业结构上，新疆2023年第一产业增加值2742.24亿元，比上年增长6.3%；第二产业增加值7710.27亿元，增长7.2%；第三产业增加值8673.40亿元，增长6.6%。第一、二、三产业增加值占地区生产总值比重分别为14.3%、40.3%和45.4%。2023年，新疆培育国家级专精特新"小巨人"企业9家，累计51家，增长21.4%；认定自治区专精特新中小企业162家，累计654家，增长30.9%。

在创新能力上，根据《中国区域创新能力评价报告2023》，2023年新疆创新能力排名全国第30位，整体创新能力较弱。从科技创新投入来看，2022年新疆研究与试验发展经费支出91亿元，与生产总值之比为0.51%，研发经费占比太低。

---

① 数据来源：《新疆维吾尔自治区2023年国民经济和社会发展统计公报》。

从科技创新环境来看，截至2023年末，新疆拥有县以上部门属研究与技术开发机构98个，其中自然科学研究与技术开发机构87个、科技信息与文献机构5个、社会与人文科学领域研究与技术开发机构6个。重点实验室141个（含国家重点实验室2个）。已挂牌的工程技术研究中心140个，高新技术企业1911家。高新技术产业开发区20个，其中国家级4个、自治区级16个。星创天地76个，其中国家级28个。众创空间83个，其中国家级31个。科技企业孵化器37个，其中国家级12个。从科技创新产出和转化来看，全年获得专利授权19124件，其中获得发明专利授权2398件。年末有效专利87109件，其中有效发明专利9281件。登记技术合同5471项，技术合同成交金额73.73亿元，其中技术交易额58.31亿元。

在人才支撑上，新疆人才资源相对匮乏。《新疆维吾尔自治区数字经济人才发展白皮书（2023）》显示，新疆数字经济人才总量21万人，数字经济人才缺口率为26.3%，对中高端人才的需求迫切。为吸引人才，新疆大力实施"2+5"重点人才计划，2023年支持培养引进高层次人才5600余人，柔性引进各类高层次人才和急需紧缺人才9427人，新增高技能人才3万人。

在发展模式上，积极推动节能减排和绿色低碳发展。2023年，"乌—昌—石"区域大气污染深度治理成效明显，区域空气质量优良天数累计增加109天，重污染天数累计减少41天，PM2.5平均浓度下降10.4%。加强水资源统筹调配和开发利用，地下水开采控制在127亿立方米以内，在主要河流来水较上年减少10%的情况下，农业灌溉供水增加13.8亿立方米，水库蓄水增加13.4亿立方米，洪水利用率达86%。完成造林165.8万亩、种草改良450万亩、荒漠化治理550.7万亩、水土流失治理304.4万亩。

二、新疆发展新质生产力的SWOT分析

新质生产力的发展需要依据本地区实际情况，综合考虑诸多因素。新疆发展新质生产力具有一定的优势和机遇，同时也面临诸多劣势和挑战。

（一）新疆发展新质生产力的优势

在发展新质生产力上，新疆具有一系列的优势条件。首先，新疆的资源优

势是其发展新质生产力的重要基础。新疆富含矿产资源，如石油、天然气、煤炭和各种金属矿产，这些资源为新疆的能源和原材料工业提供了充足的物质基础。此外，新疆还是中国重要的风能和太阳能资源富集区，发展新能源具有得天独厚的条件。依托这些资源，新疆能够在新能源、新材料等领域布局发展新质生产力，推动传统产业的转型升级。其次，新疆的地理位置为其提供了独特的战略优势。作为连接中国与中亚、南亚、西亚的门户，新疆在"一带一路"建设中占据重要地位，是中国对外开放的前沿。这一战略位置不仅促进了新疆与周边国家的贸易和经济合作，也为新疆提供了参与国际产业分工和全球市场竞争的机会。通过这些国际合作，新疆能够引进先进的技术和管理经验，加快新质生产力的培育和发展。最后，党中央对新疆的发展高度重视和关怀。鉴于新疆独特的地理位置和战略地位，党中央高度重视新疆工作，在统筹推进全国改革发展的进程中，把新疆作为我国西北的战略屏障、丝绸之路经济带核心区、西部大开发重点地区、向西开放桥头堡、"三基地一通道"，给予一系列特殊支持政策。同时全国19个省市、中央和国家机关、中央企业对口支援新疆，形成了新时代全国一盘棋、各方力量对口援疆的工作格局，为援受双方加强产业合作、畅通经济循环奠定了基础。这些政策的实施，为新疆新质生产力的发展带来了活力。

（二）新疆发展新质生产力的劣势

新疆在发展新型生产力方面虽然拥有诸多优势，但也面临一些不容忽视的劣势。首先，创新能力不强，人才缺口大。创新是新质生产力发展的直接推动力，通过技术创新和应用进而推动产业变革，改造传统产业，发展新兴产业和未来产业。作为劳动者的人才是发展新质生产力最活跃、最关键的因素，是科技创新活动的主体。然而，无论是创新能力还是人才支撑，新疆都面临很大困境，这极大地阻碍了新质生产力的形成和进一步发展。其次，基础设施建设的滞后也是制约新疆新质生产力发展的一个重要劣势。虽然近年来新疆在道路、铁路和航空网络建设上取得了一定进展，但与东部地区相比仍存在较大差距。基础设施的不完善限制了大规模工业化和城市化进程，影响了企业的生产效率和成本控制，同时也减弱了对外资和高端人才的吸引力。最后，新疆的产业结构问题也不容忽视。长期以来，新疆经济过于依赖传统的资源开发，如石油、天然气和矿产资源开采，这些产业虽然为新疆经济提供了强大的推动力，但也使其易受国际市场波动的影响。同时，这种单一的产业结构限制了经济的多元化发展，抑制了新兴产业尤其是高科技产业的成长，难以形成持续推动经济发展的新动力。

（三）新疆发展新质生产力的机遇

新疆在新质生产力的发展上蕴藏着丰富的发展机遇和潜力。首先，国家重大战略和政策为新疆发展新质生产力提供了巨大的机遇。随着扩大对外开放、西部大开发、共建"一带一路"等不断推进，新疆从相对封闭的内陆变成对外开放的前沿。尤其是随着"一带一路"建设的不断推进、新一轮西部大开发战略的实施，将不仅增强新疆的国际贸易联系，也会使其基础设施建设进一步提升，如铁路、公路、机场等交通网络的改善将会极大地促进区域内外的物资和人员流动。这种改善的基础设施网络为新兴产业的发展提供便利条件，使得新疆能够更好地与国内外市场接轨，吸引外资和技术引进。其次，资源转化潜力巨大。新疆地域辽阔，矿产资源丰富，旅游资源富集，土地、电力、劳动力成本低等优势明显，具有较强的潜在竞争力。一方面，这些优势给新质生产力的发展提供了丰富的应用场景，给本地区发展新质生产力的方向和内容提出了要求，倒逼其发展。另一方面，丰富的资源也为新质生产力的发展提供了基础保障，可以根据资源禀赋优势来发展。

（四）新疆发展新质生产力的挑战

首先，新疆在经济开放度和国际合作方面面临挑战。虽然地处"一带一路"核心区域，理应成为开放合作的前沿阵地，但由于历史、文化和政治因素的复杂性，加之境外反华势力疯狂歪曲抹黑新疆，攻击诋毁治疆政策，导致新疆的国际合作仍面临诸多挑战。这些因素在一定程度上限制了新疆与国际市场的深度融合，影响了外资的引进和国际贸易的发展。其次，人才流失和技术引进的困难是新疆发展新质生产力面临的另一大挑战。由于地理位置偏远和生活条件的限制，新疆对外来高级人才的吸引力相对较低，许多本地培养的人才也倾向于到更发达的内地城市发展。人才短缺直接影响了新疆科技创新和高技术产业的发展。尽管中央政府有诸多的支持，但新疆在吸引外部高新技术和管理经验方面仍面临诸多困难，这限制了其产业的升级和转型。最后，新疆地处我国西北边陲，地理位置偏远，同时拥有复杂多变的自然环境，这是新疆发展新质生产力的又一挑战。新疆东部为丰饶的天山南北地带，而西部和北部则主要是广阔的荒漠和高原。这种地理与气候的多样性导致了生活和生产成本的提高，特别是在远离城市中心的地区。严酷的自然条件限制了农业的发展和工业的布局，而农业、工业等实体经济是发展新质生产力的基础，同时也影响了基础设施建设的成本和效率。

三、新疆发展新质生产力的差异化路径

结合在发展新质生产力上的优势、劣势、机遇和挑战，新疆探索差异化的新质生产力路径，应该立足自身资源禀赋、区位优势和产业基础，着力推动传统产业的升级和战略性新兴产业的发展。

（一）具体方向与产业

结合新疆发展现状以及发展新质生产力的优势，新疆未来应围绕八大产业集群。一方面，继续大力建设传统产业集群，推动其转型升级；另一方面，加快发展新能源、新材料等战略性新兴产业集群。

油气生产加工产业集群、煤炭煤电煤化工产业集群、绿色矿业产业集群、粮油产业集群、绿色有机果蔬产业集群等八大产业集群是新疆的优势产业和基础产业，是新疆发展新质生产力的基本盘，要依靠技术升级带动产业升级，拓展传统产业的发展空间和品质，增加产业附加值。在战略性新兴产业发展上，要大力发展新能源、新材料等战略性新兴产业集群。新能源产业发展上，加快推动哈密北、准东、喀什、若羌等一批千万千瓦级新能源基地和乌鲁木齐、伊犁、克拉玛依、哈密等4个氢能产业示范区建设；在新材料发展上，推进乌鲁木齐、昌吉、克拉玛依、哈密、巴州、阿克苏等制造业基地建设，推动铝基、铜基、钛基、锂基等产业链延伸发展。大力发展输变电装备、新能源装备、农牧机械及农产品加工装备、汽车及轨道交通装备、能源及化工装备、节能环保装备、建筑与矿山机

械装备、纺织专用装备等制造业，加快形成先进制造业集群。

（二）产业生态与支撑

基于新疆发展新质生产力的目标，要加快构建优势产业升级和战略性新兴产业创新发展生态，为发展新质生产力提供要素支撑。

在人才聚集上，面向战略性新兴产业发展需要，实施人才聚集行动，用好人才发展基金，强化科研人员激励和保障机制，全方位培养、引进、用好、留住人才。加快培养引进一批战略科学家和科技领军人才，支持科研人员兼职创新、离岗创业、在职创办企业，鼓励各类科技人才积极投身经济社会发展主战场，让更多优秀人才竞相涌现。加强创新团队和企业经营管理人才、专业技术人才、高技能人才队伍建设和人才引进。

在研究主体上，一方面要依托区内全国重点实验室、国家技术创新中心、"一带一路"联合实验室等国家级创新平台，加快形成前沿性、交叉性、颠覆性技术原创成果，实现更多"从0到1"的突破。另一方面要聚焦新疆优势领域，和国内外创新高地展开科研合作，利用他们的科研优势，全力推进新材料、新能源等新兴产业的发展。

在创新研发上，强化企业创新主体地位和主体作用，建立健全企业主导产业技术研发创新的体制机制，促进各类创新要素向企业集聚，依托龙头企业建设一批既能开展基础研究，又能支撑产业创新的企业研究院，形成完善的技术创新体系。资源共享方面，鼓励和支持企业与高校、科研院所共建新型研发机构。

在金融支持上，要加大新兴产业技术资金支持力度，重点支持应用研究技术。发挥政府的引导作用，推进政府和社会资本合作新机制，积极引导社会资本参与新兴产业项目建设。进一步完善政银企对接合作机制，鼓励金融机构加大对技术改造项目、新兴产业项目的融资支持，探索建立"引导基金+市场化基金+投贷联动"多元化投融资体系，提高直接融资比重。

在国际合作上，要加强科技、产业和人才交流，引入全球关于新材料、新能源等新兴技术发展的最新成果。依托"一带一路"核心区建设，联合区域内创新主体开展技术攻关、成果转化和项目落地。

第三篇　总结篇

面对纷繁复杂的国际局势和激烈的国际竞争，在新一轮全球产业革命和技术变革窗口期的背景下，发展新质生产力已成为我国面对新一轮国际竞争、推进高质量发展、实现中国式现代化的核心动力。党的二十届三中全会也提出，在进一步全面深化改革中要健全因地制宜发展新质生产力体制机制。然而，发展新质生产力作为一个新的战略举措，在理解和落实上也要有相应的理论指引，确保各地在发展新质生产力上最终形成整体的最大合力。本篇从认识论、方法论和实践论三个维度厘清发展新质生产力的现实关系和实践路径。

第一章
发展新质生产力的认识论

新质生产力已成为不同区域、不同行业、不同部门共同关注的重大问题。根据对各个地区发展新质生产力的情况进行深入分析，发展新质生产力需要正确处理好十大关系。

在态度上，要处理好理论与实践的关系。新质生产力是习近平总书记提出的新生产力理论，想要有效运用这一理论指导各地区、各行业的发展实践，一方面，需要加强对习近平总书记关于新质生产力的重要论述的学习，深入了解新质生产力的基本内涵、主要特征、核心标志、构成要素等基本理论问题，掌握新质生产力的理论本质；另一方面，也需要我们能够立足本地区、本行业的实际情况，基于发展新质生产力的各项要求，加快探索符合自身实际的新质生产力培育路径。

在站位上，要处理好整体与个体的关系。生产力的本质是人类改造自然的能力。在现代经济体系下，这种能力主要表现为整个国家的生产能力和发展能力，这就意味着生产力概念具有明显的整体性。新质生产力，同样与整个国家的发展模式、发展水平与发展能力密切相关。因此，想要在实践中成功培育新质生产力，首先应立足国家的整体视角，坚持系统思维，从增强整个国家生产能力和发展能力的角度，准确认识和全面把握新质生产力的内涵。在此前提下，各地区、各行业更容易找准自身在发展新质生产力进程中的位置和责任。

在定位上，要处理好方向和路径的关系。高质量发展是全面建设社会主义现代化国家的首要任务，坚持高质量发展也是新时代必须遵循的"硬道理"。然而，由于高质量发展的高要求与高难度，对各地区、各行业而言，想要始终朝着高质量发展这一方向前进，却并非易事，缺乏相应的理论和工具作为指导和支撑，是导致出现这一难题的关键因素。在此背景下，新质生产力的提出，一方面指明了高质量发展的方向，为社会各界进一步明确高质量发展内涵提供了支撑；另一方面也直接界定了高质量发展的抓手，能够为各部门和地方推动高质量发展实践提供直接动力。

在思路上，要处理好顶层设计与基层自主的关系。作为一项系统工程，发展新质生产力与整体发展模式的转变、各类生产要素的质量、产业分工关系的调整、科技创新能力的增强等诸多因素都密切相关。针对这一情形，一方面要加强发展新质生产力的顶层设计，统筹兼顾不同的发展需求，理顺不同区域、产业、要素的关系，针对性地破解不同类型的发展难题；另一方面也要赋予各地区和各行业一定的自主权限，鼓励各地区和行业从实际出发，先立后破、因地制宜、分类指导，探索更多有助于推动新质生产力形成的有效路径。

在载体上，要处理好传统产业升级与新兴产业培育的关系。产业是生产力的主要载体，产业发展水平直接决定了生产力水平。在发展新质生产力的过程中，要协调推进传统产业升级和新兴产业培育。一方面要立足现有的优势传统产业，根据本地的资源禀赋、产业基础、科研条件等，用新技术改造提升传统产业；另一方面要着眼新兴产业和未来产业，积极培育新能源、新材料、先进制造、电子信息等战略性新兴产业，积极培育未来产业。

在主体上，要处理好先发地区与后发地区的关系。先发地区与后发地区是发展新质生产力的两类主体，由于发展基础不同，两者也肩负不同的历史使命。先发地区经济规模大、产业层次高、科技创新能力强，理应努力成为科技创新策源地，坚持以科技创新推动产业创新，特别是以颠覆性技术和前沿技术催生新产业、新模式、新动能。后发地区发展实力相对薄弱，产业结构也相对传统，必须加快推动发展方式转型，积极促进传统产业高端化、智能化、绿色化。

在政策上，要处理好"立"与"破"的关系。新质生产力是创新起主导作用，摆脱传统经济增长方式、生产力发展路径，具有高科技、高效能、高质量特征，符合新发展理念的先进生产力质态。这就意味着新质生产力的形成过程，必然是伴随着落后的生产力被淘汰和先进的生产力不断涌现的过程。在这种背景下，发展新质生产力要高度重视宏观政策的前瞻性和针对性，坚持先立后破，在制定各类有利于先进生产力发展壮大的政策体系的同时，也要出台有助于引导落后生产力有序退出的政策体系。

在动力上，要处理好外力与内力的关系。在全球化时代，发展新质生产力并不是一件孤立的事情。一方面，我们要进一步推进高水平对外开放，持续打造市场化、法治化、国际化营商环境，源源不断地吸引全球的优质生产要素，为发展新质生产力提供强大的外部动力；另一方面，我们更要聚焦自身，集中精力办好自己的事情，瞄准制约发展新质生产力的各类短板和难题，精准施策、精准发力、久久为功，为发展新质生产力提供源源不断的内部动力。

在过程上，要处理好量变与质变的关系。任何事物的变化过程必然同时包含着量变和质变。在发展新质生产力的过程中，也一定会存在量变引起质变、质变又引起新的量变、新的量变发展到一定程度又引起新的质变的循环过程。因此，发展新质生产力，既要重视有助于推动新质生产力发生质变的原始创新和颠覆式创新，也要重视有助于推动新质生产力发生量变的渐进型改进和创新，两者不断叠加、相互影响、互为支撑，共同支撑了新质生产力的演变过程。

在保障上，要处理好生产力与生产关系的关系。生产力与生产关系的相互作用和相互影响，是推动生产力和生产关系不断上升到更高水平的根本动力。因此，发展新质生产力，就必然要求形成与之相适应的新型生产关系，也就必然需要进一步全面深化改革。在宏观层面，要深化经济体制、科技体制等改革，着力打通束缚新质生产力发展的堵点卡点，为新质生产力的发展提供制度保障。在微观层面，要创新生产要素配置方式，畅通教育、科技、人才的良性循环，加快建立以企业为主体的创新生态，让各类先进优质生产要素向发展新质生产力顺畅流动，为新质生产力的发展提供要素保障。

第二章
发展新质生产力的方法论

因地制宜发展新质生产力是需要不断克服诸多难题和面对诸多挑战的长期过程。推动新质生产力的发展，一方面在认识上要处理好十大关系，坚持规划先行，加强顶层设计，确保新质生产力沿着全国的整体最大效用方向发展；另一方面则要坚持高质量发展，不断破除制约高质量发展的体制机制障碍。党的二十届三中全会提出面对制约高质量发展的体制机制难题，要立足厘清本质认识、加强制度建设、提高治理能力，健全五个方面的体制机制。

第一，要健全因地制宜发展新质生产力体制机制。发展新质生产力是实现高质量发展的必然要求。针对各个层面制约新质生产力的体制机制障碍，应推动技术革命性突破、生产要素创新性配置、产业深度转型升级，推动劳动者、劳动资料、劳动对象优化组合和更新跃升，催生新产业、新模式、新动能，发展以高技术、高效能、高质量为特征的生产力。加强关键共性技术、前沿引领技术、现代工程技术、颠覆性技术创新，加强新领域新赛道制度供给，建立未来产业投入增长机制，完善推动新一代信息技术、人工智能、航空航天、新能源、新材料、高端装备、生物医药、量子科技等战略性产业发展政策和治理体系，引导新兴产业健康有序发展。以国家标准提升引领传统产业优化升级，支持企业用数智技术、绿色技术改造提升传统产业。强化环保、安全等制度约束。与此同时，生产力与生产关系具有密切联系，发展与新质生产力相适应的生产关系也具有重要意义。为此，应健全相关规则和政策，加快形成同新质生产力更相适应的生产关系，促进各类先进生产要素向发展新质生产力集聚，大幅提升全要素生产率。

第二，健全促进实体经济和数字经济深度融合制度。实体经济是实现高质量发展的根本支撑，鉴于我国在实体经济领域具有巨大的规模优势，一方面要加快推进新型工业化，培育壮大先进制造业集群，推动制造业高端化、智能化、绿色化发展。建设一批行业共性技术平台，加快产业模式和企业组织形态变革，健全提升优势产业领先地位体制机制。优化重大产业基金运作和监管机制，确保资金投向符合国家战略要求。建立保持制造业合理比重投入机制，合理降低制造业综合成本和税费负担。另一方面要瞄准全球数字经济的前沿发展方向和竞争态势，加快构建促进数字经济发展体制机制，完善促进数字产业化和产业数字化政策体系。加快新一代信息技术全方位全链条普及应用，发展工业互联网，打造具有国际竞争力的数字产业集群。促进平台经济创新发展，健全平台经济常态化监管制度。建设和运营国家数据基础设施，促进数据共享。加快建立数据产权归属认定、市场交易、权益分配、利益保护制度，提升数据安全治理监管能力，建立高效便利安全的数据跨境流动机制。

第三，完善发展服务业体制机制。相较于我国实体经济的发展实际，服务业的发展规模、发展水平、发展能力还有巨大的提升空间。在这种背景下，可完善支持服务业发展政策体系，优化服务业核算，推进服务业标准化建设。聚焦重点环节分领域推进生产性服务业高质量发展，发展产业互联网平台，破除跨地区经营行政壁垒，推进生产性服务业融合发展。健全加快生活性服务业多样化发展机制。完善中介服务机构法规制度体系，促进中介服务机构诚实守信、依法履责。

第四，健全现代化基础设施建设体制机制。基础设施是经济体系运行的基础，基础设施建设质量是影响经济发展质量的重要因素。从高质量发展的要求出发，构建新型基础设施规划和标准体系，要健全新型基础设施融合利用机制，推进传统基础设施数字化改造，拓宽多元化投融资渠道，健全重大基础设施建设协调机制。深化综合交通运输体系改革，推进铁路体制改革，发展通用航空和低空经济，推动收费公路政策优化。提高航运保险承保能力和全球服务水平，推进海事仲裁制度规则创新。健全重大水利工程建设、运行、管理机制。

第五，健全提升产业链供应链韧性和安全水平制度。面对个别国家对我国实施的科技封锁和贸易制裁，一方面要坚持统筹发展和安全，抓紧打造自主可控的产业链供应链，健全强化集成电路、工业母机、医疗装备、仪器仪表、基础软件、工业软件、先进材料等重点产业链发展体制机制，全链条推进技术攻关、成果应用。建立产业链供应链安全风险评估和应对机制。完善产业在国内梯度有序转移的协作机制，推动转出地和承接地利益共享。建设国家战略腹地和关键产业备份。加快完善国家储备体系。完善战略性矿产资源探产供储销统筹和衔接体系。另一方面要坚持人类命运共同体的发展理念，坚持对外开放基本国策，坚持以开放促改革，依托我国超大规模市场优势，在扩大国际合作中提升开放能力，主动对接国际高标准经贸规则，在产权保护、产业补贴、环境标准、劳动保护、政府采购、电子商务、金融领域等实现规则、规制、管理、标准相通相容，打造透明稳定可预期的制度环境，建立更高水平开放型经济新体制。

第三章
发展新质生产力的实践论

产业体系是新质生产力的发展载体，科技创新是发展新质生产力的核心要素。因地制宜发展新质生产力是一项系统工程，从新质生产力的内涵和发展规律出发，在实践中推动新质生产力的发展，要坚持系统思维，协同推进科技创新和产业发展相辅相成。推动两者实现深度融合，要着力把握基础融合、人才复合、机制耦合三个关键。

第一，基础融合是实现科技创新和产业发展深度融合的前提。追根溯源，无论是创新能力的提升，还是产业体系的转型升级，背后都有基础学科、基础技术、基础理论的推动助力。习近平总书记2023年2月21日在二十届中共中央政治局第三次集体学习时的讲话中也指出："应对国际科技竞争、实现高水平科技自立自强，推动构建新发展格局、实现高质量发展，迫切需要我们加强基础研究，从源头和底层解决关键技术问题。"为此，应当加强基础研究，通过深化基础研究体制机制改革，优化基础学科建设布局，构筑全面均衡发展的高质量基础学科体系，全方位增强基础研究能力。应针对核心产业体系发展短板，加快实施产业基础再造工程，围绕产业发展的基础研究和关键共性技术、前瞻性技术、战略性技术，加大基础研究投入，集成要素、优化流程、培育人才，夯实产业基础高级化、产业链现代化的根基。

第二，人才复合是实现科技创新和产业发展深度融合的支撑。从表面看，从事科技工作与从事市场经济活动的人才并非同一类型。但从实质看，科技工作者与企业家都是具备较强创新和开拓精神的人才，双方具有较为直接和紧密的联系。习近平总书记2021年9月27日在中央人才工作会议上的讲话中提出："要坚持长远眼光，有意识地发现和培养更多具有战略科学家潜质的高层次复合型人才，形成战略科学家成长梯队。"在现代经济和社会发展中，高层次复合人才尤为重要，他们能够在不同领域之间架起桥梁，推动科技创新和产业升级，能够提供新的视角和创新的解决方案。因此，在加快推动科技创新和产业发展深度融合的背景下，应该大力鼓励培养复合人才，打通科技体系与产业体系的人才交流通道，构建有利于人才在两套体系之间自由流动的体制机制，充分释放人才的积极性与创造性，为科技创新和产业发展的深度融合提供有力支撑。

第三，机制耦合是实现科技创新和产业发展深度融合的保障。想要把科技创新的成果真正运用到产业发展中，关键是科技创新成果的价值实现机制能否发挥作用。一是要依托我国产业基础优势和超大规模市场优势，加强国家技术转移体系建设，完善政策支持和市场服务，促进自主攻关产品推广应用和迭代升级，使更多科技成果从样品变成产品、形成产业。与此同时，要做好科技金融这篇文章，引导金融资本投早、投小、投长期、投硬科技。二是要建立长期有效的科技成果转化中试平台，围绕城市主导产业体系，建设一批概念验证、中试熟化、小批量试生产等面向社会开放的中试平台，助力成果得到合理转化，提高科研人员成果转化的积极性。三是要构建科学、合理、可持续的成果转化激励机制，改善成果转化环境，对科研机构进行成果转化的项目，可给予适量补贴；对研发投入较大的企业，除申请税费减免外也可定量申请补贴。通过推进相关激励政策，打消企业顾虑，鼓励企业大胆创新，营造良好的成果转化环境。

参考文献

[1]周文,许凌云.论新质生产力：内涵特征与重要着力点[J].改革,2023(10):1-13.

[2]高帆."新质生产力"的提出逻辑、多维内涵及时代意义[J].政治经济学评论,2023,14(06):127-145.

[3]张林,蒲清平.新质生产力的内涵特征、理论创新与价值意蕴[J].重庆大学学报(社会科学版),2023,29(06):137-148.

[4]黄群慧,盛方富.新质生产力系统：要素特质、结构承载与功能取向[J].改革,2024(02):15-24.

[5]杜传忠,疏爽,李泽浩.新质生产力促进经济高质量发展的机制分析与实现路径[J].经济纵横,2023(12):20-28.

[6]蒲清平,向往.新质生产力的内涵特征、内在逻辑和实现途径：推进中国式现代化的新动能[J].新疆师范大学学报(哲学社会科学版),2024,45(01):77-85.

[7]魏崇辉.新质生产力的基本意涵、历史演进与实践路径[J].理论与改革,2023(06):25-38.

[8]王珏,王荣基.新质生产力：指标构建与时空演进[J].西安财经大学学报,2024,37(01):31-47.

[9]任保平,王子月.数字新质生产力推动经济高质量发展的逻辑与路径[J].湘潭大学学报(哲学社会科学版),2023,47(06):23-30.

[10]蒋永穆,乔张媛.新质生产力：逻辑、内涵及路径[J].社会科学研究,2024(01):10-18+211.

[11]余东华,马路萌.新质生产力与新型工业化:理论阐释和互动路径[J].天津社会科学,2023(06):90-102.

[12]赵峰,季雷.新质生产力的科学内涵、构成要素和制度保障机制[J].学习与探索,2024(01):92-101+175.